SO GESEHEN

EINE KLEINE GEBRAUCHSANLEITUNG FÜR DIE KUNST VON HEUTE

DKV

Lektorat: Luzie Diekmann, Deutscher Kunstverlag
Layout: Jon Allan, TwoSheds Design;
Kasper Zwaaneveld, Deutscher Kunstverlag
Umschlaggestaltung und Satz: Kasper Zwaaneveld,
Deutscher Kunstverlag
Druck und Bindung: Toppan Leefung, China

This book was designed, produced and published by Laurence King Publishing Ltd., London

Bibliografische Information der Deutschen Nationalbibliothek
Die Deutsche Nationalbibliothek verzeichnet diese Publikation in der Deutschen Nationalbibliografie; detaillierte bibliografische Daten sind im Internet über http://dnb.dnb.de abrufbar.

Paul-Lincke-Ufer 34
D-10999 Berlin

www.deutscherkunstverlag.de
ISBN 978-3-422-07259-6

OSSIAN WARD

SO GESEHEN

EINE KLEINE GEBRAUCHSANLEITUNG FÜR DIE KUNST VON HEUTE

AUS DEM ENGLISCHEN ÜBERSETZT VON
UTE ASTRID RALL

DEUTSCHER KUNSTVERLAG

INHALTSVERZEICHNIS

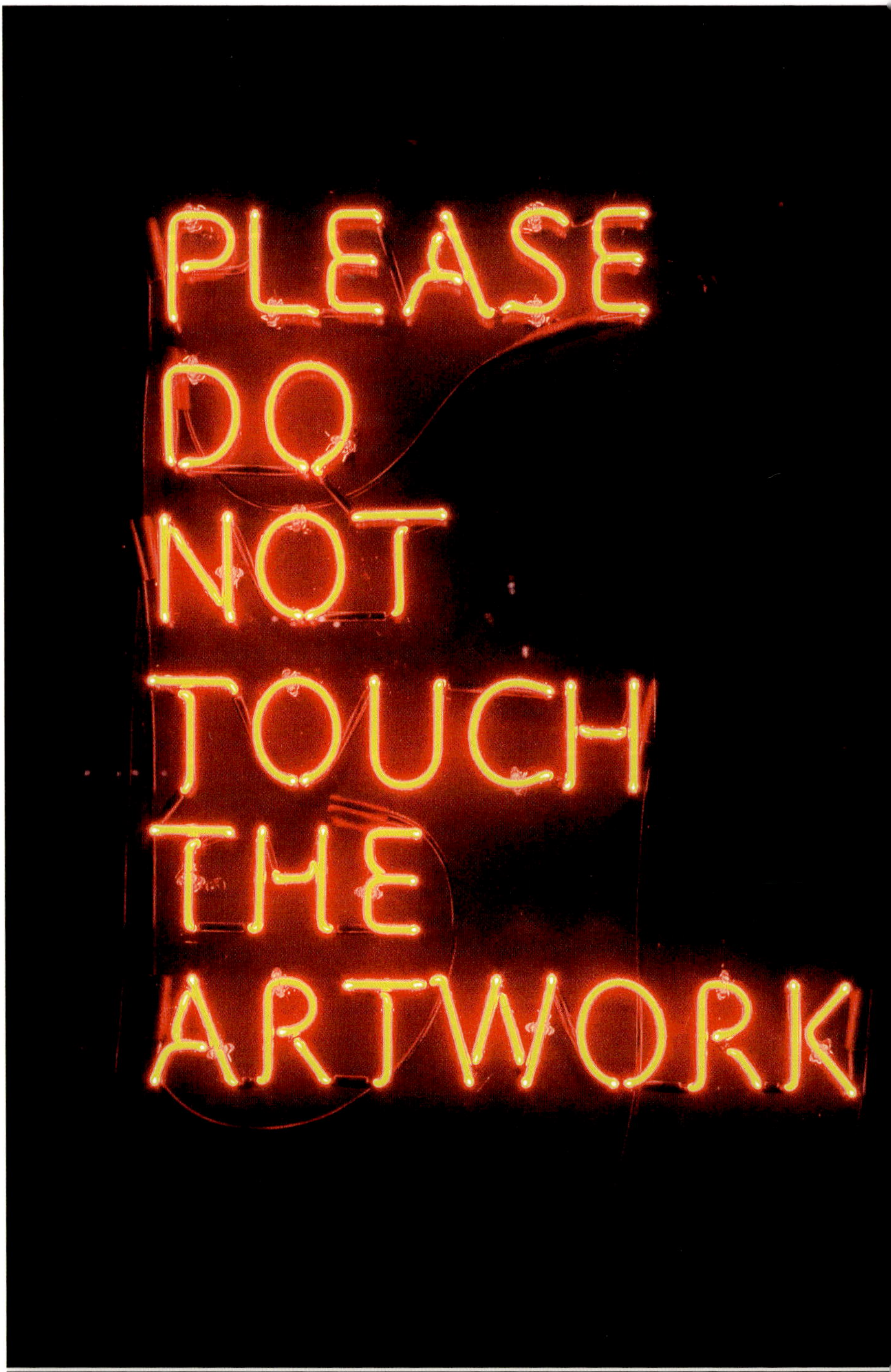

Jeppe Hein, Please Do Not Touch, 2009, Neonröhren, Transformatoren, 68 × 57,3 × 3 cm

EINE AUFFORDERUNG ZUM GENAUEN HINSEHEN

›GRAU, TEURER FREUND, IST ALLE THEORIE, UND GRÜN DES LEBENS GOLDNER BAUM.‹

GOETHE, FAUST, 1808

Flugzeuge ziehen über uns hinweg, Autos rasen vorbei. Smartphones leuchten auf, Ladenschilder wetteifern um unsere Aufmerksamkeit und Anzeigen preisen ihre Waren an. Eindrücke jagen einander, Objekte warten auf ihre Besichtigung, während die Zeit erbarmungslos voranschreitet. Wir halten nur noch für die Betrachtung von Wenigem inne.

Bei all den Stimmen und Bildern, die auf uns einprasseln, grenzt es an ein Wunder, dass wir aus unserem Alltag überhaupt einen Sinn herausfiltern können – gerade in Anbetracht unserer beinahe pausenlosen Interaktion mit Internet, Fernsehen, Smartphone, der Social-Media-Timeline und dem ununterbrochenen Strom der Nachrichten, nicht zu vergessen das ständige Geratter und Getöse des Großstadtlärms. Mehr als jemals zuvor befindet sich das Sehen in einem darwinistischen Überlebenskampf – nur die stärksten Bilder schaffen es, und selbst dann erübrigen wir nur einen flüchtigen Blick auf das, was wir zu sehen glauben.

Zeitgenössische Kunst ist, ähnlich unserem Leben heute, eine schnelllebige Angelegenheit, in der Künstler alles Erdenkliche verwerten oder darauf Bezug nehmen. Vieles in der Kunst, die mit den gleichen reizüberflutenden Kürzeln getränkt ist wie unsere gehetzten Leben, kann schwierig anzusehen oder zu verstehen sein. Es kann sogar schwierig sein, die Kunst von heute überhaupt zu Gesicht zu bekommen. Zeitgenössische Kunstwerke – und für die Zielsetzung dieses Buchs habe ich beschlossen, alles was seit 2000 geschaffen wurde, als ›zeitgenössisch‹ zu definieren – haben möglicherweise keinen

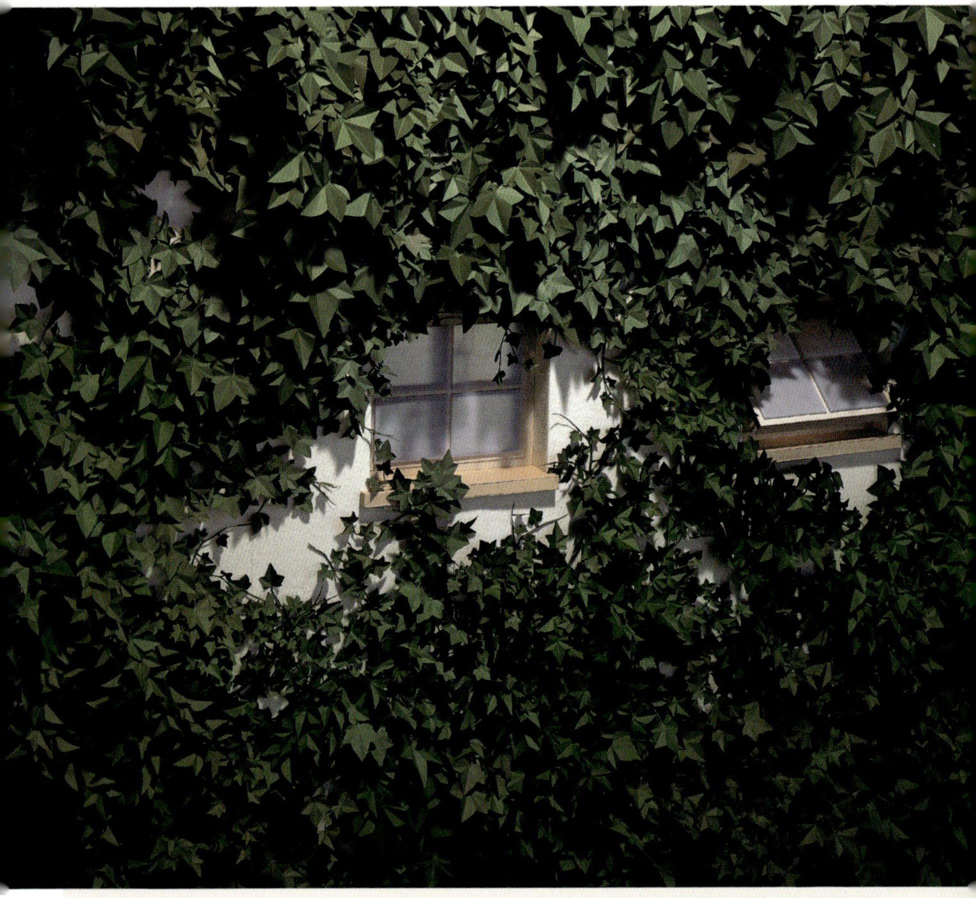

erkennbaren Schwerpunkt, sie können über mehrere Räume einer Galerie verstreut sein oder einige Stunden dauern, man kann darin verwickelt sein, ohne zu wissen wo sie beginnen oder enden. Die alten Regeln, ein Kunstwerk nicht anzufassen und in Ehrfurcht vor jedem einzelnen Bild zu verharren, sind ebenfalls dahin und es wird möglicherweise von einem erwartet, etwas auszuführen, zu interagieren oder das Werk selbst zu vollenden.

Selbst traditionelle künstlerische Techniken funktionieren nicht mehr wie gewohnt. Einige Gemälde können nicht mehr als Einzelbilder gelesen werden, sondern sind serieller Natur. Künstler erschaffen Narrative oder ästhetische Systeme, die sich über viele Leinwände hinweg entwickeln, häufig als Installation oder Zusammenstellung verwandter Bilder. Skulpturen sind nicht länger glänzende Bronzeplastiken oder Figuren auf einem Sockel, sehen aber auch nicht mehr unbedingt wie die radikal reduzierten Stahl- und Glasobjekte der Minimalisten der 1960er und 1970er Jahre aus. Tatsächlich ist es

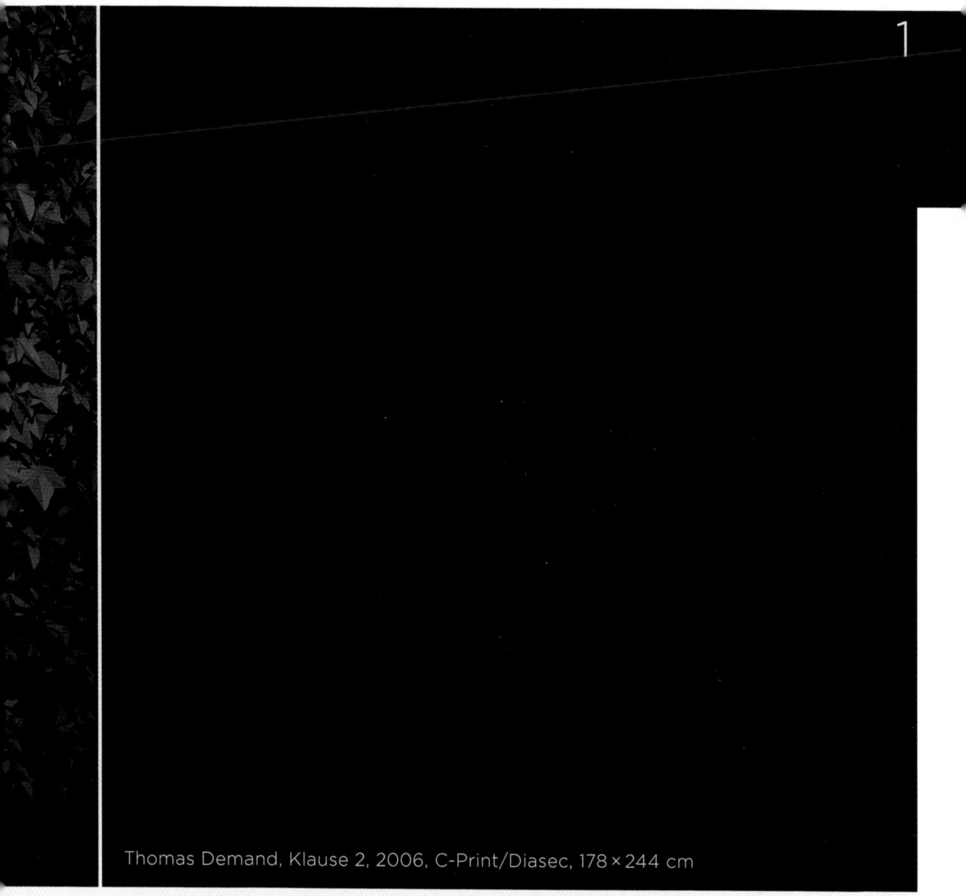

1

Thomas Demand, Klause 2, 2006, C-Print/Diasec, 178 × 244 cm

ziemlich wahrscheinlich, dass zeitgenössische Künstler ihre Skulpturen als Alltagsgegenstände verkleiden oder uns weismachen, dass ihnen die Skulptur der Vergangenheit völlig egal sei.

Selbst eine Fotografie ist nicht mehr unbedingt nur ein Foto. Man betrachte nur das oben abgebildete Werk des deutschen Künstlers Thomas Demand mit dem Titel *Klause 2* (2006). Was zuerst wie eine Außenansicht von zwei mit Efeu überwucherten Fenstern aussieht, ist tatsächlich eine sorgfältig ausgeleuchtete und akribisch ausgearbeitete Inszenierung (komplett aus Papier geschnitten), die die Ansicht einer Bar im Saarbrückener Stadtteil Burbach darstellt, in der ein brutaler Mord stattgefunden haben soll. Anders gesagt, was wir sehen, ist die Fotografie eines Modells nach einer Fotografie, und das, was abgebildet ist, könnte entweder als reale, imaginierte oder hochgradig medial vermittelte Situation beschrieben werden. Ebenso funktionieren die faszinierenden, aber schwer zugänglichen Innenräume des Oval Office im Weißen Haus (*Presidency*, 2008) und des

Atomreaktors von Fukushima (*Control Room*, 2011), die Demand mit der gleichen Technik nachgebaut oder erfunden hat.

Die originalgroßen Modelle, die Demand mit seinem Team baut, werden normalerweise zerstört, nachdem das Foto aufgenommen wurde. Einige von ihnen werden gelegentlich als dreidimensionale, eigenständige Werke ausgestellt (wie etwa die 50 Tonnen Pappe, die zur Herstellung von *Grotto*, 2009, benötigt wurden), was die bereits unentwirrbaren Rollen des Künstlers als Fotograf, Berichterstatter und Handwerker mit der des Bildhauers vermischt. Eine weitere Komplikation trat ein, als Demand ein Detail des Efeus aus *Klause 2* vervielfältigen und als Tapete drucken ließ, um damit 2006 die Räume der Serpentine Gallery für seine Ausstellung tapezieren zu lassen und damit seiner Inszenierung der Fotografie als kniffliges Konzeptkunst-Rätsel eine weitere Ebene hinzufügte.

Abgesehen von seiner Neigung zu düsteren oder politischen Themen ist Demands Praxis bezeichnend für viele der heutigen Künstler, die sich über die Grenzen der Gattungen hinwegsetzen und mit den unterschiedlichsten Medien arbeiten. Die Künstler lehnen es ab, sich auf ein Material oder eine Arbeitsweise zu beschränken und ziehen es vor, jedes ihnen zur Verfügung stehende Material verwenden, und manchmal – mit schwindelerregendem Resultat – alle auf einmal einzusetzen.

Ein weiteres relativ neues Phänomen – auch wenn all diese zeitgenössischen Strömungen historische Vorläufer besitzen, die meist bis in die 1960er Jahre zurückreichen – ist der Bereich der Performance-Kunst oder theatralen Kunst, der nicht nur andere Personen involviert, wie Freiwillige oder bezahlte Schauspieler, die in den Galerieräumen performen, sondern auch den Betrachter als Teilnehmer der Aufführung mit einbezieht. Die Konsequenz ist, dass Kunst überall und alles sein kann: Sie könnte genauso eine andere Person, eine Reihe simpler Instruktionen oder sogar eine philosophische Geste sein. Und dies wirft alle Maßstäbe über den Haufen, die wir gewöhnlich anlegen, wenn wir Bilder an der Wand betrachten. Diese Veränderung stellt uns vor ein Problem, bei dessen Lösung dieses Buch hoffentlich helfen kann.

POST-ALLES

Mein Argument für eine begriffliche ›Entklassifizierung‹ zeitgenössischer Kunst beginnt mit der Tatsache, dass die erkennbaren Strömungen oder eingängigen Bezeichnungen, die das Kunstschaffen vor dem 21. Jahrhundert kennzeichneten, nicht länger existieren. All die kunsthistorischen Gewissheiten des Kubismus, Surrealismus, Dadaismus, Konstruktivismus, Minimalismus, Abstrakten Expressionismus und so weiter haben sich entweder im Laufe der Zeit verbraucht oder wurden als Teilaspekte der weit komplexeren Avantgarde widerlegt. Ob diese Kategorisierungen des letzten Jahrhunderts nun zutreffende Reflexionen über das Wesen der damals geschaffenen und diskutierten Kunst waren oder nicht, sie lieferten uns auf jeden Fall Anhaltspunkte, um einen größeren Abriss der Strömungen der Avantgarden des 20. Jahrhunderts zu zeichnen – eine Ära, die heute im Allgemeinen als Moderne bezeichnet wird. Nachdem das nun alles vorbei ist ist, finden wir uns in der Postmoderne wieder, einer Nicht-Strömung, entstanden aus einer allgemeinen Unzufriedenheit mit – und einer allmählichen Auflösung von – diesen abgrenzbaren Epochen. Die globale Landkarte der künstlerischen Diaspora fächert sich ebenfalls immer weiter auf und verlagert das zeitgenössische Kunstschaffen noch weiter weg von den traditionellen, gottgegebenen Kulturzentren New York, Paris, Berlin und Moskau.

Was machen wir jetzt mit diesem Scherbenhaufen von Geschichte und Kultur, auf dem wir herumirren? Mit diesem unsicheren Terrain, das so wenig Anhaltspunkte bietet, was die Kunstobjekte unserer Zeit kennzeichnet? Wie sollen wir sie erkennen? Mit so geringem zeitlichen Abstand haben wir keine Perspektive, die uns hilft, die Kunst des letzten Jahrzehnts zu dekodieren oder zu bewerten; und so sind wir schlecht gerüstet, diese sich stetig vermehrenden Skulpturen zu verstehen, die rund um uns in den Himmel schießen, ebenso wenig wie ein konzeptuell dürftiges Kunststückchen, das sich bescheiden in die Ecke eines Galerieraumes drückt.

Es kann nur eine ehrliche Reaktion auf jedes provokante Kunstwerk geben, und deshalb bietet dieses Buch eine Reihe einfacher Hilfsmittel, um mit fast jeder Form von Kunst umgehen zu können, die gegenwärtig geschaffen wird, egal wie befremdlich oder vielschichtig sie auf den ersten Blick scheinen mag. Der Ausgangspunkt findet sich in John Bergers bahnbrechendem Text ›Ways of Seeing‹ (dt.: ›Sehen. Das Bild der Welt in der Bilderwelt‹) von 1972, in dem der Autor nicht nur für die mühsam errungene Klarheit plädiert, die sich einstellt, wenn man ein Kunstwerk wirklich ansieht und versucht, das Objekt (hauptsächlich Werke alter Meister) zu entmystifizieren und es unabhängig von seinem kunsthistorischen Rang zu betrachten.

Der erste Schritt, den Dschungel zeitgenössischer Kunst zu verstehen, ist, sich jedem Werk so anzunähern, als sei es die erste Begegnung – egal ob Gemälde, Skulptur oder irgendeine Art von Multimediainstallation. Nur dann kann man auf zeitgenössische Kunst mit zeitgenössischen Augen blicken, einige der äußeren Blätter abstreifen und in das Gestrüpp eindringen, um herauszufinden, was darin lauert. Nennen wir es einen Weg erneut hinzusehen, oder wie ich, die Methode *Tabula rasa*.

TABULA RASA

Die beste Grundlage für jede frische Betrachtung zeitgenössischer Kunst ist es, bei Null zu beginnen und reinen Tisch zu machen, egal wie viele garstige Begegnungen möglicherweise schon stattgefunden haben. Stellen Sie sich vor Ihrem inneren Auge eine weiße Leinwand vor, eine leere Seite oder eine leere Galerie, und lassen Sie das Werk langsam diesen Raum einnehmen. Lateinisch heißt dies *Tabula rasa* – die unberührte Wachs- oder Schiefertafel –, und darauf basiert die folgende Anleitung in sechs Schritten. Wenn Sie sich fragen, warum ich einen lateinischen Begriff benutze, um zeitgenössische Kunst zu analysieren und zu entmystifizieren, seien Sie froh, dass ich diesen Text nicht mit, bei diesem Thema so häufig zu findenden Worthülsen wie ›Diskurs‹ oder ›Paradigmen‹ gespickt habe. Niemand hat behauptet, dieser Kram sei einfach zu verstehen, und so merken Sie sich einfach TABULA.

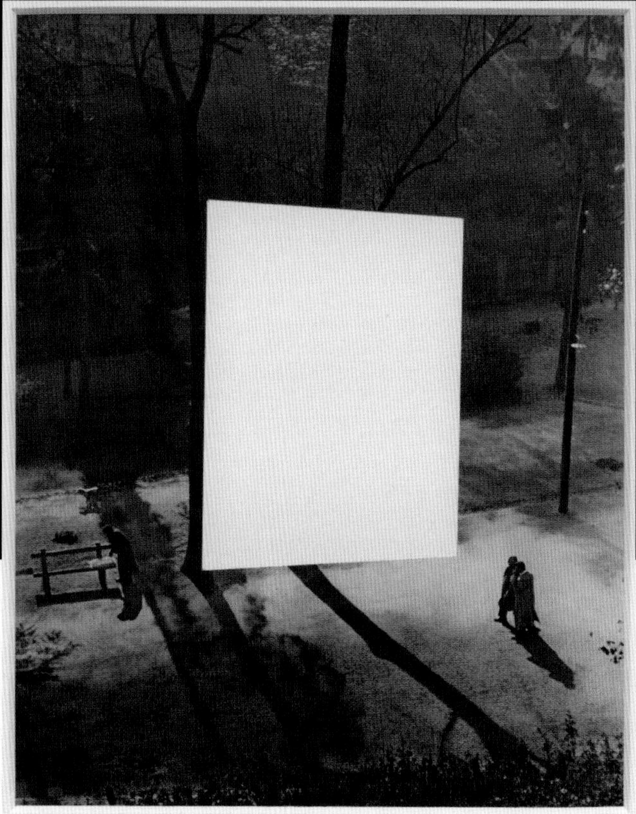

John Stezaker, Tabula Rasa 1, 1978/79, Collage, 27 × 21,5 cm

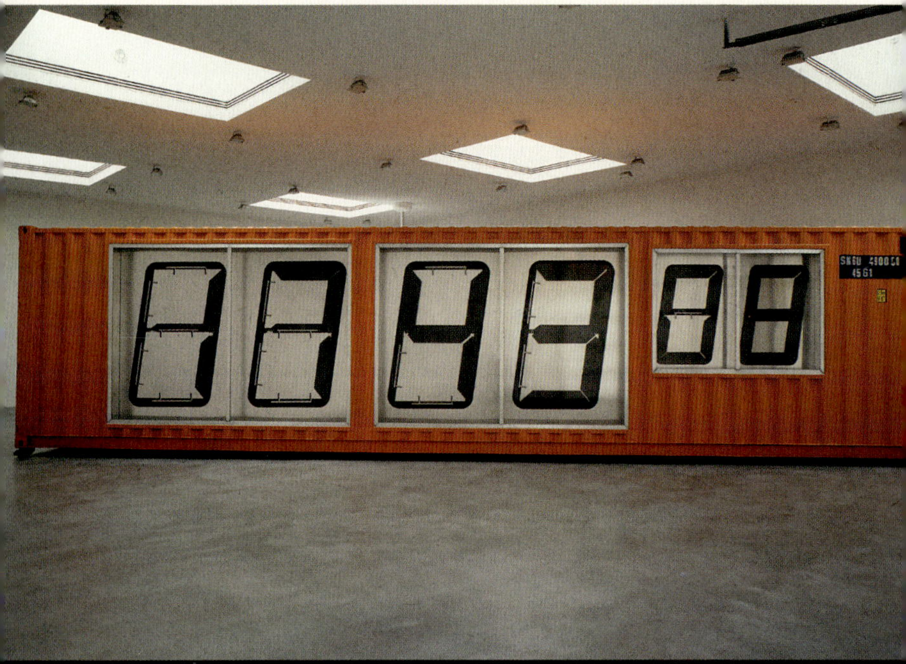

SCHRITT EINS: T = TIME / ZEIT. Dies ist die Faustregel der fünf Atemzüge und bedeutet lediglich, ein oder zwei Minuten stehen zu bleiben, um alles in sich aufzunehmen. Ich orientiere mich an fünf Mal tief ein- und ausatmen. Zu oft urteilen wir nach dem ersten Augenschein und verwerfen ein Kunstwerk, sobald wir es sehen. ›Bloß ein langweiliges Video‹ oder ›Da muss man zu viel lesen‹ oder ›Das ist zu abstrakt, da hab ich keine Lust drauf‹, sind die üblichen Ausreden. Ich will nicht darauf hinaus, dass man sich endlose Stunden quälen sollte, indem man jedes einzelne Werk in aller Tiefe erkundet, nur dass man den Dingen ein wenig Zeit einräumt, einige Minuten ruhiger Betrachtung, bevor man sich dem nächsten Schritt zuwendet, der hoffentlich dabei hilft, die spezifische Bedeutung eines Werks zu entwirren.

Links:
Daren Almond, Meantime, 2000, Schiffscontainer aus Stahl, Aluminium, Polycarbonat, computergestützte Steuerung und weitere Komponenten, 114 × 1219,1 × 243,8 cm
—
Wolfgang Tillmans, Roy, 2009, Fotografie, 40,6 × 30,5 cm

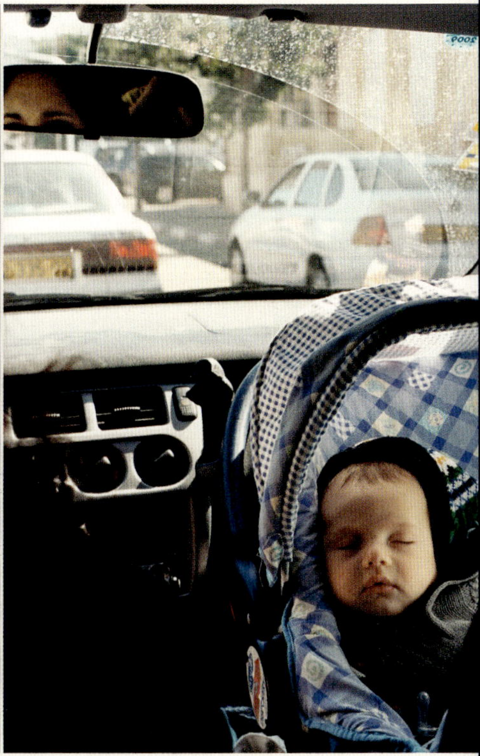

SCHRITT ZWEI: A = ASSOZIATION. Das ist die wichtigste Frage von allen: Kann ich einen Bezug herstellen? Das Mindeste, das zeitgenössische Kunst hervorrufen sollte, ist ein Gefühl, vielleicht sogar eine Verbindung. Das kann ein visueller Reiz oder eine Erinnerung sein. Dieser ›Aufhänger‹ ist es, nach dem wir suchen und um den sich dieses Buch letztlich dreht. Jedes der folgenden Kapitel zeigt einen Zugang zum Kunstwerk, entweder über seinen Humor, seine Botschaft, seine Schockwirkung oder seine meditative Qualität. Diese Aufhänger sind meine Erfindungen, keine kunsthistorischen Normen oder musealen Kategorien für das, was zu sehen ist. Ihre Beziehung zum Kunstwerk ist es, die, egal wie oberflächlich, entscheidend für Ihr Verständnis des Werks ist, und damit wichtiger als jede Bedeutung, die der Künstler angestrebt hat. Denn wenn er es geschafft hat, Sie zu interessieren, dann können Sie die nächste Stufe erklimmen auf der Suche nach Sinngehalt und Substanz.

SCHRITT DREI: B = BACKGROUND / HINTERGRUND. Zeitgenössische Kunst basiert häufig auf den Recherchen oder Interessen des Künstlers, so wie ein religiöses oder mythologisches Gemälde

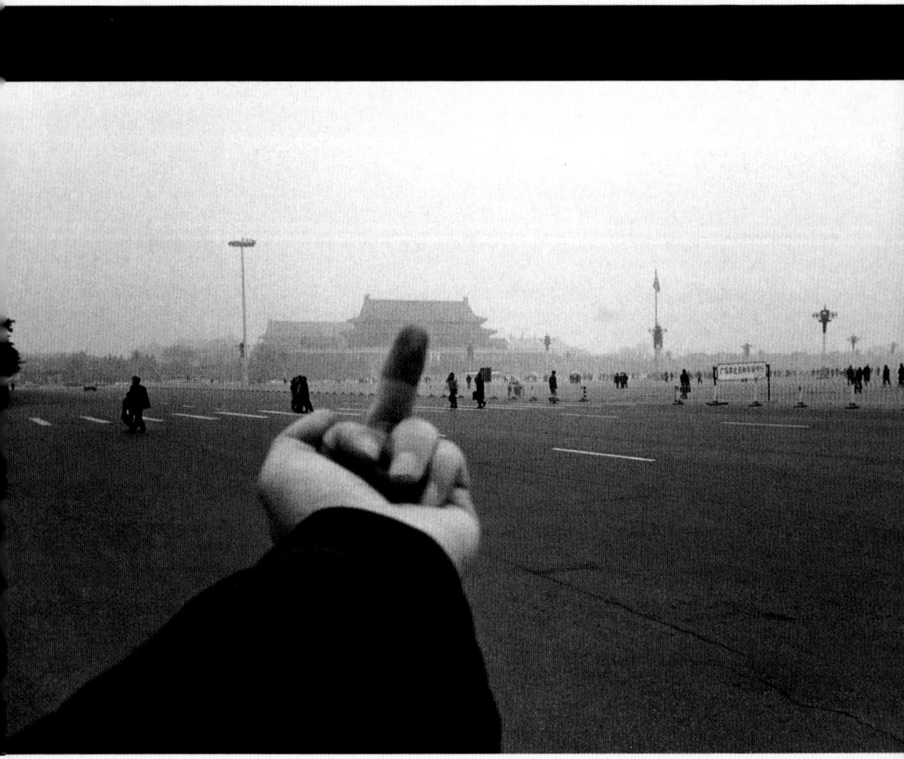

eine lesbare Narration besitzt. Nicht nur der Titel verweist auf die Absichten, ebenso kann es ein Schild an der Wand oder eine Pressemitteilung sein. Manchmal reicht es schon zu wissen, aus welchem Land ein Künstler stammt – China, bei diesem Bild –, um den nötigen Kontext zu erhalten. Oder es ist hilfreich, mehr als nur ein Werk des Künstlers zu betrachten, um dessen Absichten zu verstehen. Das mag klingen, als müssten Sie in zeitgenössischer Kunst besonders bewandert sein, um zu verstehen, woher jeder Künstler seine Einflüsse bezieht, aber hier geht es nicht darum, kunsthistorische Referenzen herauszufiltern. Die folgenden Kapitel werden Sie mit ausreichend Denkanstößen versorgen, und man muss wirklich kein Experte sein oder über einen akademischen Grad verfügen, um ein Kunstwerk zu verstehen, das innerhalb der letzen zehn Jahre entstanden ist. Und überhaupt, wer hat schon Zeit für ein Studium der Kunstgeschichte?

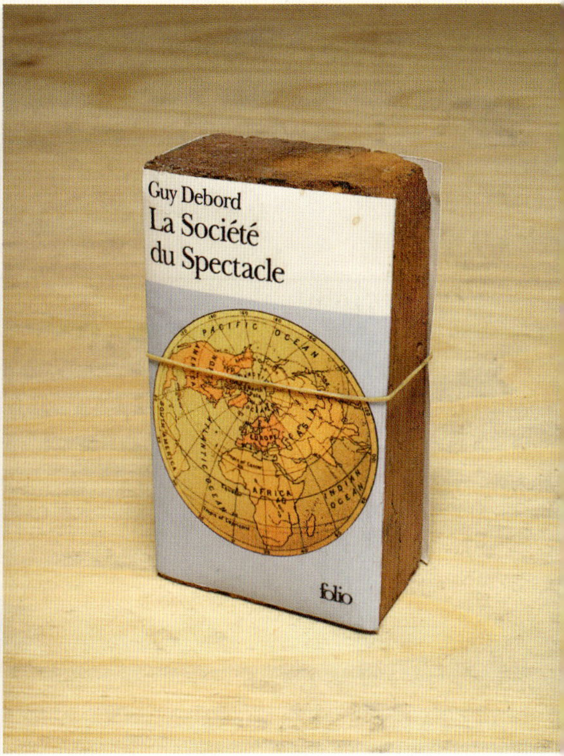

Links:
Ai Weiwei, Study of Perspective – Tiananmen Square, 1995–2003
—
Claire Fontaine, La Société du Spectacle Brickbat, 2006, Ziegelstein und Tintenstrahldruck auf Archivpapier, ca. 10 × 5 × 3,3 cm

SCHRITT VIER: U = UNDERSTANDING / VERSTEHEN. Indes sollten Sie die Botschaft verstanden haben. Sie haben nach Zeichen des Lebens oder vielleicht sogar der Liebe zwischen Ihnen und dem Werk gesucht, dem nachgespürt und womöglich versucht, mehr über das Objekt oder den Macher herauszufinden. Wenn man all das wirken lässt, sollten sich einige Erkenntnisse einstellen: Spielt der Künstler mit Ihrer Wahrnehmung, indem er den Maßstab oder die Platzierung des Objekts verändert? Wandelt sich ihre Umgebung durch das Werk – gewaltsam oder unmerklich? Vielleicht haben Sie etwas über ein historisches Ereignis erfahren oder wurden durch die Vision des Künstlers zu einer unerwarteten Haltung gebracht. Manchmal ist der Weg zum Verständnis nicht weit, manchmal ist er kompliziert, umständlich und scheinbar nicht verhandelbar. Wenn Sie immer noch nichts verstehen, ärgern Sie sich nicht, es gibt noch eine letzte Möglichkeit …

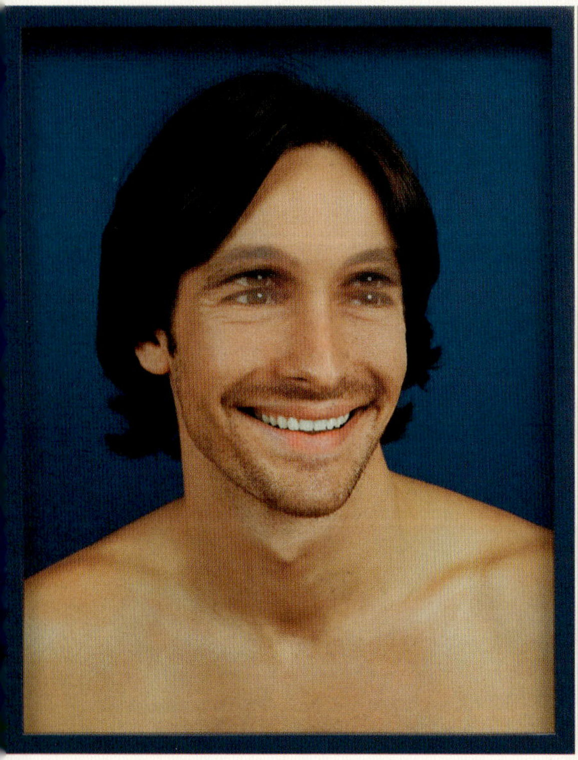

Elad Lassry, Man 071, 2007, C-print, bemalter Rahmen, 14,5 × 11,5 × 1,5 cm
—
Rechts:
Barbara Kruger, Untitled (Belief + Doubt = Sanity), 2008, Siebdruck auf Vinyl, 177,6 × 203,4 cm

SCHRITT FÜNF: L = LOOK AGAIN / WIEDER HINSEHEN. Das bedeutet wortwörtlich, einen zweiten Blick zu riskieren, zu versuchen, das Werk wieder neu zu sehen oder die Neuausrichtung darauf zu erzwingen, die einem ermöglicht, das Detail auszumachen, das man eventuell vorher übersehen hat. Selbst das zugänglichste zeitgenössische Kunstwerk kann durch eine länger andauernde Beschäftigung gewinnen. Vielleicht erscheint seine Ironie oder der Einsatz von Materialien nun melancholisch anstelle von krass und schrill, wie es zuerst den Anschein hatte. Trotzdem kann das Hintergrundwissen über ein Werk Sie auf die falsche Fährte locken und Ihr erstes Gefühl ruinieren, welches häufig die zutreffendste und verlässlichste Reaktion ist (egal ob negativ oder positiv). Aber Sie können sich sicher sein, dass Sie nicht reingelegt wurden oder sich dämlich verhalten haben, als es Ihnen zuerst den Kopf verdreht hat.

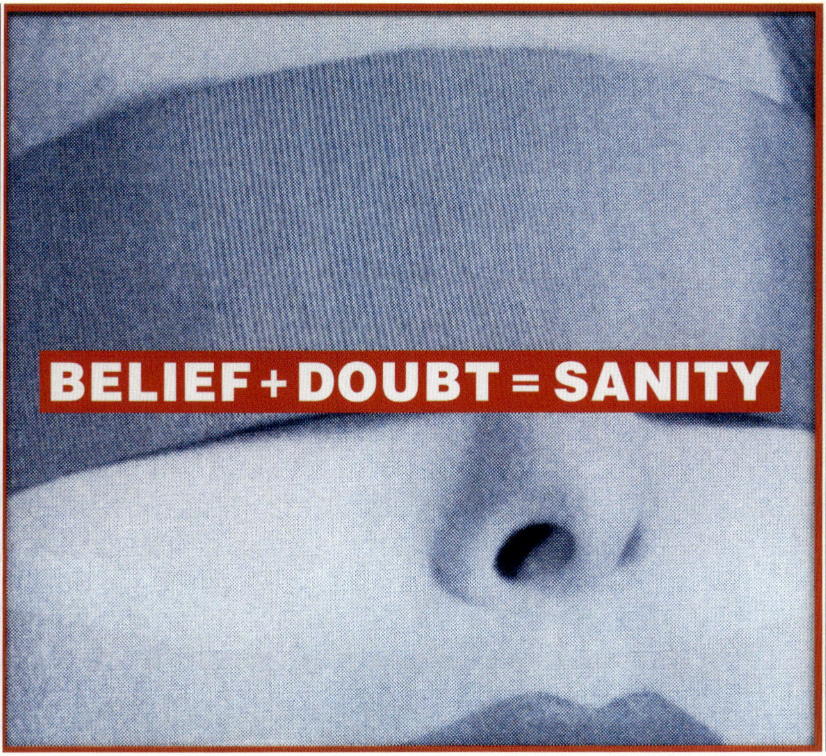

SCHRITT SECHS: A = ASSESSMENT / EINSCHÄTZUNG. Hoffentlich haben Sie nicht übereilte Schlüsse gezogen, sondern die paar Schritte der Methode *Tabula rasa* verfolgt, vom Reinigen Ihres Grips bis hin zu Verständnis und vielleicht sogar Wertschätzung. Zu beurteilen, ob ein Kunstwerk gut ist oder nicht, ist völlig subjektiv, was auch immer ein Kunstkritiker wie ich sagen könnte über Qualität, Beschaffenheit, Bestrebungen, Originalität und den erforderlichen Mut, sich von der Masse der dem Untergang geweihten modernen Kunst abzuheben. Ich kann nicht den Geschmack eines anderen vorhersagen, ich kann nur auf Grundlage meiner eigenen Vorlieben für etwas eintreten und streiten. Deshalb hält sich dieses Buch auch mit Bewertungen zurück – im Gegenteil, es ist die Reise vom ersten Eindruck zum zweiten Blick, die entweder rauschenden Beifall oder schnelle Flucht auslöst.

Diese *Tabula rasa* Methode ein Kunstwerk zu betrachten oder über ein Erlebnis mit ihm nachzudenken, zu der ich in jedem Kapitel als analytisches Hilfsmittel zurückkehren werde, kann durchaus von Nutzen sein oder bereits unbewusst jedem Werturteil oder einer ästhetischen Entscheidung vorausgehen, die wir treffen; ob es sich nun um dem Kauf von Vorhängen oder das Betrachten eines Sonnenuntergangs handelt. Der nächste Schritt wird sein das Milieu oder den Geist zu verstehen, in dem das Werk entstanden ist, angesichts des Umstands, dass wir nicht länger auf irgendwelche künstlerischen Strömungen oder Materialien zählen können, um Erklärungen zu finden. Die folgenden Kapitel beinhalten eine Reihe individueller Hilfsmittel, um zu Lesarten von Werken zu gelangen, die ihre Bedeutung nicht preisgeben wollen, wenn man sie einfach anstarrt. Will der Künstler schockieren oder verstören? (Wenn ja, dann gehört das Werk in das Kapitel ›Kunst als Konfrontation‹.) Erinnert es an einen Comic oder ein Internet-Video? (Dann benötigt man den Abschnitt über ›Kunst als Entertainment‹.) Bringt das Werk zum Lachen oder Schmunzeln, und ist das eine adäquate Reaktion? (Ist es, auch wenn denen, die bei solch einer Interpretation die Stirn runzeln, das Kapitel ›Kunst als Scherz‹ nicht gefallen wird.) Zum Schluss, nach einem atemberaubenden Ritt auf den Wellen der spektakulärsten zeitgenössischen Kunst, zeige ich Ihnen einen Weg, die Beschäftigung mit zeitgenössischer Kunst zu entschleunigen (›Kunst als Meditation‹) und diese Wahrnehmung sogar auf jede Form von Kunst zu übertragen.

VERMEIDE DEN KUNST-JARGON

Ich hoffe, dass ich diese Neigung zur Augenwischerei bekämpfen kann, die in der gesamten Branche rund um das zeitgenössische Kunstschaffen zu finden ist. Sie ist in dem System von Galerien, Museen und den Verlagen von Kunstbüchern und Zeitschriften beheimatet, ebenso wie bei den vielen Experten der Kunstwelt, von Kuratoren bis zu Kritikern wie mich. Zu oft stehen diese Gralshüter der Kunst durch den Einsatz eines Morasts von theoretischem Kauderwelsch und pseudo-philosophischer Kunstsprache dem Verständnis eines Kunstwerks im Weg. Diese Art von superschlauer Schreiberei über Kunst ist wenig förderlich, um das Anliegen eines Künstlers zu unterstützen oder zu voranzubringen, und produziert lediglich endlos weitere Stapel ähnlich schwerverdaulicher ›Diskurse‹.

Viele Galerien und Institutionen machen sich dieser wortreichen Überkompensation mitschuldig, in ihrem Beharren darauf, in Informationsmaterialien eine völlig nebulöse Sprache zu verwenden. Meine Kollegen – von denen ich keineswegs auszunehmen bin – begehen ähnliche Fehler, da in erster Linie sie solche Texte liefern.

Doch möchte ich keineswegs die Geisteswissenschaftler und Kunsttheoretiker herabsetzen, die den Bereich der Kunstgeschichte für zukünftige Generationen von Studenten weiterentwickeln. Allerdings tut sich zwischen den Extremen von gutem und schlechtem oder unsinnigem Schreiben über Kunst eine riesige interpretative Kluft auf zwischen Texten, die mit schwülstigem Fachchinesisch garniert sind, und denen, die entweder ernsthafte Wissenschaft, oder aber, in den seltensten Fällen, einige sinnvolle Erläuterungen für den durchschnittlichen, enthusiastischen, aber nicht unbedingt künstlerisch vorgebildeten Betrachter enthalten. Das ist auch der Grund, warum Sie in diesem Buch keine philosophischen Zitate oder kunsthistorischen Bezugnahmen auf die übrigen, weit renommierteren Kritiker oder Autoren finden werden, die bereits vor mir den Versuch unternommen haben, zeitgenössische Kunst zu erläutern. Jedoch findet sich am Ende für jene, die das Thema weiter vertiefen wollen, eine Auswahl von Literaturempfehlungen.

TRAUE KEINEM AUSSER DIR SELBST

Als Skeptiker und Kritiker von zeitgenössischer Kunst, wie auch als deren Verfechter, will ich nicht die Vorstellung erwecken, ›Sehen heißt glauben‹. Nur weil ein Objekt in einem Kunstkontext auftaucht, heißt es nicht, dass es ohne vorheriges Kreuzverhör als zeitgenössische Kunst deklariert werden sollte - das wäre zu einfach. Jedoch hilft es, wenn man den Dingen wohlwollend gegenübertritt, und hoffentlich kann dieses Buch diejenigen unterstützen, die ein gewisses Interesse zeigen, aber noch nicht ganz überzeugt sind. Die, die gegenüber zeitgenössischer Kunst eine feindselige Einstellung haben, pflegen lediglich eine engstirnige Faulheit gegenüber allem, was auch nur entfernt herausfordernd oder neu ist.

Ein weiteres Vorurteil über zeitgenössische Kunst, das ich gerne widerlegen möchte, ist, neben ihrem Ruf, eine verkopfte und überkomplizierte Form von Kultur zu sein, dass sie ein abgekapselter Club für Insider sei. Zugänglich nur für jene, die entweder wissen, wie die Kunstwelt funktioniert und wer ihre Akteure sind, oder die reich genug sind, um als Mäzene oder Sammler dazuzugehören. Es gibt jedoch keine Aufnahmezeremonie in eine Geheimgesellschaft oder einen Kreditkarten-Check, um die Schauplätze zeitgenössischer Kunst besuchen zu dürfen. Tatsächlich wächst die Anzahl der Besucher in den riesigen Museen wie die Tate Modern in London oder das Museum of Modern Art in New York Jahr für Jahr, während Institutionen ohne starke Programme zeitgenössischer Kunst, wie das British Museum und das Metropolitan Museum in den gleichen Städten ihr Engagement für lebende Künstler verstärken, um noch mithalten zu können. Die National Gallery in London fungierte erfolgreich als Residenz für Künstler wie Michael Landy, dessen respektlose Installation *Saints Alive* (2013) Szenen aus frühen Renaissance-Darstellungen von Heiligen zu ratternden, hysterisch wackelnden Assemblagen von Körperteilen, metallischen Zahnrädern und anderen Fundstücken umgestaltete.

Natürlich hat nicht jedes Provinzmuseum oder jede Kunststiftung großartige Bestände an moderner Kunst. Konsequenterweise werden diese Kunsthallen und regionalen Räume mit neuester Kunst bespielt – aus keinem anderen Grund, als dass davon weit mehr verfügbar ist und ständig produziert wird. Zeitgenössische Kunst wird allmählich zur *lingua franca* der internationalen Kultur – umso erstaunlicher, dass so wenige (außer in den Bildungseinrichtungen der Museen) innerhalb der Kunstbranche Zeit dafür aufwenden, dem Betrachter zu helfen, diese Massen von Schöpfungen mit ihrer fremden Sprache und ungewohnten Formen auseinanderzusortieren und zu übersetzen.

Auch wenn John Berger in ›Ways of Seeing‹ treffend vorhersagte, ›Die Zeit des Pilgerns ist vorbei, es sind nun die Bilder der Gemälde, die heute reisen‹, glaube ich dennoch, dass einem Werk leibhaftig gegenüberzustehen, der wichtigste Schlüssel zu seinem Verständnis ist. Die Reproduktion eines Kunstwerks ist nur dies: Eine Nachahmung, ein Stellvertreter und letztendlich ein ›armer Verwandter‹. Aber Berger hatte recht damit, dass ich nicht erwarten kann, dass jeder Zugang zu genau den Werken hat, die ich als Beispiele dafür anführe, wie und wonach man bei diesen Begegnungen aus erster Hand suchen sollte. Nach jedem Kapitel werden, wie auch nach dieser Einführung, zwei solcher Begegnungen ›im Fokus‹ erörtert. Jedes Werk dieser globalen Verbreitung heutigen Kunstschaffens steht für eine spezielle Strömung in der Kunst, in der Hoffnung, dass mein Beispiel von Videokunst dem Betrachter eines ähnlichen Werks, das er in einem abgedunkelten Galerieraum oder im Internet aufgestöbert hat, helfen kann, es zu verstehen, unabhängig von Dauer, Thema oder Situation.

Die persönlichen Erfahrungen und Mythen werden unvermeidlich mit einem Kunstwerk in Verbindung treten und es einfärben, und dem sollte man ebenso unbedingt trauen wie den *Tabula rasa* Schritten. Schließlich ist kein Mensch eine Insel, und der Sinnzusammenhang eines Werks kann ebenso leicht aus dem Inneren kommen, wie er auch auf den folgenden Seiten zu finden ist.

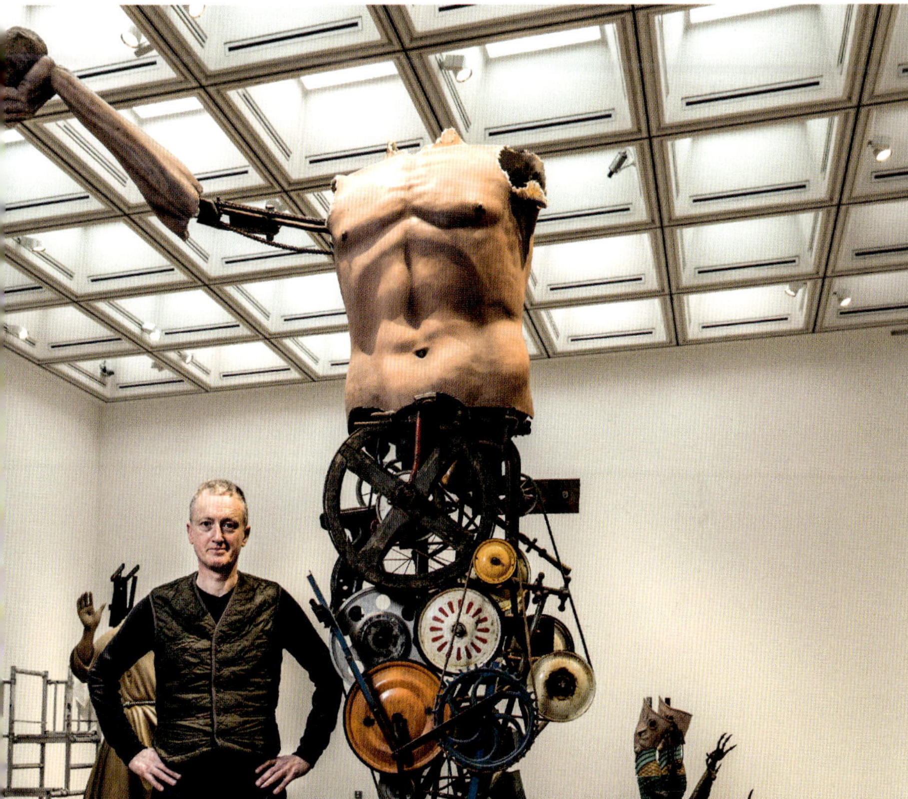

Michael Landy, Saints Alive, Ausstellung, 2013, National Gallery, London

CHRISTIAN MARCLAY

THE CLOCK, 2010

›DIE UNMÖGLICHKEIT, ES ALS GANZES ZU BETRACHTEN, IST IN SEINER DAUER BEGRÜNDET UND MACHT SEINE BEDEUTUNG ALS KUNSTWERK AUS.‹

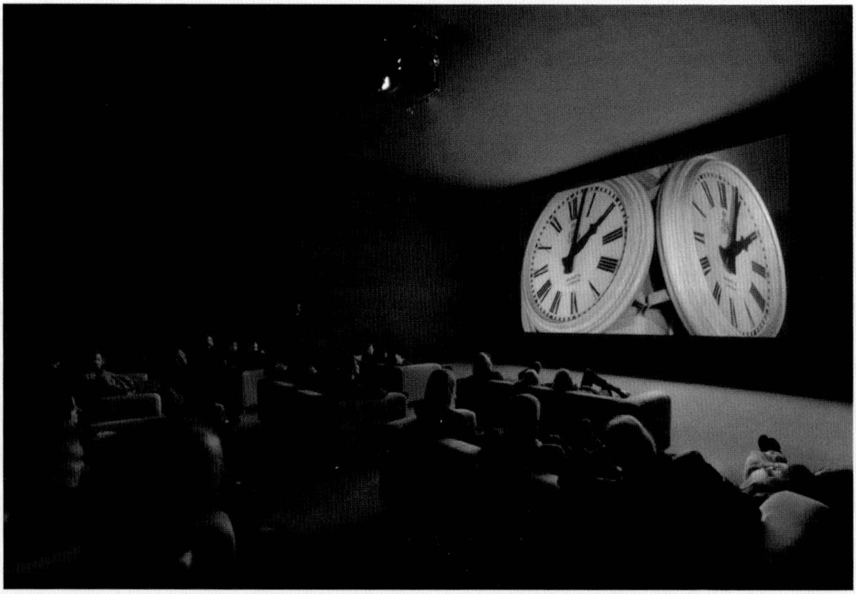

In einem dunklen Raum ticken Sekunden und Minuten. Christian Marclays epische, 24 Stunden dauernde, Collage versammelt Filmausschnitte, die Armbanduhren, Wecker, Flughafen- oder Bahnhofsanzeigen, digitale und analoge Zeitanzeigen (sogar Sonnenuhren) sowie alles andere zeigen, was mit Zeit zu tun hat. Akribisch genau wurden sie zu den Uhrzeiten eines Tages montiert. Diese relativ neue Arbeit wurde in ihrem Bezug zur Filmgeschichte und der Abbildung von Zeit selbst bereits diskutiert, funktioniert sie doch als genaue, wenn auch etwas unhandliche Uhr. Wenig wurde bislang über die Stellung von *The Clock* in der Videokunst gesagt, oder warum wir bei solch einem langen, sich endlos wiederholenden Kunstfilm länger ausharren sollten als die üblichen zwei bis drei Minuten.

Marclay und sein Team haben Tausende von Filmausschnitten nach der präzisen Zeit auf den Uhren sortiert (schließlich ist der Künstler zur Hälfte Schweizer), häufig mit Tätigkeiten oder Themen, die das Material verbinden – so scheint sieben Uhr morgens die Zeit zu sein, in der die meisten Leute aufwachen (Michal J. Fox in *Zurück in die Zukunft*; Hilary Swank in *Boys Don't Cry*) und Punkt zwölf kommt traditionellerweise der Cowboy aus dem Saloon (Gary Cooper in *High Noon*). Mitternacht, oder eher die Sekunden davor, bieten die dramatischsten Momente, wenn alle Kirchenglocken läuten, die Turmuhr des Big Ben wird in die Luft gesprengt (*V wie Vendetta*) und Orson Welles stürzt in einem ähnlichen Aufbau in *Die Spur des Fremden* in den Tod. Die Minuten nach jeder vollen Stunde sind voller Ereignisse, mit Menschen, die zu spät dran sind, eine verpasste Verabredung beklagen oder sich erleichtert zeigen, dass die Bombe, die sie gerade entschärft haben, nicht losgegangen ist.

Erstaunlicherweise scheint in Marclays Film jede Minute zu jeder Stunde des Tages bedacht worden zu sein. Auch wenn eine Reihe chinesischer Filme und einige Arthouse-Filmklassiker zum Zuge kamen, darunter Wong Kar-Wais *In the Mood for Love*, Akira Kurosawas *Ikiru* und Ingmar Bergmanns *Das Siebte Siegel*, ist der Großteil der Ausschnitte aus Hollywood. Der Fluss von Zitaten (eine Technik, die der Künstler auch in anderen Arbeiten eingesetzt hat) bannt den Betrachter vor der Leinwand und man rätselt, was als nächstes kommt. So funktioniert übrigens auch das folgende Kapitel ›Kunst als Entertainment‹, denn es wirft die Frage auf: Wo habe ich das schon einmal gesehen?

In einer abgedunkelten Umgebung gezeigt (was viele Besucher auf dem Absatz kehrt machen lässt) ist *The Clock* hypnotisierend wie aufwühlend. Dennoch ist es unmöglich, den ganzen Film an einem Stück zu sehen. Meiner eigenen Erfahrung nach ist es schwer, sich an einzelne Abschnitte zu erinnern, auch nach mehrmaligem Ansehen. Die Unmöglichkeit, es als Ganzes zu betrachten, ist in seiner Dauer begründet und macht seine Bedeutung als Kunstwerk aus; vergleichbar mit Douglas Gordons einen Tag lange Video-Hommage an das Kino, *24-Hour Psycho* (eine unendlich verlangsamte Version des Gruselfilms von Hitchcock 1960) von 1993, eine zielgerichtete Erfahrung des Unfassbaren.

Solche Videoarbeiten fordern den Betrachter heraus: wie soll man etwas verstehen, das man nicht vollständig erfassen kann? Hier unterscheidet sich die konzeptuelle Dimension von Kunst von unserer üblichen Gewohnheit Filme, Theaterstücke oder Konzerte zu begreifen. Das Werk präsentiert uns eine einfache Idee – ein Film, der aus Filmen gemacht ist und einen Tag dauert – der aber die Realität verkompliziert, indem er die Zeit, die man zum Sehen braucht, betont. So betrachtet, könnte man *The Clock* verstehen, wie die kostbaren Sekunden gezählt werden, die wir noch im Leben haben – ein existenzieller Ort zum Verweilen. Der Unterschied zwischen der realen Anwesenheit und dem Wissen um die Absicht wird deutlich: Die Zeit übernimmt und die Kunst sickert ein. In diesem Sinne soll das Buch helfen, die konzeptuelle Seite der Idee mit der Praxis des Betrachtens zu verbinden; zu wissen, wie man mit Kunst umgeht, arbeitet und das Beste für sich herausholt. Hinsehen, denken, wieder hinsehen, schließlich haben wir nicht mehr viel Zeit.

MARTIN CREED

WORK NO. 227 – THE LIGHTS GOING ON AND OFF, 2000

Ein leerer, weißer Raum wird kurz hell erleuchtet, bevor er wieder im Dämmerlicht versinkt. Fünf Sekunden später kehrt das Licht mit einem kaum hörbaren Klicken zurück. Es gibt nichts zu sehen, egal wie fest ich auf die Lichtschalter an der Wand starre – abgesehen von den anderen Besuchern mit denen ich diesen merkwürdigen Tanz vollführe, nicht wissend, wohin wir schauen und wie wir reagieren sollen.

Diese einfache Konzeptkunst des schottischen Künstlers Martin Creed wurde rasch ein Richtmaß für alles, was an zeitgenössischer Kunst falsch war: Seine immaterielle Struktur löste sich steigernde Ausbrüche in der Presse aus, nicht zu vergessen der eine oder andere Eierwurf und der unvermeidliche Gewinn des Turner-Preises 2001. Creed war nicht der erste Nihilist, der versucht hatte, mit möglichst geringen Mitteln Kunst zu schaffen: Yves Klein hatte 1958 unter dem Titel *Le Vide* (Die Leere) eine leere Galerie gezeigt und Robert Smithson erklärte, ›Installationen sollen Räume leeren, nicht füllen‹ –, aber kein anderes Kunstwerk wird auch nur annähernd als so frustrierend, verdrießlich und Streit stiftend bewertet wie *The Lights Going On and Off*.

Was haben wir hier? Einen defekten Schaltkreis oder die Geschichte der Zivilisation selbst, von grauer Vorzeit bis zum Licht der Aufklärung? Beide Lesarten sind zu didaktisch und verpassen die Zwischentöne Creeds. Besonders wenn man die freie Form und spielerische Natur seiner übrigen Kunst einbezieht: Alles wird eingesetzt, vom Witz und der Banalität von jemandem, dem es schlecht wird bis hin zu der sinnlosen Vermessung von Zeit und Raum mittels Ballons, Papierkugeln, Noten oder Nägeln.

1995 wurde es als *30 Seconds with the Lights Off* gezeigt, begleitet von Schlagzeug und Gitarren, die stoppten, wenn das Licht anging. In seiner späteren Form ist Creeds radikale Geste weiter reduziert auf die grundlegendste Forderung an ein Kunstwerk überhaupt: eine Idee. Es ist eine visuelle Analogie für den Funken der Kreativität – für das Licht, das dir aufgeht. Anstatt auf die negative Seite einzugehen – die Dunkelheit, das Yin, das Böse – bietet Creeds Arbeit einen kurzen Moment des Schöpfungsaktes. Um es mit einem Neon-Text zu sagen, den Creed im Jahr zuvor schuf: ›Everything is going to be alright‹.

Als die Kunstkritik den Minimalismus der 1970er in Amerika angriff, war ›Theatralität‹ einer der abwertenden Begriffe – was bedeuten sollte, dass die Arbeiten bühnenhaft seien, interaktiv oder sogar interrogativ, verglichen mit einem Gemälde an der Wand. *The Lights Going On and Off* ist weitaus munterer und lustiger als die vielsagende minimalistische Kunst, auch wenn man es als den höchsten Ausdruck

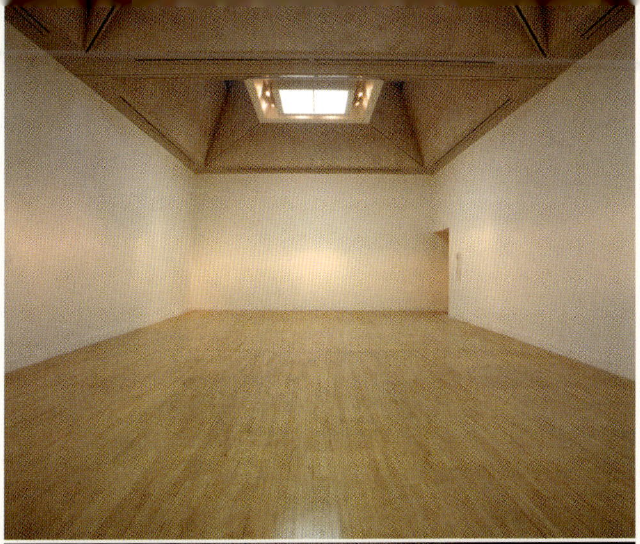

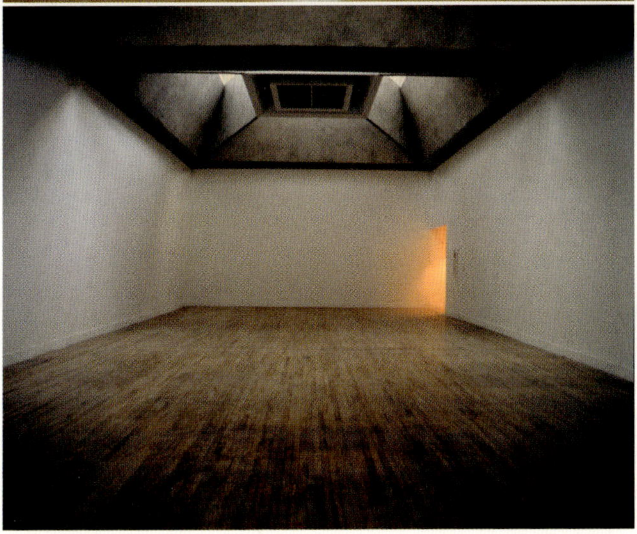

›ES IST EINE VISUELLE ANALOGIE FÜR DEN FUNKEN DER KREATIVITÄT – FÜR DAS LICHT, DAS DIR AUFGEHT.‹

von Minimalismus verstehen könnte. Es hat sicherlich etwas von Theater, die Verwandlung des Ausstellungsraums in eine Bühne und der Betrachter in ungewollte Performer. Doch die Frage bleibt: Spielt man mit und klatscht zum Schluss?

Es ist eine Arbeit, die sowohl als Angriff auf den guten Geschmack gelesen werden kann, wie auch als verschwörerisches Nicken für die, die den Witz verstehen, das Spiel von ›jetzt hast du's kapiert – jetzt nicht‹ der zeitgenössischen Kunst. Vielleicht empfindet Creed ein Werk nur dann als gelungen, wenn es eine starke, emotionale Reaktion des Betrachters hervorruft. Man kann es ignorieren, aber die Lichter sind immer noch da, leuchten und zwinkern dir zu. Man kann ebenso daran scheitern, wie seine unbestechliche Logik verstehen oder den simplen Akt des Sehens infrage stellen. Schließe die Augen, und du hast es verpasst – so ist das Leben nun mal.

KUNST ALS ENTERTAINMENT

›GROSSE HERREN HABEN VERGNÜGUNGEN, ABER DAS VOLK HAT SPASS.‹

MONTESQUIEU, PENSÈES ET FRAGMENTS, 1901

Whuhuu! Yieppieeee! Das ist nicht die Sorte von Anfeuerungen, die man normalerweise in einem Museum oder einer Galerie hört, dort ist es wahrscheinlicher, dass man auf empörtes Gezischel geflüsterter Interpretationen oder zustimmendes Nicken trifft.

Es ist das Jahr 2006 und ich befinde mich bei einer Pressekonferenz der Tate Modern in London und sehe dem normalerweise erhabenen Direktor Nicholas Serota dabei zu, wie er sich in eine enge Rinne setzt und in einer riesigen metallischen Spirale in die Tiefe stürzt, bis ganz unten in die Turbinenhalle. Er johlt zwar nicht, aber andere Wagemutige kreischen bei ihren lautstarken, rasenden Fahrten durch den leeren Raum, während ich meinen Platz in der aufrückenden Warteschlange noch einmal überdenke und die Reihe verlasse.

Kritiker zu sein bedeutet, sich im Namen der Kunst allen möglichen scheußlichen Vorgängen zu unterwerfen: an baumelnden Säcken von Potpourris in einer gigantischen Installation aus Nylon zu schnüffeln, körperbetonte Kleidung oder Masken anzulegen, die einem die Orientierung nehmen und seit den 1960ern vor sich hin muffeln, oder sogar in einem klaustrophobischen kugelförmigen Gerät zu liegen und mit kaleidoskopischen Blitzlichtern und pochendem Lärm bombardiert zu werden. Gegen ein bisschen Interaktion ist nichts einzuwenden; die späteren Kapitel in diesem Buch ›Kunst als Event‹ und ›Kunst als Meditation‹ werden sich mit den stimulierenden Eigenschaften von Werken befassen, die einen einbeziehen oder beruhigen. Nein, wogegen ich mich wehre, ist, meine Knochen dem mörderischen Verlauf dieser Ausstellung auszusetzen oder, noch schlimmer, *mich zu amüsieren*, während alle meine kritischen Fähigkeiten aufschreien, dass ich gegenüber allem, was ich rezensiere, eine angemessene Haltung einnehmen sollte. Und abgesehen davon: Ich habe Höhenangst.

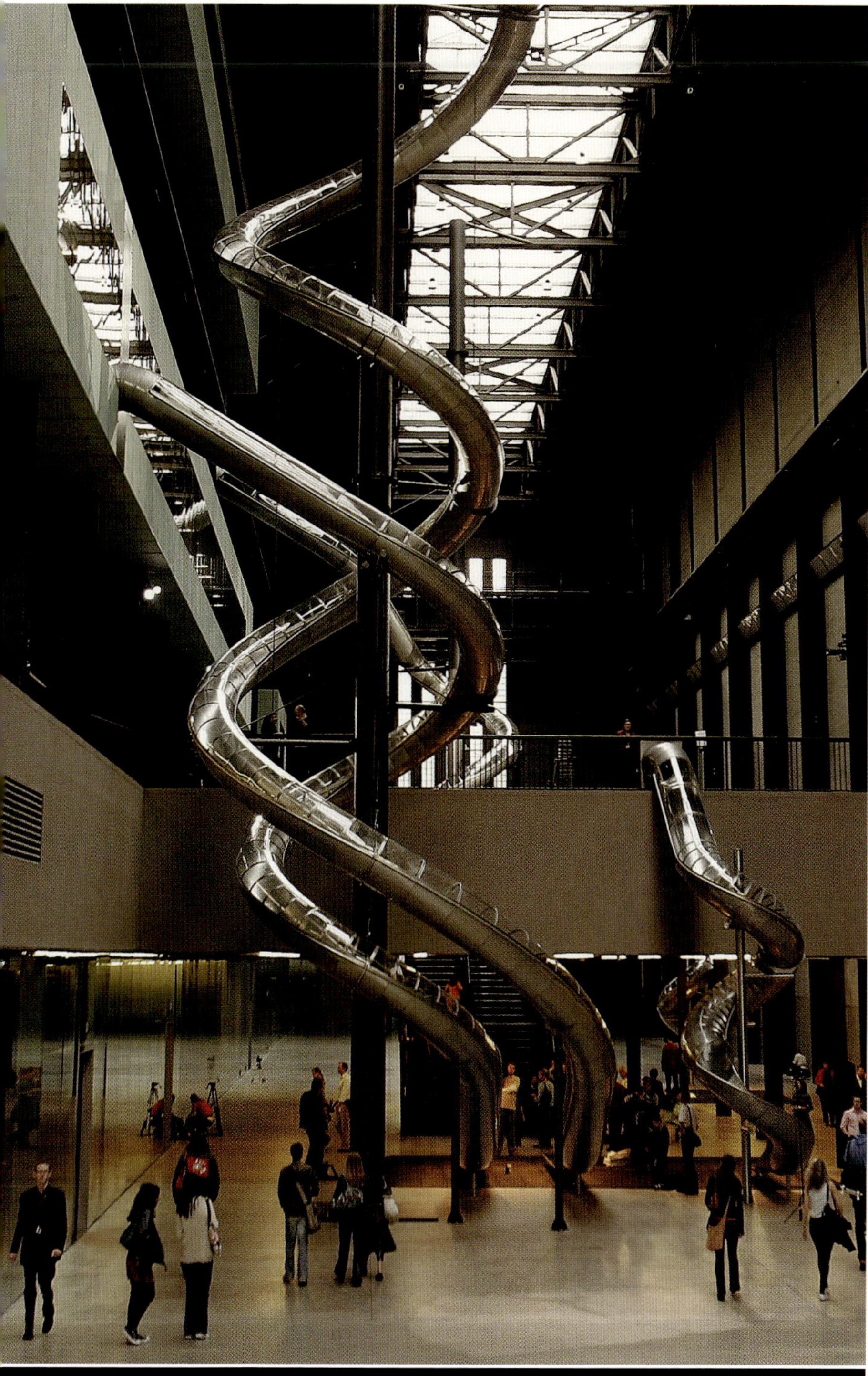

Carsten Höller, Test Site, 2006, Installation, Tate Modern, London

Aber dann beherzige ich meine eigenen Ratschläge, wie man sich nervigen oder potenziell gefährlichen Kunstwerken nähert, sammle mich und rufe meine *Tabula rasa* Schritte auf. Als erstes kommt TIME / ZEIT, von der diese Rutschen des in Belgien geborenen Künstlers Carsten Höller nicht besonders viel in Anspruch nehmen – in der Tat braucht es nur ein paar Sekunden, um einen bis nach unten zu befördern. Aber statt mich in den langen, dunklen Tunnel zu stürzen, verbringe ich ein paar Minuten damit, die Treppen durch die verschiedenen Ebenen der Tate Modern herabzusteigen, und entdecke fünf Edelstahlrutschen, die sich alle mit dem Gebäude verbinden und umeinander winden und ein skulpturales Netz aus Röhren bilden.

Das A für ASSOZIATION ist leicht: jeder kann sich an den Nervenkitzel seiner Kindheit erinnern, an die Spielplätze und ihre Zeit des ungetrübten Spaßes. Ich bin sicher, dass ich unbewusst, bevor ich in der Warteschlange kniff, einen Moment von Höhenangst erlebt habe, der direkt auf eine außergewöhnlich hohe und steile Rutsche zurückzuführen war, die ich als Junge irgendwann bezwungen hatte. Solche persönlichen, scheinbar belanglosen Anekdoten haben ebenso ihre Berechtigung wie jede intellektuelle oder ästhetische Reaktion und können die Freude an einer Arbeit erheblich steigern. In diesem Fall wurden meine negativen Erinnerungen zu Achterbahnen durch die Möglichkeit gemildert, meine Höhenangst zu überwinden – die Rutschen boten mir sogar die Chance zu einer therapeutischen, möglicherweise sogar kathartischen Erlösung.

Nun zu B wie BACKGROUND, dem HINTERGRUND, zu Höllers Installation und seinem Titel *Test Site*. Er ist ausgebildeter Entomologe (seine Doktorarbeit handelt davon, wie Pflanzen sich selbst vor Blattläusen schützen), und als Künstler erwarb er sich einen gewissen Ruf für seine Sichtweisen verändernden Installationen und natürlich für seine Rutschen – einmal baute er eine für die Modedesignerin Miuccia Prada in Mailand, mit der sie durch ihr Büro zu ihrem Auto draußen rutschen konnte. Auch vor dem Auftrag für die Tate schuf Höller spielerische Installationen wie *Y* (2003), in der ein wirbelnder Strudel von Glühbirnen aufleuchtete, wenn man durch den Tunnel ging, oder *Amusement Park* (2006), der absurd langsame Autoscooter und bedrohlich schwingende Karussells zeigte. *Experience* (2011) schickte die New Yorker auf eine magische Abenteuerreise durch das New Museum, mit Rutschen, halluzinogenen Lichtshows, das Angebot einer ›Liebesdroge‹ zum Einnehmen und sogar einer Sitzung in einem Floating-Tank, gefüllt mit warmem Salzwasser. Wenn man nicht mit diesem Wissen über Höllers Werkschaffen ausgestattet ist, können Geschichte und Hintergrund von dieser und anderen großformatigen Auftragsarbeiten in der Turbinenhalle auf

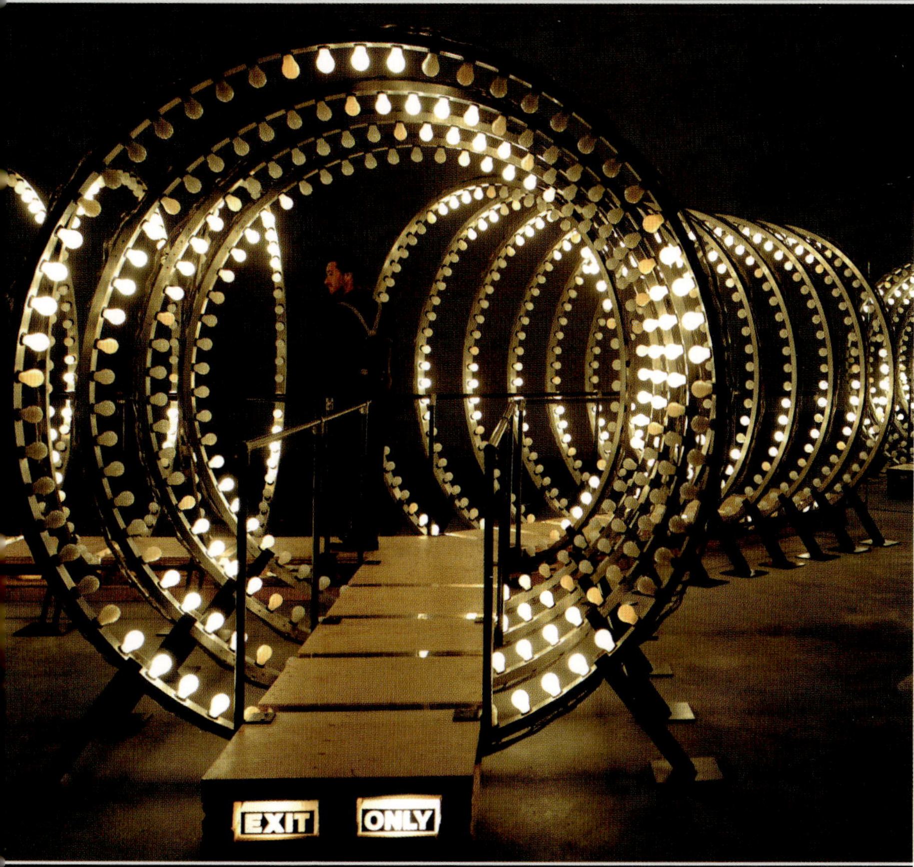

Carsten Höller, Y, 2003, 960 Glühbirnen, Aluminium, Holz, Kabel, elektronische Schaltkreise, Leuchtschilder, Spiegel, ca. 1300 × 850 × 320 cm

den Beschilderungen der Tate Modern nachgelesen werden. Und auch wenn die pseudo-wissenschaftliche Natur von Höllers Projekt nicht sofort augenfällig ist, ist sie doch eine von vielen eindringlichen Installationen, die nicht besonders viel Kontext erfordern – nur einen starken Magen.

Um den nächsten Buchstaben zu meistern, U für UNDERSTANDING und wenigstens ein rudimentäres VERSTEHEN für Höllers merkwürdige, aber amüsante Kunst zu entwickeln, ist es an der Zeit, dass ich mich in die Tiefe stürze. Nachdem ich darüber gelesen und Höllers Beschreibungen der Rutschen als ›kaum kontrollierter Fall‹ gelauscht habe, und wie Höhenangst eine ›ungeheure Panik bei einem ansonsten beherrschten Gemüt‹ auslöse, fällt es schwer, sich nicht selbst wie ein Testobjekt vorzukommen, das den Vorgaben des Künstlers folgt, wie eine Ratte im Käfig in irgendeinem finsteren Versuchslabor. Aber das kann auch an meiner Abneigung liegen, gesagt zu kriegen, was ich denken oder von diesen pulsbeschleunigenden Fahrten oder Pupillen erweiternden Tricks halten soll.

Die nagenden Vorurteile gegenüber Höllers Werk bedeuten, ich sollte mich schleunigst an L halten und LOOK AGAIN / WIEDER HINSEHEN, oder in meinem Fall, aufhören, mich zu drücken und in eine dieser höllischen Rutschen steigen. Ich habe kaum Zeit, *Tabula rasa* zu ächzen, als ich eine der silbernen Röhren hinabstürze und auf den Boden der Turbinenhalle neben meine Mitreisenden plumpse.

Endlich folgt A für ASSESSMENT / EINSCHÄTZUNG. Meine erste Reaktion, als Versuchskaninchen aus Höllers Kunstexperiment gespuckt worden zu sein, ist reine, adrenalinbeflügelte Freude. Trotz meiner anfänglichen Ängste (ich meistere sie alle, außer der höchsten Rutsche) und Vorbehalte gegenüber seinen pseudo-wissenschaftlichen Motiven, und dem Gewinn einer nachträglichen Einsicht, gibt es keinerlei Zweifel: *Test Site* war unglaublich spaßig, auf eine körperliche, geistige und nervenaufreibende Art, die wenig mit der üblichen Museumserfahrung gemein hat, die häufig ausschließlich visuelle und intellektuelle Freude bereitet. Abgesehen von kulturellem Snobismus, was ist falsch daran, Kunst auf ihrer grundlegendsten, ursprünglichsten und körperlichen Ebene wahrzunehmen?

JUX UND DOLLEREI

Ebenso wie den gewohnten Anblick von Gemälden oder Zeichnungen an der Wand können Ausstellungen heutzutage so gut wie alles enthalten: Von einem Karussell oder etwas gigantisch Aufgeblasenem bis hin zu einer Serie computergesteuerter Köpfe oder sprechenden Comic-Figuren. Die populistische Zirkusatmosphäre, die solche Werke schaffen, bedeutet, dass zeitgenössische Kunst eine ebenso massenkompatible Erfahrung sein kann wie eine große Sportveranstaltung oder ein Rockkonzert. In der Tat wird Kunst zunehmend auf diese Weise präsentiert und die Museen versuchen Besucherrekorde zu erzielen, die es mit Fußballspielen oder Stadionkonzerten aufnehmen können.

Um solche Menschenmengen anzuziehen, müssen die ausgestellten Werke gleichermaßen auf intellektueller Ebene bestehen, wie auf den Geschmack der Masse ausgerichtet sein. Das bedeutet, sie müssen Wirkung, Energie, Spaß und ein hohes Maß an Interaktivität und Zugänglichkeit aufweisen oder einen großen Maßstab (mit diesem Phänomen beschäftigen wir uns in ›Kunst als Spektakel‹). Sie sollten nicht behäbig sein, weder befremden noch verstören, um wirklich Popularität genießen zu können (auch wenn das nächste Kapitel ›Kunst als Konfrontation‹ beweist, wie stimulierend diese Qualität in der zeitgenössischen Kunst sein kann) - sie sollten prickeln und anregen! Lehnen Sie sich zurück und genießen Sie die Fahrt!

Veranstaltungen müssen groß und unverfroren sein, um mit diesem für alle kompatiblen Stoff glänzen zu können. Jede Stadt, die etwas auf sich hält, hat sich ein neues Museum für moderne Kunst geleistet, genauso, wie man vor nicht allzu langer Zeit ein Einkaufszentrum oder ein Multiplexkino hingestellt hätte, um die Bürger zufriedenzustellen. Wir besuchen unsere kulturellen Institutionen nicht mehr, um ernsthaft nachzudenken, wir holen uns dort eher unsere Dosis Kultur ab – ein schneller Happen von etwas, das kaum anspruchsvoller ist als das Fernsehprogramm.

Es ist möglicherweise gar nicht nötig, im Bereich der ›Kunst als Entertainment‹ nach tieferer Bedeutung zu suchen, besonders, wenn man zu beschäftigt ist, Spaß zu haben, um über Fragen nach Raum, Zeit oder kollektiver Erfahrung nachzudenken. Trotzdem stehen zeitgenössische Künstler unter dem Druck, ihre *gravitas* zu bewahren und sämtliche Anzeichen von Leichtigkeit unter Schichten komplexer Theorie über Gesellschaft und Realität zu verstecken – anstatt darzulegen, dass sich ihr Werk ganz eindeutig mit der Welt des Sports beschäftigt, wie es bei dem in Hawaii geborenen Paul Pfeiffer und seinen majestätischen Standbildern und Videos von Basketballspielern der Fall ist, bei denen sämtliche Mitspieler und Details aus dem Stadion entfernt wurden. Solche theoretischen Ablenkungsmanöver können notwendig sein, um den künstlerischen Anspruch auf langwierige Überlegungen im Vorfeld aufrecht zu erhalten und so das Gesicht zu wahren, wenn der betreffende Fachmann genötigt ist, die Kosten von etwas sehr Großem oder Teuren zu rechtfertigen. Uns erschwert das die Aufgabe, sich mit dem Werk zu beschäftigen, erheblich.

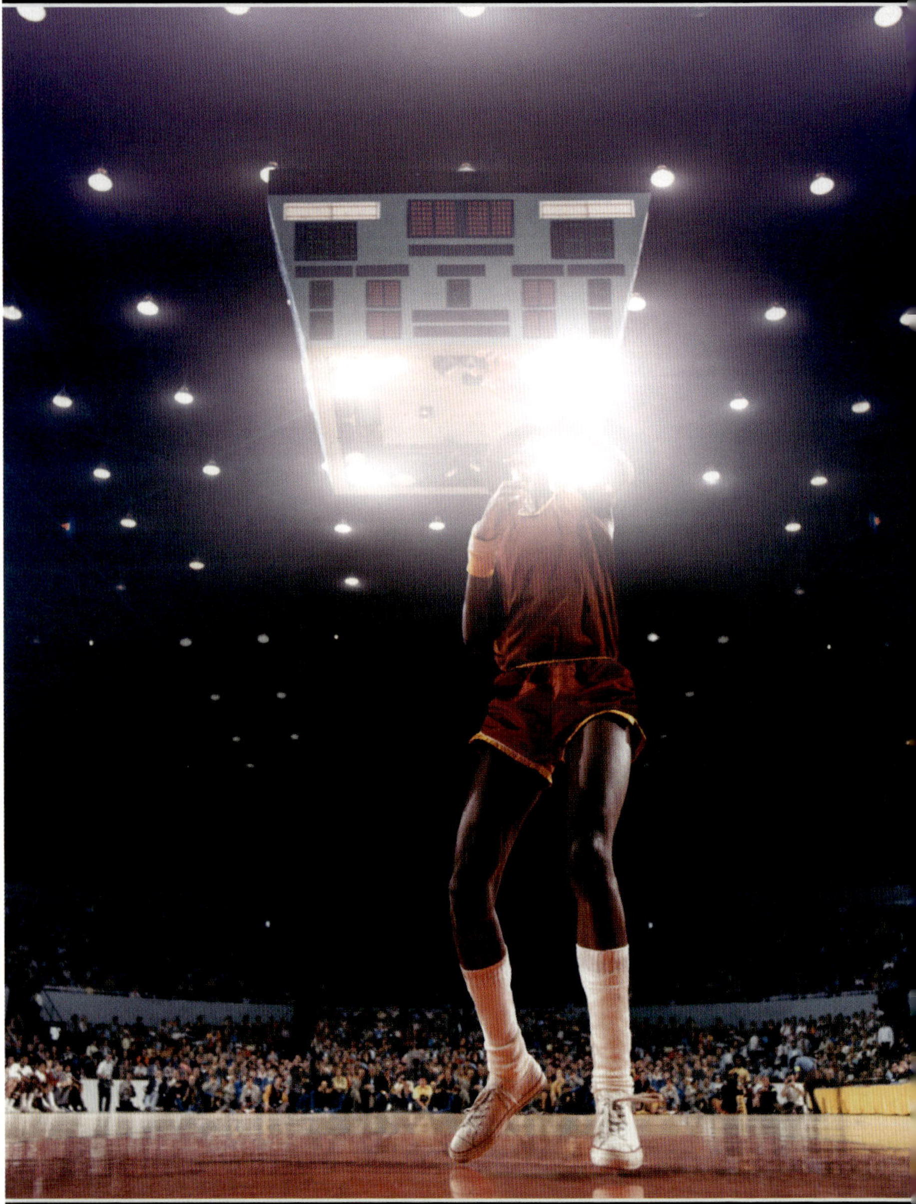

Paul Pfeiffer, Four Horsemen of the Apocalypse #17, 2004

Nehmen wir den international renommierten Konzeptkünstler Daniel Buren, bekannt für seinen Einsatz von bonbonbunten Markisenstreifen. Der Franzose startete seine Karriere Mitte der 1960er mit dem Ziel, den ›Grad Null an Malerei‹ zu erreichen, bevor er sich von seinem radikal reduzierten Manifest verabschiedete und auf jede erdenkliche Oberfläche seine bekannten Streifenmuster übertrug und nicht nur Galeriewände, sondern auch öffentliche Räume in Paris und anderswo einnahm. Buren hat Gehwege, Pergolen, Anzeigentafeln und Sonnensegel überzogen und wurde kürzlich eingeladen, für die fünfte *Monumenta*-Biennale in Paris das Grand Palais zu bespielen – in dieser Art einer der größten Aufträge weltweit. Buren installierte farbige, runde Plexiglasdächer, unter denen die Besucher hindurchgehen konnten, während seine Streifen-Signatur die Glas- und Stahlkuppel über ihnen verzierte. Was auch immer für konzeptuelle Behauptungen für diese gigantische Arbeit *Excentrique(s)* (2012) aufgestellt wurden – wie etwa, ›es enthüllt die verborgenen Dimensionen des Raums, sein unsichtbares Potenzial, Vergangenheit und Zukunft‹ – es hatte ohne Zweifel einen Unterhaltungswert als amüsanter, lichtdurchfluteter Ort, durch den man flanieren, vor dem man posieren oder unter dem man herumtoben konnte. Buren kann gegen diese vereinfachende Lesart protestieren oder nicht, aber bei meinem Besuch von *Excentrique(s)* vermittelte es mir anfänglich nichts mehr als ›Hereinspaziert, komm spiel' ein bisschen‹. Noch einmal: Dass ein Kunstwerk Spaß macht, muss keine vernichtende Kritik sein, sondern ist eine ehrliche Feststellung. Man sollte bei diesen Gelegenheiten seinen Instinkten trauen, denn diese Art von vorbehaltloser Auslegung kann ebenso wertvoll sein wie all die weitschweifigen philosophischen Erklärungen, mit denen man es überladen kann. Manchmal ist es schwieriger, die richtigen Worte zu finden als sich einfach der freudigen, sorglosen Unbekümmertheit eines Werkes hinzugeben.

In diesem Fall sollte man nichts in diese Erfahrung hinein interpretieren oder den Mangel an intellektueller Strenge beklagen, es einfach wie einen Ausflug in einen Spielsalon, ins Kino, eine Shoppingmall oder einen Themenpark genießen. Und vergessen Sie das Lächeln für das Erinnerungsfoto nicht! Wenn man einmal angefangen hat, sich zu amüsieren, wird sich eine weitere Bedeutungsebene möglicherweise von selbst erschließen – Tiefe und Freude schließen sich nicht aus. In meinem Fall entwickelte sich Burens farbenprächtige Spielerei zu einer Erkundung architektonischer Möglichkeiten und einem erfahrbaren, sogar therapeutischen Ort.

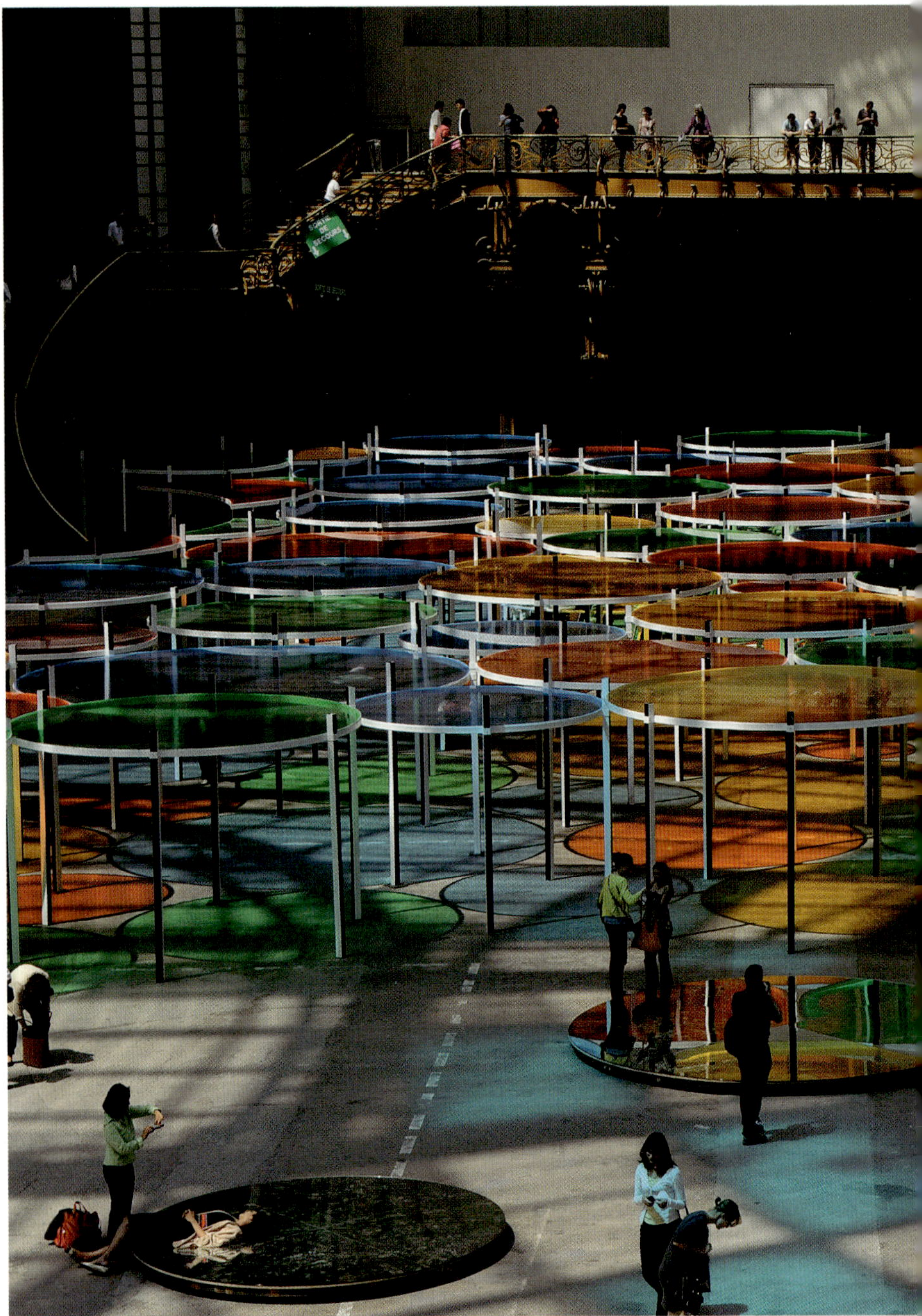

Daniel Buren, Excentrique(s), 2012, Installation, Monumenta, Grand Palais, Paris

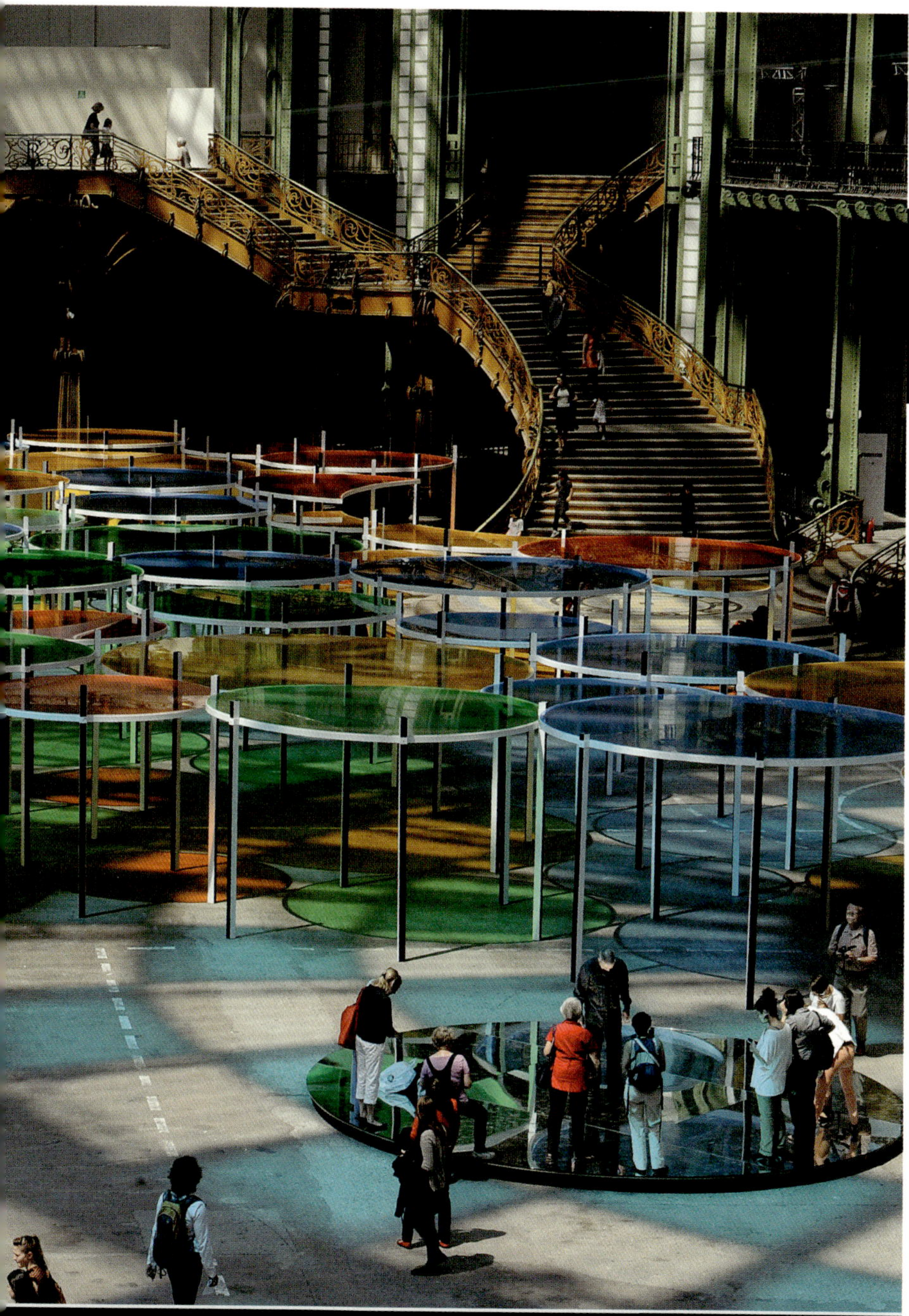

Omer Fast,
5.000 Feet Is the Best,
2011, Standbild

POP-SENSATIONEN

Einer der kommerziell erfolgreichsten Künstler der letzten zwei Jahrzehnte ist Takashi Murakami, ein japanischer Künstler, dessen Arbeiten Bezug haben zur Subkultur wie Manga-Strips, erotische Comics und kitschige *kawaii* Cartoon-Charaktere – bisher ausschließlich die Domäne des jungen, männlichen japanischen Nerds oder *otaku*. Murakamis Kunstimperium umspannt New York, Paris, Taipeh, Hongkong und Tokyo und schließt das Design und die Herstellung von Spielzeug, Stickern und T-Shirts mit ein, ebenso wie hochpreisige Skulpturen, Gemälde und Kooperationen mit Luxus-Modelabels. Seine fieberhafte ›artrepreneurial‹ Produktionslinie läuft ohne jedes Anzeichen von Ironie oder Satire und bekräftigt die Auffassung, dass ein Künstler, der nur noch unterhält, nichts als seichte und frivole Statements abliefern kann, die jeder Substanz entbehren. Ich jedenfalls habe der winzigen Murakami-Figur einer blauen Maus auf einem Fliegenpilz (angeblich ein Selbstporträt des Künstlers), die ich in Miami gratis zu einem Kaugummi erhielt, keinerlei Beachtung geschenkt, bis ich sie in der Tate Modern ausgestellt sah als Teil eines Sets seiner *Shokugan* oder ›Snack-Toys‹.

Ja, ich halte mein *Tabula rasa* Versprechen in Ehren und werfe einen ZWEITEN BLICK auf diese Werke, wie oberflächlich sie mir auch scheinen. Murakamis künstlerische Fließbandarbeit könnte auch als grundlegendes wie umfangreiches Statement betrachtet werden, über die Unterlegenheit unserer traditionellen Kultur gegenüber neueren Formen der Massenunterhaltung – auch wenn das eine Botschaft wäre, die wir lieber nicht hören würden. Albern und gleichzeitig smart beleuchtet Murakamis Werk die komplexe Natur des Lebens in einer Kultur, die um rasche Befriedigung kreist und den immergleichen gedankenlosen Konsum widerspiegelt. Wenn man sich danach verschaukelt oder leer fühlt, ist das vielleicht der Punkt um den es geht.

Da die traditionelle Trennung zwischen Kunst und Leben immer durchlässiger wird, werden Künstler immer häufiger beauftragt, alles Mögliche zu entwerfen, von Spielplätzen bis hin zu Autoaufklebern, Softdrinks und Parkbänken oder was auch immer, was früher als unseriöse Ablenkung von dem ernsthaften Geschäft des Kunstschaffens betrachtet worden wäre. Es sollte daher niemanden überraschen, dass zeitgenössische Künstler – die, das sollten wir nicht vergessen, sich der Unterhaltungsindustrie keineswegs besser entziehen können als der Rest von uns – auch ein Interesse an Freizeitaktivitäten haben

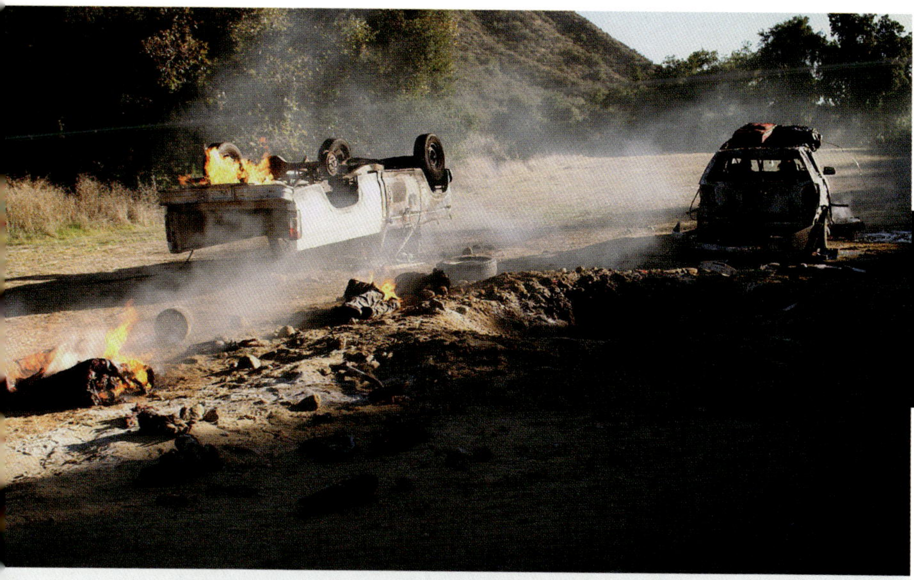

oder ihren eigenen Lieblingsbeschäftigungen frönen, wenn sie als Teil ihrer Kunst Platten, Filme, Webseiten oder sogar Spielzeuge kreieren.

Der israelische Künstler Omer Fast zum Beispiel würdigt in seinem Werk Hollywood, Computerspiele und sogar Pornofilme – aber wichtiger noch, er lüftet einige Geheimnisse hinter den Kulissen bzw. zeichnet er die Kluft zwischen Fakten und Fiktion in diesen Genres oder Branchen. In Fasts Filmen, wie in der vierkanaligen Installation von *Casting* (2007), der aus den Berichten junger US-Soldaten besteht, die gerade aus dem Irak zurückgekehrt sind, oder *Everything That Rises Must Converge* (2013), der aus Interviews mit Pornostars montiert ist, lässt sich schwer einschätzen, wer nach Drehbuch spielt oder einfach drauflos redet, vielleicht mit einem Körnchen Wahrheit dabei. In *5.000 Feet Is the Best* (2011) mischt Fast Berichte von Luftschlägen in Afghanistan, die ein Pilot mit einer ferngesteuerten Drohne ausführt, mit Luftüberwachungsbildern von amerikanischen Vorstädten und Straßen. An einer Stelle wird eine typische Familie – zwei Kinder, Mutter und Vater – in ihrem Kombi von einer Hellfire-Rakete getroffen (sie steigen unglaublicherweise danach aus ihrem ausgebrannten Wagen, wie in einem Actionfilm oder Ballerspiel) und lässt damit die Möglichkeit solcher weit entfernter militärischer Gefahren plötzlich sehr real erscheinen.

DAS BESTE KOMMT NOCH

Viele der Arbeiten, die das Auge mit bonbonbunten Farben erfreuen oder in anderer Weise unsere Aufmerksamkeit auf sich ziehen wie ein Blockbuster, können sehr wohl relevant und zeitgemäß sein, weil sie uns herausfordern, unsere eigenen Defizite als widerwillige Konsumenten von Hochkultur zu hinterfragen. Für *Good Feelings in Good Times* (2003) inszenierte der slowakische Künstler Roman Ondák verschiedene Warteschlangen vor Museen oder Kunstmessen, mit Leuten, die dafür bezahlt wurden, grundlos in einer Schlange zu stehen. Ondáks mysteriöse Reihen von Performern riefen nicht nur Neugier und Interaktion hervor – warum ist hier eine Schlange, worauf warten die Leute? –, sie suggerierten auch Nutzen oder Belohnung für das Anstellen, denn, wie wir alle wissen, muss etwas von echter Bedeutung oder Unterhaltung sein, wenn sich eine Schlange bildet. Wer weiß, vielleicht ist da hinten eine Rutsche.

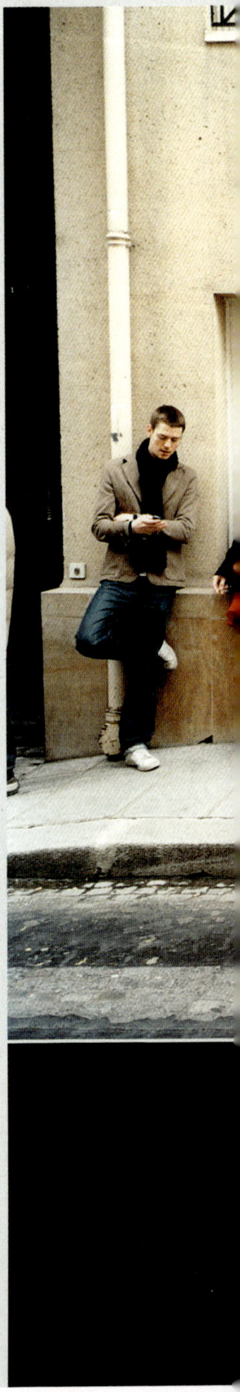

Der Gedanke, Kunst könne aus dem gleichen Blickwinkel betrachtet werden wie Unterhaltung, hilft, Zugang zu ansonsten befremdlichen Objekten zu finden, meist wenn etwas Vertrautes, wie eine Warteschlange, von einem Künstler benutzt und dann radikal neu verpackt wird.

Kunst, die unterhält, muss nicht seicht sein, aber ihr Hauptanliegen ist es, uns zu umgarnen – jegliche Aufklärung oder Belehrung steht an zweiter Stelle. Der hervorragende Kurator und Kunstkritiker Robert Storr sagte in London kurz vor der Eröffnung der von ihm geleiteten Biennale in Venedig 2007: ›Sobald du die Leute genug gefesselt hast, um sie durch die Tür zu locken, ist es eine der größten Aufgaben der Museen und Kuratoren, diese Fesseln zu lösen.‹ Künstler mögen sich während des Schaffensprozesses keine Gedanken über die Zugänglichkeit ihrer Arbeit machen, aber es ist ihnen klar, dass ohne Publikum jedes Kunstwerk verkümmert, und so liegt es in ihrem Interesse, dafür zu sorgen, dass ihre Arbeit von so vielen Menschen wie möglich wahrgenommen wird. Da der Abstand zwischen Kunst und Entertainment schwindet und die Beziehung immer inniger wird, müssen wir darauf vertrauen, dass die Künstler wissen, wann sie sich behaupten müssen, um sich nicht zu verkaufen, wann sie das Publikum elektrisieren können, und wann sie sich zurückziehen sollten.

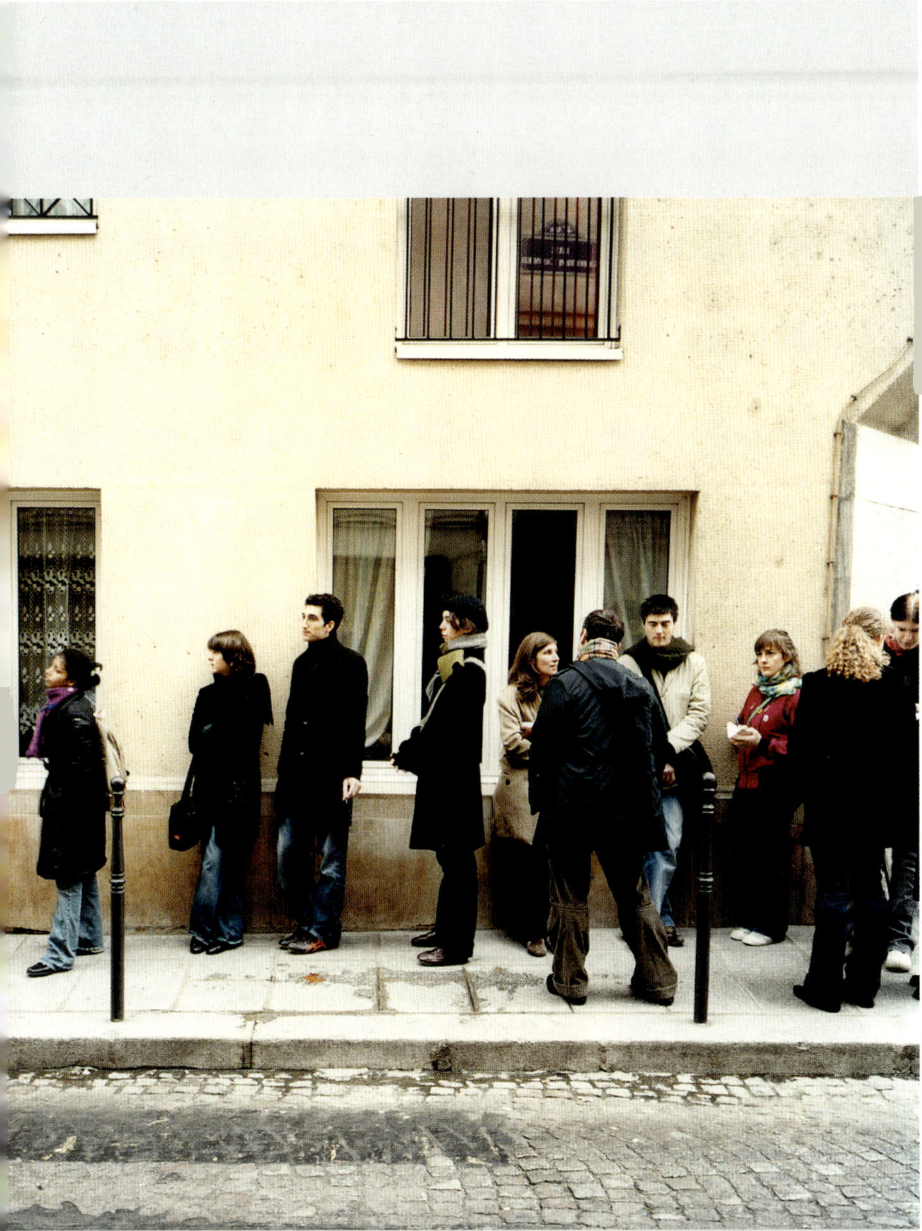

Roman Ondák, Good Feelings in Good Times, 2003

JEREMY DELLER
SACRILEGE, 2012

›AUF EINER NACHBILDUNG EINES ARCHAISCHEN STERNEN-TEMPELS HERUMZUHOPSEN, FÜHLT SICH SO ALBERN AN, WIE ES SICH ANHÖRT.‹

Ich hüpfe auf einem riesigen grünen Luftkissen herum, inmitten von Etwas, das aussieht wie Stonehenge, der sagenumwobene neolithische Ring aus Steinblöcken auf der Hochebene von Salisbury – nur ist dies nicht Südwestengland, sondern der Place des Invalides im Herzen von Paris. Es könnte auch irgendwo anders sein, denn Jeremy Dellers subversives Kunstprojekt im öffentlichen Raum, *Sacrilege*, hat eine viermonatige Tour durch ganz Großbritannien hinter sich, als Teil des kulturellen Belgeitprogramms der Olympischen Spiele 2012 in London. Es ist simpel und macht Spaß, aber scheint weit entfernt von seriöser Kunst.

Es ist nie schlecht, zeitgenössische Kunst hinsichtlich ihres Unterhaltungswerts zu untersuchen. Dellers Arbeiten schwelgen in Gemeinschaftserfahrungen, die uns einander näherbringen, entweder durch ein Gruppengefühl, die Liebe zur Musik oder ein gemeinsames politisches System. Sein stärkstes, zum Nachdenken anregendes Stück war *The Battle of Orgreave* von 2001, eine filmische Nachahmung der Schlacht zwischen streikenden Minenarbeitern und der Polizei, die 1984 auf einem Feld außerhalb einer kleinen Stadt in Yorkshire stattfand. Auch wenn seine Hüpfburg-Version von Stonehenge weitaus vergnüglicher und kinderfreundlicher ist, so ist sie doch eine Art historischer Nachbildung. Allerdings, wie der Titel schon sagt, lässt *Sacrilege* ein widersprüchliches Gefühl zwischen Ironie und Ikonoklasmus hinsichtlich unserer prähistorischen Vergangenheit und unserer vermeintlich hochentwickelten Gegenwart entstehen.

Es ist noch nicht so lange her, da konnten die Besucher des echten Stonehenge über seine mehr als 5.000 Jahre alten Menhire und Dolmen klettern wie die Druiden damals. In den späten 1960ern und frühen 1970ern mündete die Angst vor Erosion in Zäunen, einem Fußgängertunnel, Parkplatz und Busbahnhof, was die ganze Gegend verschandelte. Diese Lösung war nicht minder respektlos wie Dellers spätere Interpretation des Weltkulturerbes aus aufblasbarem Plastik – besonders in Anbetracht dessen, dass *Sacrilege* zumindest konzeptionell den Zugang zu den Steinen wiederherstellt. Die Termine der reisenden Hüpfburg standen im Internet wie die Konzerte einer Rockband, einschließlich T-Shirt mit Tourdaten und Keltenlogo – Dellers Hüpfburg ist auch ein Kommentar darüber, wie wir durch Vermarktungsstrategien zum Konsum verführt werden oder Kultur am liebsten in geführten Gruppen wahrnehmen.

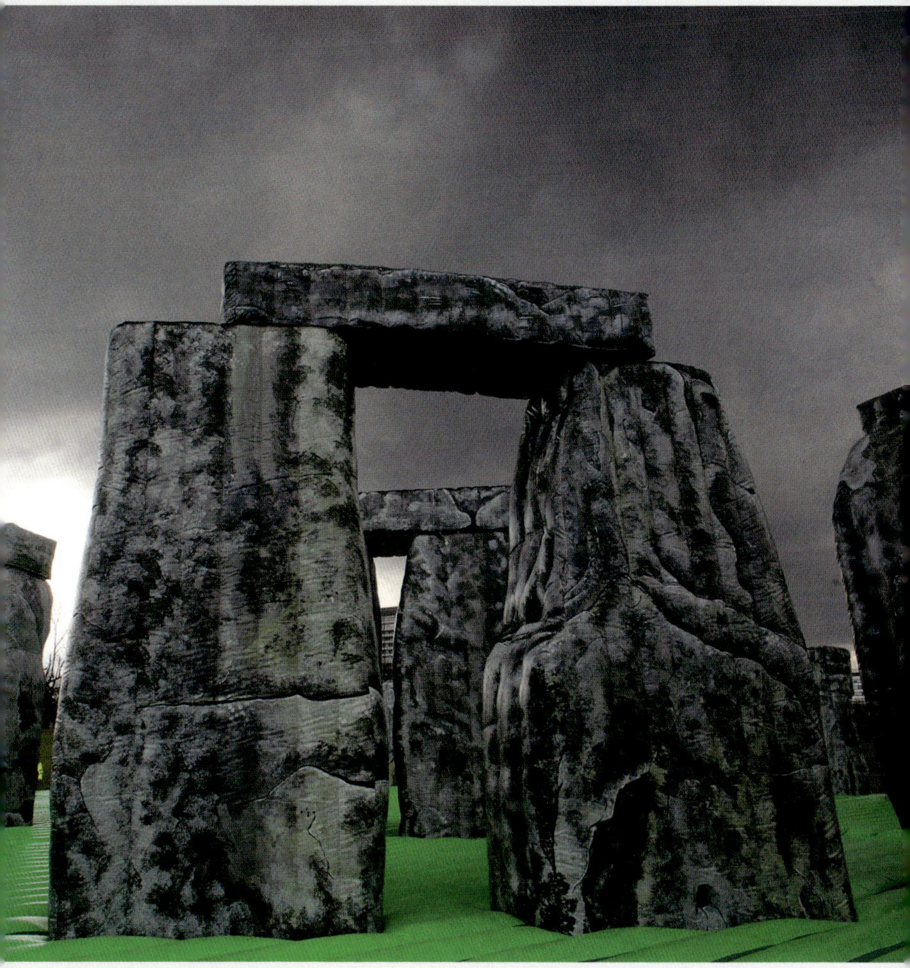

Auf einer Nachbildung eines archaischen Sternen-Tempels herumzuhopsen, fühlt sich so albern an, wie es sich anhört. Aber oft versteht man erst, was etwas wirklich ist, wenn man es der Lächerlichkeit preisgibt: Der absurdeste Aspekt von *Sacrilege* ist seine symbolische Umkehrung der Aufgabe von Kunst im öffentlichen Raum – wenn man was baut, kommen die Leute. Anders als die großen Monumente aus Stahl oder Bronze, die errichtet werden, um in einer Stadt oder Nachbarschaft Touristen oder Neuankömmlinge zu begrüßen, ist dieses Monument nur heute hier; morgen schon wird die Luft rausgelassen, es wird eingepackt und ist weg.

CORY ARCANGEL

DREI KLAVIERSTÜCKE, OP. 11, 2009

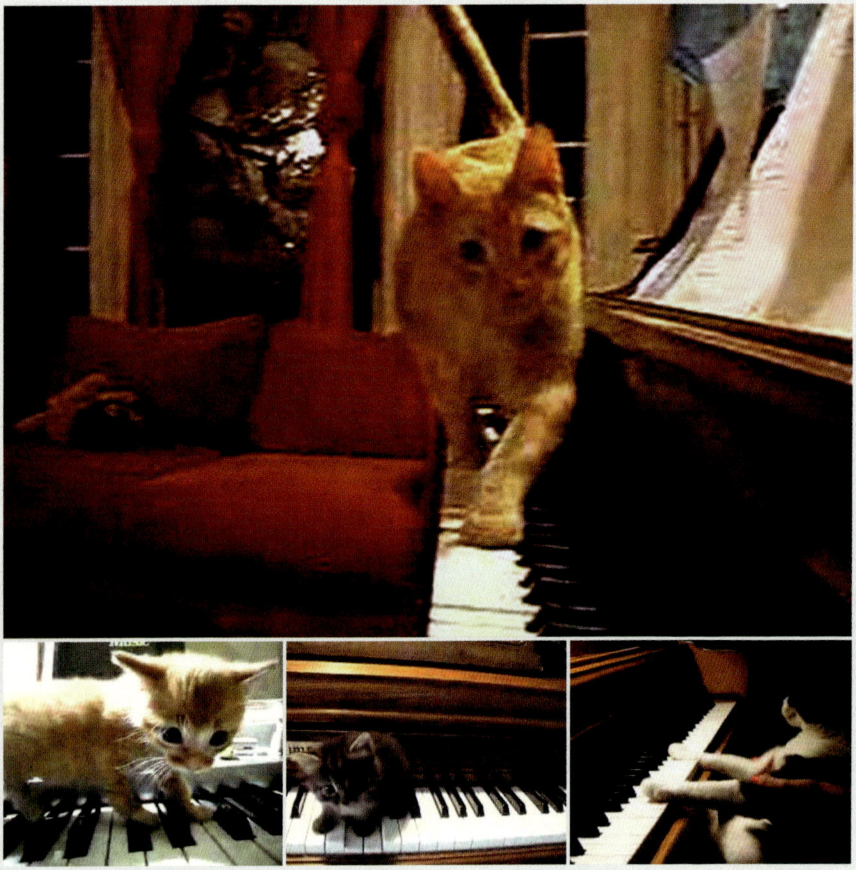

›DIESE FELIDEN VOLLFÜHREN EINEN GERADEZU PERFEKTEN VORTRAG DES ERSTEN STÜCKES ATONALER MUSIK, DAS JEMALS KOMPONIERT WURDE.‹

Eine flauschige Katze liegt langgestreckt auf einem Piano, eine weitere spaziert leichtfüßig über eine andere Tastatur. Dann ›hilft‹ ein Besitzer seiner Katze eine Note zu spielen und ein roter Kater stupst unsicher auf die Tasten. Das Internet ist voll von Webseiten mit drolligen Katzenclips oder Fotogalerien von süßen Kätzchen, aber diese Cut-and-paste-Collage auf YouTube ist anders. Nach vier Minuten erkennt man: diese Feliden vollführen einen geradezu perfekten Vortrag des ersten Stückes atonaler Musik, das jemals komponiert wurde.

In Deutschland begrüßten zeitgenössische Musikkritiker Arnold Schönbergs unverschämt moderne und dissonante ›Drei Klavierstücke‹ von 1909 mit Hohngeschrei. Ein Jahrhundert später gibt ein junger Multimedia-Künstler und Programmierer den Kritikern scheinbar recht, denn er zeigt, wie ein Haufen Katzen von allein solche Avantgarde-Musik spielen können, indem sie wahllos auf Klaviertasten herumtapsen. Tatsächlich lud der in Brooklyn lebende Cory Arcangel rund 170 Katzenvideos herunter, bevor er sie über einen Zeitraum von sechs Monaten sorgfältig neu arrangierte und jeden audiovisuellen Zufallstreffer einer Katze präzise auf die Noten der drei Sätze von Schönbergs fünfzehnminütigem Stück legte.

Arcangel hatte am Oberlin Conservatory of Music klassische Gitarre und Komposition studiert, bevor er begann, seine Hobbysammlungen aus Internet-Phänomenen und belangloser oder veralteter Technik in Kunst zu verwandeln. Das digitale Wunderkind beschreibt sich selbst eher als Hacker denn als Künstler. Er hat den alten Nintendo-Chip so bearbeitet, dass das Videospiel auf seinen Hintergrund reduziert wird und minimalistische Landschaften ohne jede Figur entstehen: *Super Mario Clouds V2K3* (2002). Auf uralten Konsolen wurden Sportspiele derart manipuliert, dass der Spieler immer verliert. Was wie eine schlechtgelaunte, gallige Attacke auf Unterhaltung und Technik erscheinen mag, entsteht bei ihm häufig aus einer echten Liebe zu seinen Themen, nicht aus Abscheu. So sollten Arcangels Computerpaar, das sich gegenseitig über Jahre hinweg kontinuierlich Emails mit ›Bin nicht im Dienst‹-Nachrichten schickte, bis einer von ihnen abstürzte (*Permanent Vacation*, 2007), oder sein Blog, der entschuldigende Nachrichten aus anderen Blogs versammelt (*Sorry I Haven't Posted*, 2010), als geistreiche Betrachtungen neuer Gepflogenheiten und Anstandsregeln gelesen werden, die ungewollt unser virtuelles Leben durchsetzen.

Kätzchen zu sammeln, um sie ein komplexes Stück moderner Musik spielen zu lassen, ist eine clevere Verwertung der Massenkultur, um schwierige, sogenannte ›hohe‹ Kunst zu verbreiten (Ich frage mich, wie viele Internet-Katzen man bräuchte, um alles von Beethoven einzuspielen?), ebenso wie eine künstlerische Erweiterung des Internets als Quelle unbegrenzten, häufig nutzlosen, seichten Infotainments. Mit der Entscheidung, das Internet als Bühne zu nutzen, wo alles möglich und verfügbar ist, legt Arcangel nahe, dass es an der Zeit sei, neu zu definieren, was Kunst sein kann und was nicht. Sofort beenden, abspeichern, Neustart.

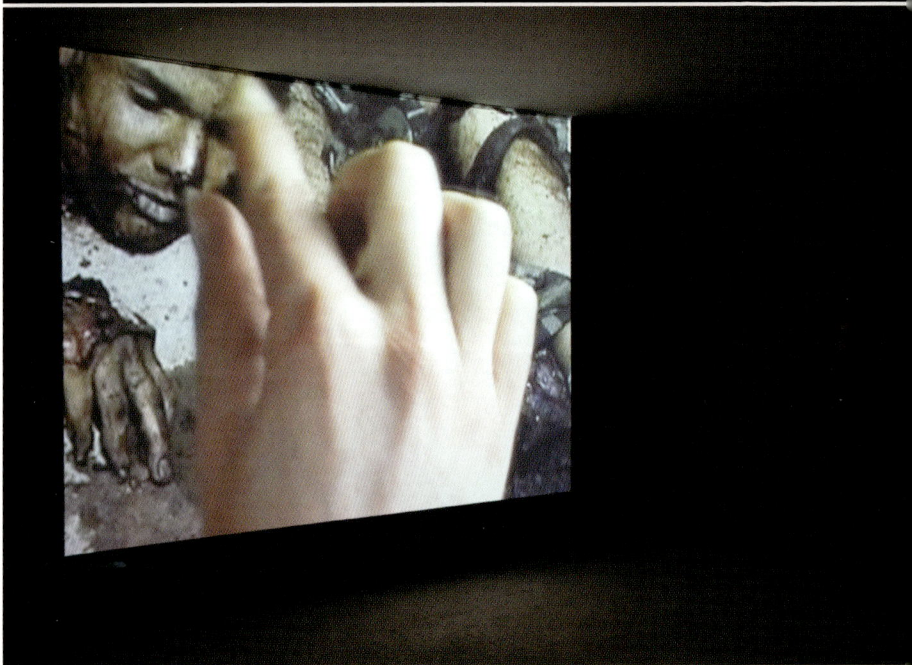

Thomas Hirschhorn, Touching Reality, 2012, Video

KUNST ALS KONFRONTATION

›ES KOMMT ZUM KULTURSCHOCK, WENN MAN SICH PLÖTZLICH AN EINEM ORT BEFINDET, WO *JA NEIN* BEDEUTEN KANN.‹

ALVIN TOFFLER, FUTURE SHOCK, 1970

3

Als ich durch die labyrinthischen, lärmenden Räume des Palais de Tokyo in Paris wandere, vollgestopft mit riesigen Skulpturen und miteinander wetteifernden Arbeiten zeitgenössischer Kunst, ist das Letzte, was ich erwarte, dass mich ein winziger Flachbildschirm an einer abgelegenen Wand in seinen Bann ziehen würde. Aber nach wenigen Sekunden bleibe ich wie angewurzelt stehen.

Der Fernseher, der mich so packt, zeigt einen weiteren Bildschirm, ein iPad oder Tablet mit der Hand einer Frau, die durch Fotos scrollt, die man nur als Übelkeit erregende Bilder von Selbstmordattentaten, verkohlten menschlichen Überresten, blutigen Enthauptungen, verstümmelten Gesichtern und abgetrennten, deformierten Torsos beschreiben kann. Es kommt noch schlimmer, wenn die Hand gelegentlich flink über den Bildschirm wischt oder tippt, um in den grässlichen Bildern neuen Horror heranzuzoomen und nur innehält, um unsere Aufmerksamkeit auf ein Opfer zu richten oder auf den Umstehenden zu verweilen – im Wesentlichen Zeugen oder Voyeure wie wir –, die ein Telefon oder einen Camcorder hochhalten, um die erschreckenden Szenen für sich festzuhalten.

Auf dem Schild daneben ist der Titel des Videos zu lesen, *Touching Reality*, und dass es 2012 von dem Schweizer Künstler Thomas Hirschhorn geschaffen wurde. Ich vergewissere mich, dass mein kleiner Sohn nichts davon gesehen hat, aber mir ist es aus unerfindlichen Gründen unmöglich, meine Augen von dem kurzen, fünfminütigen Loop abzuwenden. Es ist abstoßend – und doch bin ich gezwungen, hinzusehen.

Wie ein Gaffer bei einem Autounfall stehe ich mit offenem Mund vor der Abfolge von makabren, körnigen Bildern. Meinen eigenen *Tabula rasa* Prinzipen zu folgen scheint zwecklos, da ich nicht besonders viel ZEIT brauche (oder aushalten kann), um dieses Werk wahrzunehmen. Es gibt auch keine unmittelbare Assoziation zu diesen Bildern, außer dass ich weiß, dass alle meine Körperteile noch vollständig an mir dran sind – dass ich weder skalpiert, erschossen, zerstückelt oder in die Luft gejagt worden bin. Auch wenn ich auf meinem Fernseher oder Computer regelmäßig mit diesen Themen konfrontiert werde, kann ich nicht ernsthaft behaupten, dass ich mir die Zeit nehme, um mit diesen armen Teufeln auf der anderen Seite der Erde mitzufühlen.

Da ich mit den Nachrichtenbildern aus den Kriegsgebieten der Welt vertraut bin, brauche ich auch keinen weiteren HINTERGRUND, wenngleich ich gesehen habe, dass der Künstler in seinen bekannteren Installationen ähnliches Material verwendet hat. Hirschhorns riesige Assemblagen mit Titeln wie *Superficial Engagement* oder *Crystal of Resistance* sind meist aus Schaufensterpuppen, Spiegeln und billigen weißen Plastikmöbeln zusammengesetzt, mit braunem Paketklebeband und Alufolie umwickelt und mit Zeitungsschlagzeilen oder verstörender fotografischer Information beklebt. Diese begehbaren Environments erinnern häufig an das Versteck eines Irren oder Fanatikers in Erwartung der Apokalypse, wie etwa bei *Cavemanman* (2002), eine Art verrückte, labyrinthische Bibliothek, die Wände übersät mit theoretischen Texten, Pornos und Postern von Bands. Im Gegensatz dazu ist dieses Video rationaler und daher weitaus verstörender.

Was kann ich dann besser VERSTEHEN, wenn ich *Touching Reality* gesehen habe? Möglicherweise nicht viel. Über die erste Übelkeit beim Anblick solcher Verletzungen hinaus sind Bilder dieser Art via Internet oder Nachrichtensender für jeden jederzeit verfügbar, auch wenn die meisten Redaktionen ihre Nachrichtenbilder bearbeiten, um uns vor solch schrecklichen Anblicken zu schützen. Ich dagegen beginne zu verstehen, dass es meine Reaktion ist, die nicht angemessen ist. Gemäß meinen eigenen Regeln heißt das logischerweise, meinen Kopf freizumachen und, zu meinem Bedauern, WIEDER genau HINZUSEHEN.

Der Moment der Erleuchtung entspringt nicht der Abscheu vor Autobomben oder Terrorakten, sondern der Erkenntnis, dass ich gegen solche fernen Botschaften aus Krisengebieten irgendwie immun bin, dass der Tod nach wiederholtem Ansehen unsichtbar wird. Wir glauben dank computergenerierter Bilder und Hollywood nicht viel von dem, was wir auf dem Bildschirm sehen, warum sollten wir dies hier ernster nehmen? Die Nonchalance, mit der diese Hand über die Bilder wischt, spiegelt unsere eigene Indifferenz wieder: Wenn mir etwas nicht

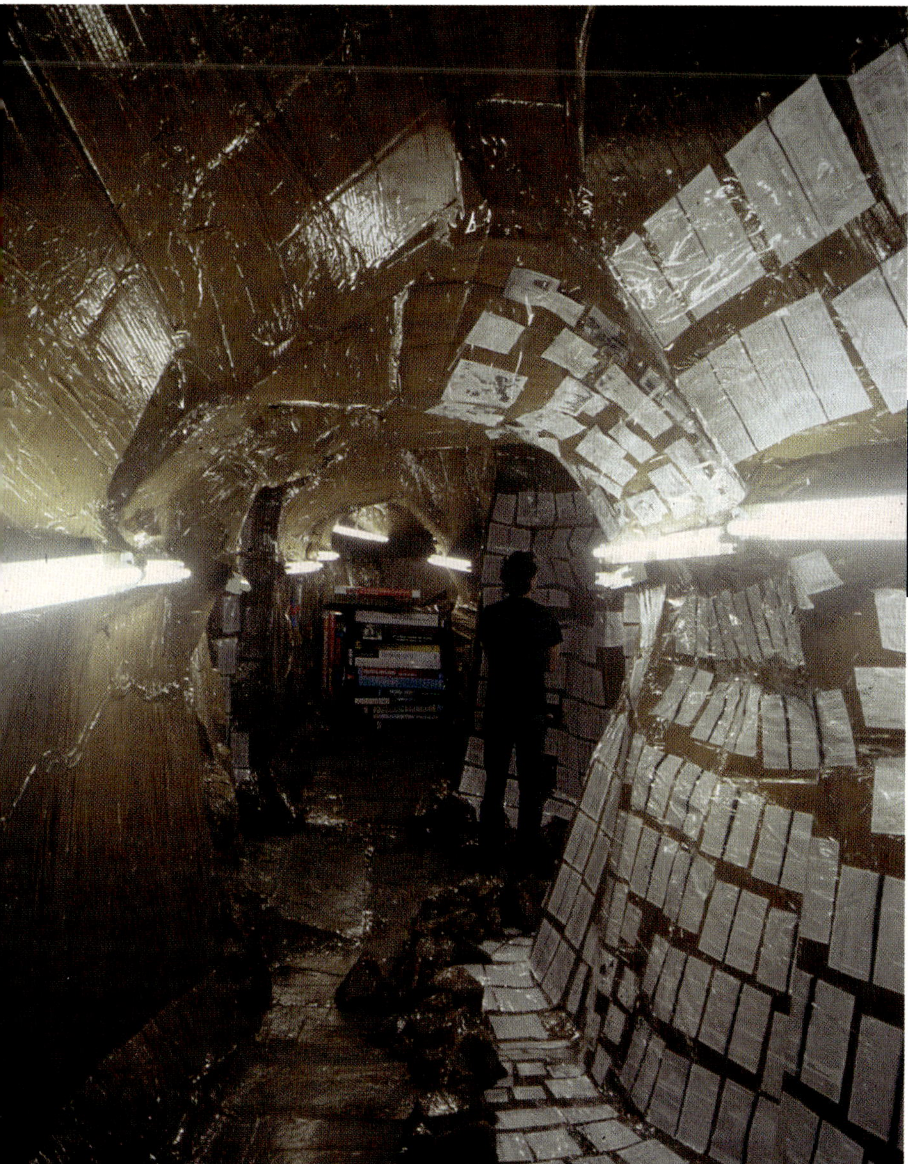

Thomas Hirschhorn, Cavemanman, 2002, Holz, Karton, Klebeband, Aluminiumfolie, Bücher, Poster, Videos von Lascaux II, Puppen, Getränkedosen, Bretter, fluoreszierende Leuchten

gefällt, kann ich einfach umschalten. Aber so gerne ich mir vormachen würde, dies seien nur Fiktionen und nicht reale Abbildungen von Verletzungen und Tod, Hirschhorn zwingt mich mit jeder vorbeiziehenden Tragödie, von meiner eigenen unangemessenen Reaktion bloßgestellt zu werden. Wenn ich nachdenke, erkenne ich lediglich einen Spiegel meiner eigenen Schuld, und das ist der Moment, der mir wirklich Bauchschmerzen bereitet und der mich mit echtem Schrecken erfüllt.

BANGE MACHEN

Als ein Genre, das sich auf schockierende, abstoßende und manchmal schlecht gemachte Objekte spezialisiert hat, kann es bei Konfrontations-Kunst am schwersten sein, sie anzusehen oder sich lange mit ihr zu beschäftigen, aber es ist am wahrscheinlichsten, dass sie Aufmerksamkeit erregt. Man wird kaum Schwierigkeiten haben, diese Kunst zu entdecken, da sie in der Regel nach einem Ausschau hält, von den Galeriewänden springt und einen zu schnappen versucht, wenn schon nicht wörtlich, dann im übertragenen Sinne. Und wie ein kläffender Köter erzeugt diese Kategorie von Kunst anfänglich zwar Furcht und Abscheu, bleibt einem aber als ein Unbehagen im Gedächtnis; auch wenn die meisten Museen und Galerien eine sichere und hygienische Umgebung sind, in der keine reale Gefahr droht. Konfrontations-Kunst kann auch aus Objekten bestehen, die einem im Weg sind oder Unruhe auslösen; in diesen Fällen ist es dann das eigene Verhältnis zu den verstörenden Arbeiten, das die elektrische Aufladung oder diese Aufwallung von Missbehagen erzeugt, eher als ein grausiges oder alarmierendes Thema.

Bei meinen Runden als Kunstkritiker fand ich mich in Räumen wieder, die wie der Schauplatz eines Mordes, ein Bordell oder ein Terroristenversteck gestaltet waren. Ich bin auf Zehenspitzen um Fallen herumgeschlichen, mir wurde mittels eines elektrischen Zauns buchstäblich ein Schock versetzt, ich riskierte schwere Verbrennungen in einer Galerie, in der ich von einer Flamme begrüßt wurde, die aus der gegenüberliegenden Wand schoss, und nicht zu schweigen von den vielen scheußlichen Beinahe-Stürzen (einige davon als Folge schlecht platzierter Werke, heimtückischer, stockfinsterer Video-Räume oder optischer Täuschungen, die einen eher erschrecken als verletzen sollten). Ich wurde gewarnt, nicht aus diesem angeblich mit LSD versetzten Wasserspender zu trinken, mir wurde gesagt, dass diese kleine Kugel vor mir eine Bombe enthielte, die in genau hundert Jahren explodieren würde und ich sah einem alten Mann zu, wie er in einem finsteren Film über eine fiktive neurologische Erkrankung – welche die Leute dazu brachte, sich spontan ihrer Kleider zu entledigen – nackt Skateboard fuhr. Ich stand Auge in Auge mit entstellten Schaufensterpuppen oder Skulp-

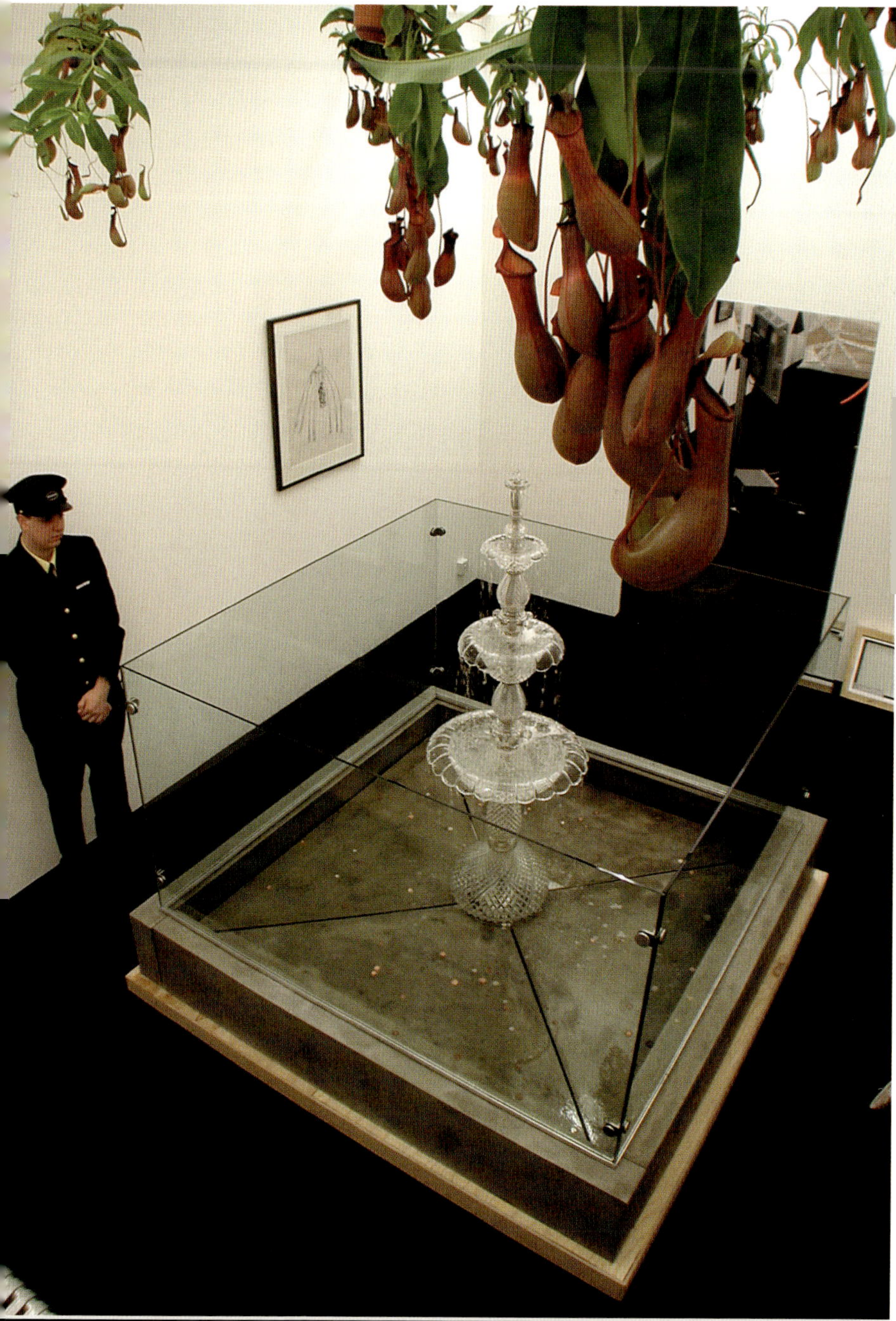

Klaus Weber, Fountain for Public LSD Hall, 2003,
Aufsicht auf die Installation, Frieze Art Fair, London

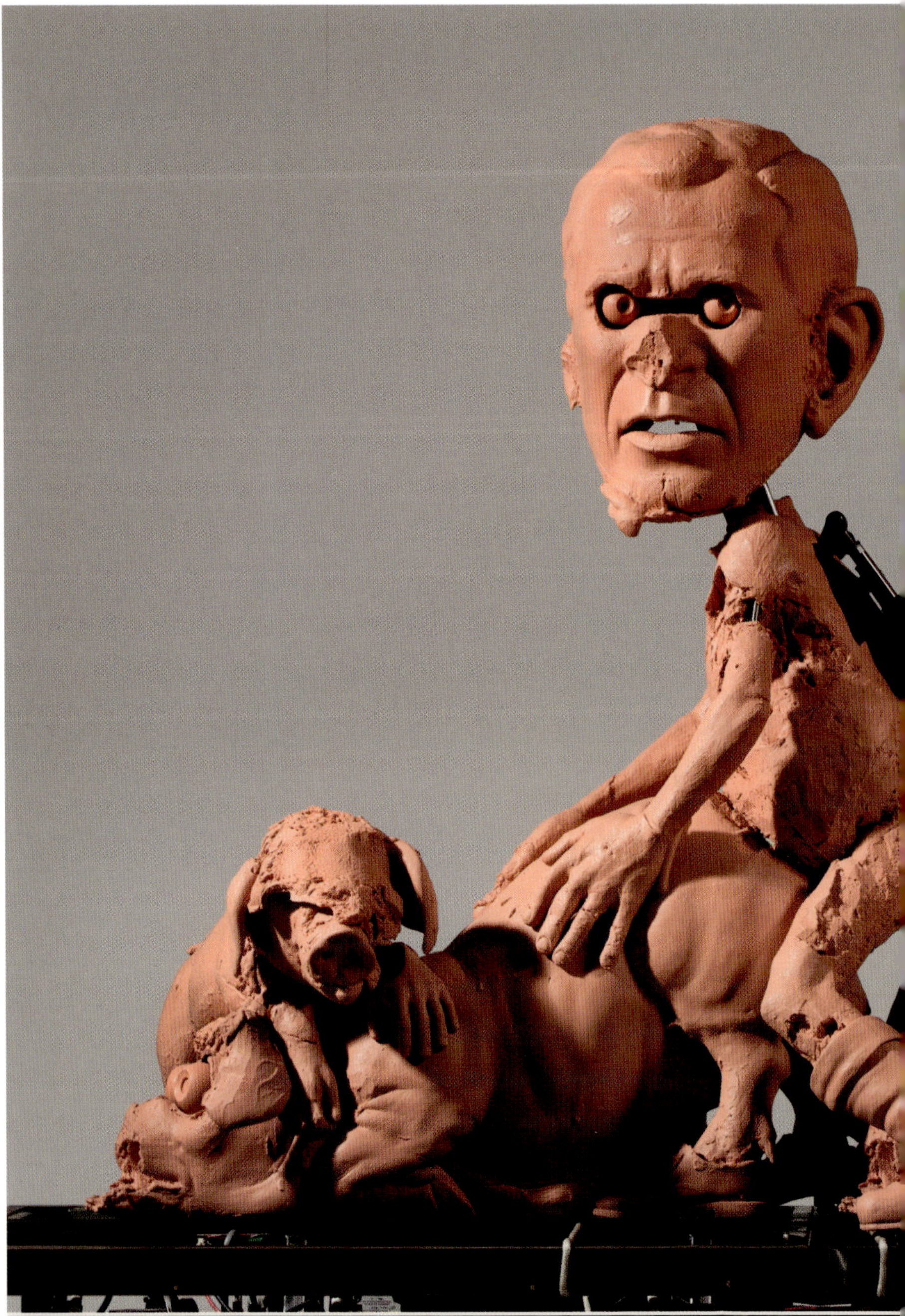

Paul McCarthy, Train, Mechanical, 2003–2009, Stahl, platinvernetztes Silikon, Fiberglas, Seil, elektronische und mechanische Komponenten

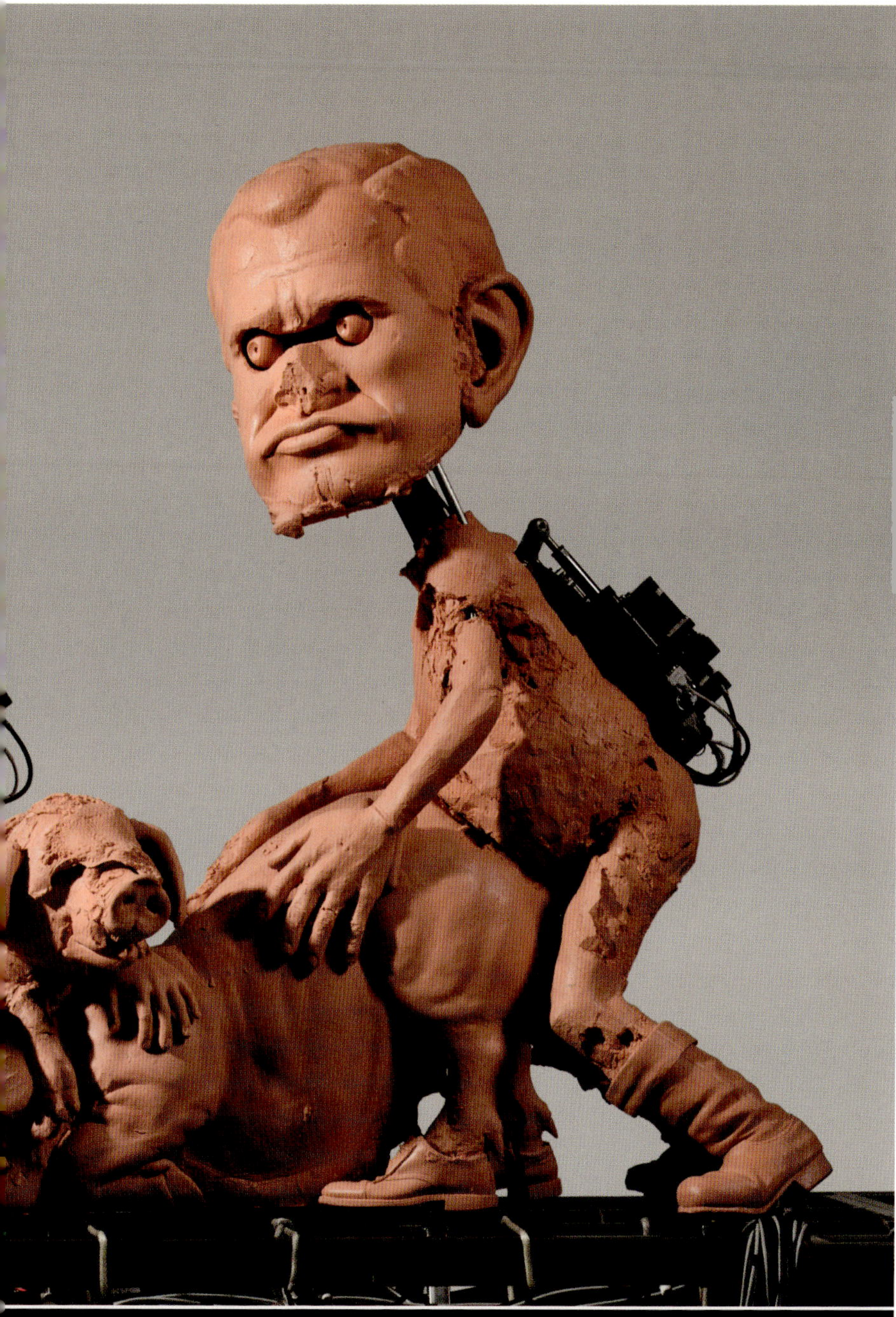

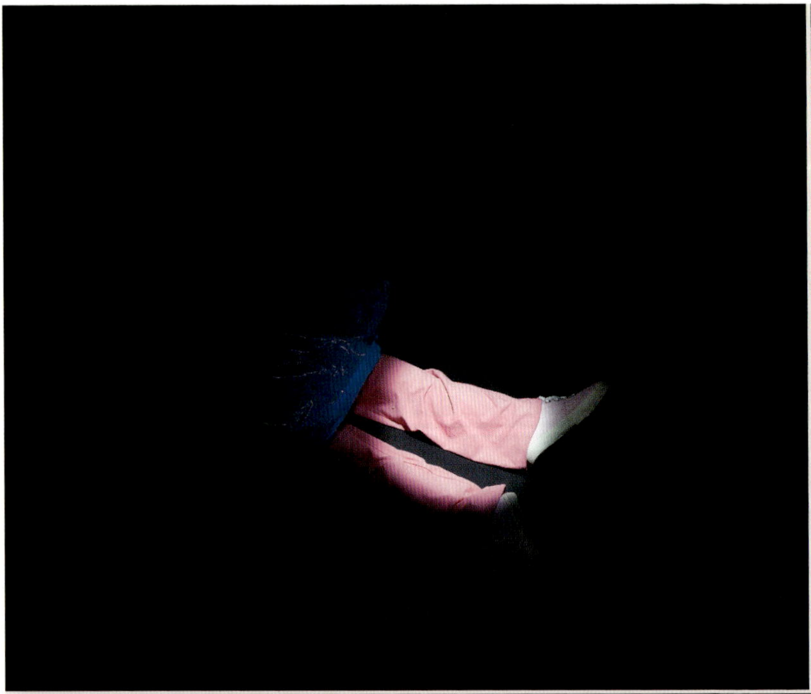

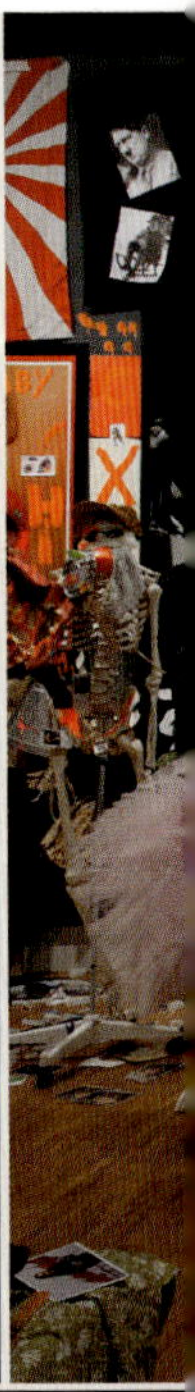

Gregor Schneider, Bodies in Space, 2002
—
Rechts: Jonathan Meese, Diktatur der Kunst, 2011, Performance/Malerei

turen von Pinocchio, deren Gesichtszüge durch lebensechte Abgüsse verstümmelter Genitalien ersetzt waren und sah zu, wie zwei fleischfarbene Ebenbilder von George W. Bush mechanisch ein Schweinchen bumsten, wieder und wieder. Und ich könnte ewig fortfahren.

Einige Künstler scheinen zu glauben, dass sie ihre Arbeit nur ordentlich gemacht haben, wenn ihr Werk Anstoß erregt. Ich persönlich kann die pseudo-faschistischen und gewollt geschmacklosen Performances des deutschen Malers Jonathan Meese nicht ausstehen, der Hakenkreuz, Hitlergruß und Nazi-Phrasen benutzt, um seine eigene ›Diktatur der Kunst‹ zu verkünden, wie ironisch auch immer seine erfundene Kunstfigur gemeint sein mag. Ich mag dagegen die häufig anstößigen, gruseligen und gespenstischen Environments des Deutschen Gregor Schneider, die auf alptraumhaften Versionen des Hauses seiner Kindheit in Mönchengladbach-Rheydt basieren. Aber ich kann mir seine krassen, befremdenlichen Ideen weder vorstellen noch sie ignorieren – darunter das Projekt, eine sterbende oder tote

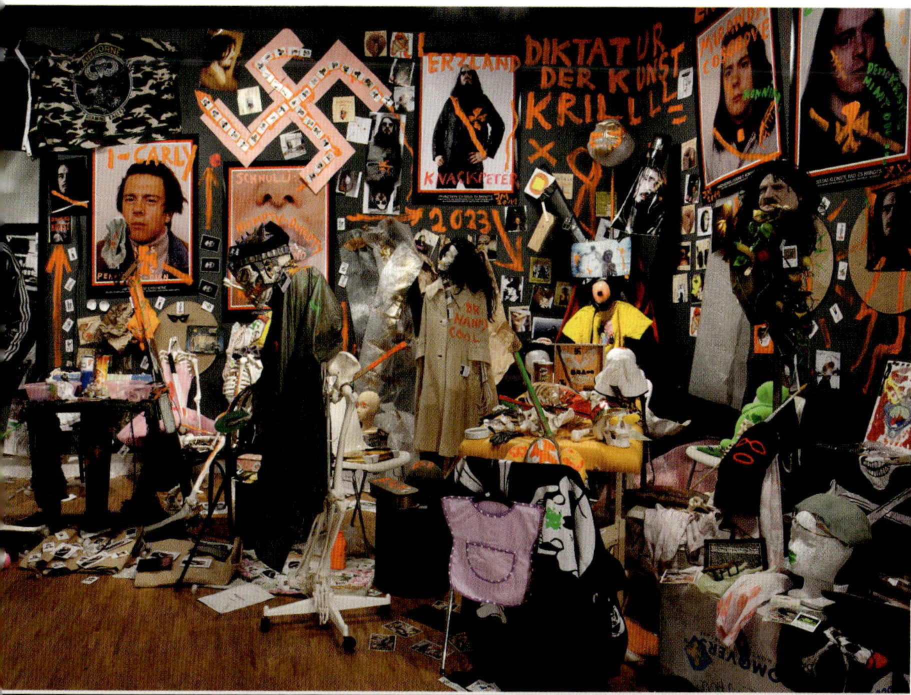

Person als Teil einer Ausstellung von ihm zur Schau zu stellen (es überrascht kaum, dass er bisher keinen Teilnehmer finden konnte).

NICHTS ZEIGEN, NICHTS SAGEN

Es wird häufig unterstellt, dass Kunst, die schockiert, dies nur zu ihrem eigenen Nutzen mache, nur damit wir nach Luft schnappen oder zurückschrecken, um sich aufzuwerten oder Aufmerksamkeit zu erregen. Jedes dieser Objekte oder Werke versucht verzweifelt, uns dazu zu bringen, es zu betrachten, egal wie wenig wir wissen wollen, was sie uns zeigen. Diese Arbeiten können durch Mark und Bein gehen, aber sie sollten, wenn sie als künstlerisches Statement bestehen wollen, einen bisher verkannten Aspekt der menschlichen Existenz oder verborgene Ängste enthüllen, dem Betrachter Raum zum Nachdenken geben und mehr hinterlassen als nur einen schlechten Geschmack im Mund. Ein gekonntes Beispiel für diesen anhaltenden Effekt von konfrontativer Kunst sind die vergänglichen Arbeiten der mexikanischen

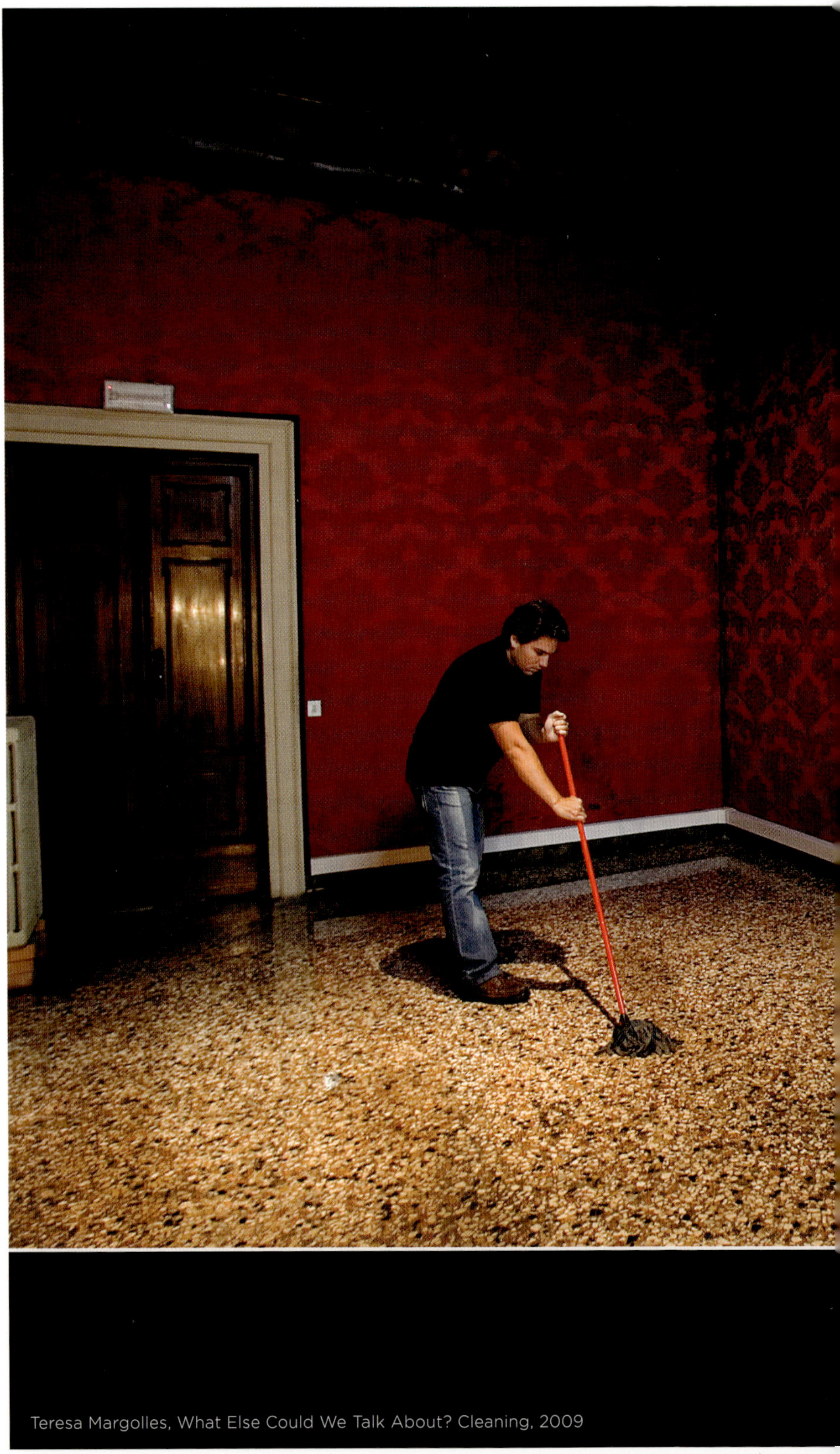

Teresa Margolles, What Else Could We Talk About? Cleaning, 2009

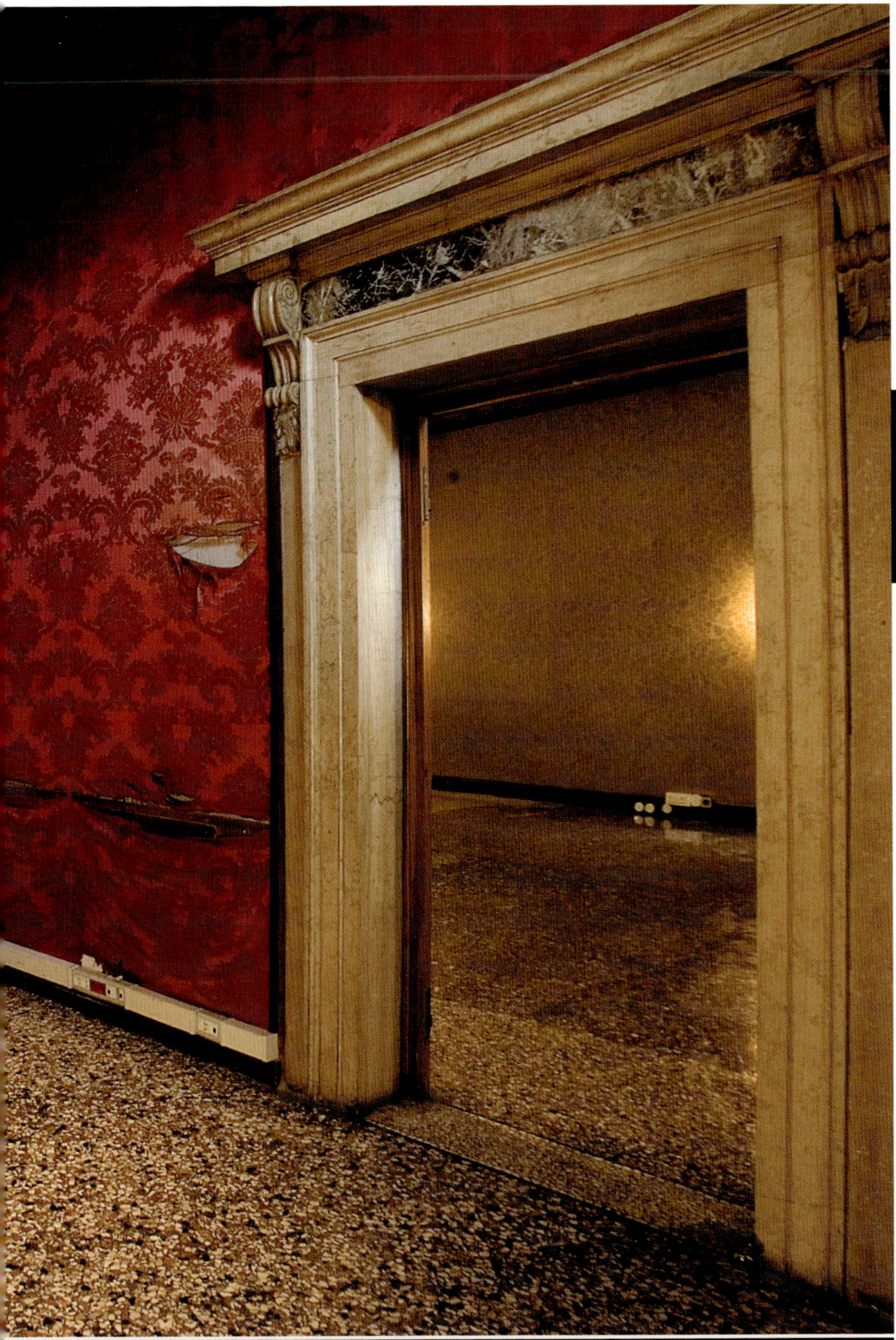

Künstlerin Theresa Margolles. Sie benutzte verdünntes Blut von Mordopfern, um damit die Böden ihrer Ausstellung wischen zu lassen oder ließ Galerieräume mit zuvor gereinigtem Wasser vernebeln, mit dem Leichen in der Gerichtsmedizin vor ihrer Autopsie gewaschen worden waren. In diesen wirklich ans Gemüt gehenden Arbeiten von Margolles lässt die Unbegreiflichkeit und Unsichtbarkeit dieser Thematik das Werk umso eindringlicher erscheinen.

Jenny Holzer ist eine Künstlerin, die einen großen Teil ihrer Karriere in den 1980ern und 1990ern dafür verwandte, Mittel der Werbung, des öffentlichen Raums und der Slogans einzusetzen, um ihre Botschaften mit dem größtmöglichen Nachdruck zu verbreiten – ihre Aphorismen schmückten Reklametafeln oder öffentliches Mobiliar. Ab 2004 begann Holzer mit ihrer Serie ›Redaction Paintings‹, in denen sie freigegebene amerikanische Militärdokumente reproduzierte, die Soldaten oder Operationen während des zweiten Irakkrieges und die nachfolgende Besetzung des Landes zum Inhalt haben. Auf den Schriftstücken, Berichten, Listen und Dokumenten sind Namen, Daten, Orte und sogar Finger- und Handabdrücke mit dickem Filzstift unkenntlich gemacht worden, und es ist unserer Fantasie überlassen, die Leerstellen mit Hinweisen auf Verhörmethoden und Folterpraktiken zu füllen. Die unzensierten Auszüge sind bereits eine erschreckende Lektüre: ›Der Inhaftierte kann während Transport und Befragung eine Haube über dem Kopf tragen ... Bedenken Sie, dass der Einsatz diese Techniken schwere psychische Beschwerden oder Leiden verursachen kann.‹ Der zeitgenössischen Kunst wird oft vorgeworfen, Informationen vorzuenthalten, keine zufriedenstellenden Erklärungen oder Hinweise zu liefern, die ein lückenloses Bild der Entstehung oder Bedeutung erkennen lassen, aber genau dies erlaubt eine weit komplexere Begegnung als passives Nachrichtenlesen oder lehrreiche Dokumentarfilme im Fernsehen ansehen. So bleibt es dem Betrachter von Kunst überlassen, seine Schlüsse zu ziehen oder sich in dem gleichen moralischen oder geistigen Morast zu wälzen wie der Künstler, der meist gar nicht vorgibt, alle Antworten selbst zu kennen.

SCHWERE JUNGS UND MÄDCHEN

Manche Künstler schaffen Arbeiten, die eine Reaktion provozieren, einfach weil sie dem Auge missfallen oder absichtlich hässlich sind. George Condo hat so lange fürchterliche Bilder und grelle, glotzäugige Cartoon-Charaktere gemalt, bis sie aufhörten, eine respektlose Anspielung auf die Künstler zu sein, die er bewundert, wie Francisco de Goya, Frans Hals oder Pablo Picasso, und selbst eigenständigen Einfluss ausübten. Andere Spezialisten für geschmacklosen Horror oder Kunst-Scheußlichkeiten sind die schweren Jungs, die sich für so

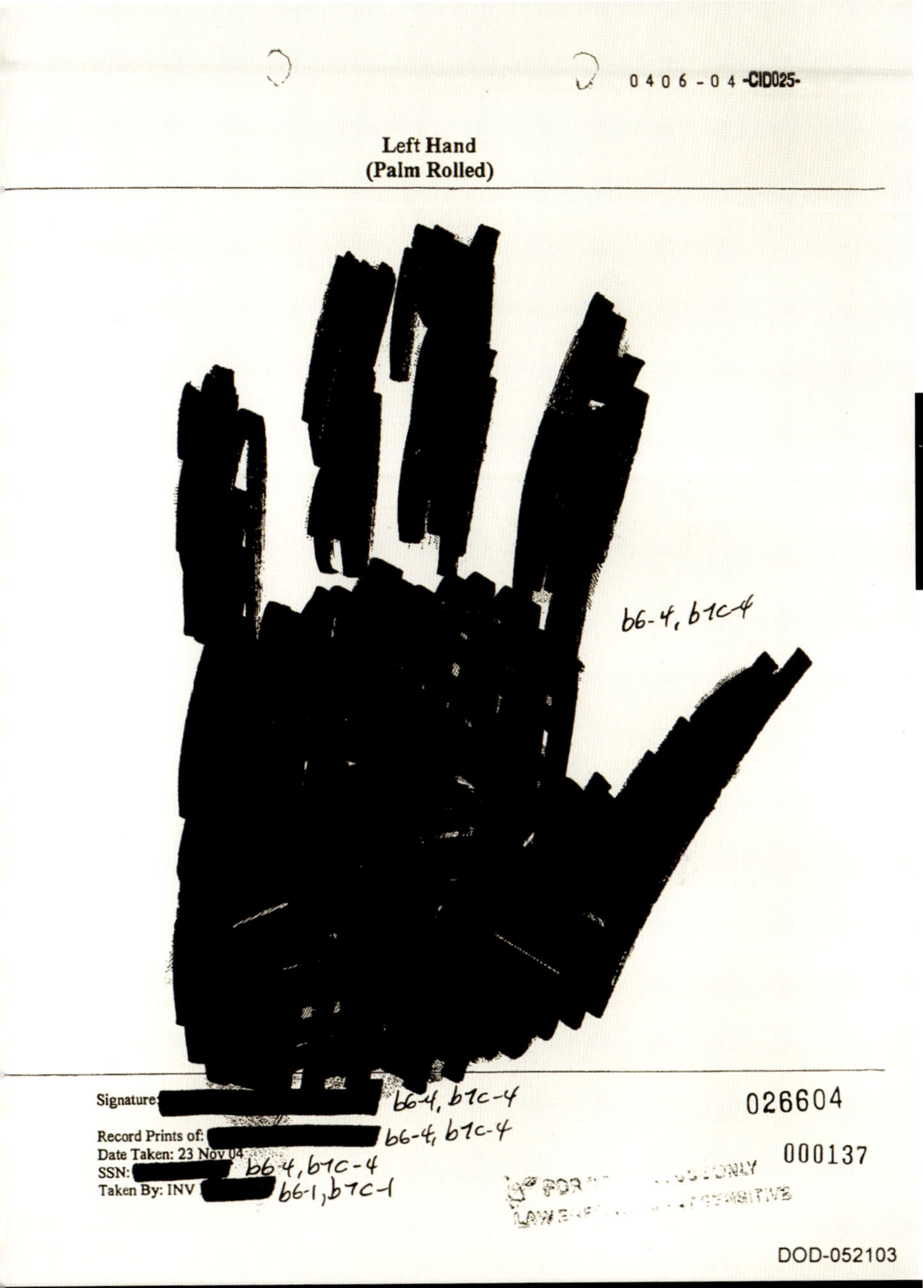
0406-04 -CID025-

Left Hand
(Palm Rolled)

b6-4, b7c-4

Signature: b6-4, b7c-4

Record Prints of: b6-4, b7c-4

Date Taken: 23 Nov 04

SSN: b6-4, b7c-4

Taken By: INV b6-1, b7c-1

026604

000137

DOD-052103

Jenny Holzer, Left Hand (Palm Rolled), 2007, Öl auf Leinwand, 203,2 × 157,5 cm,
Text: US-Regierungsdokument

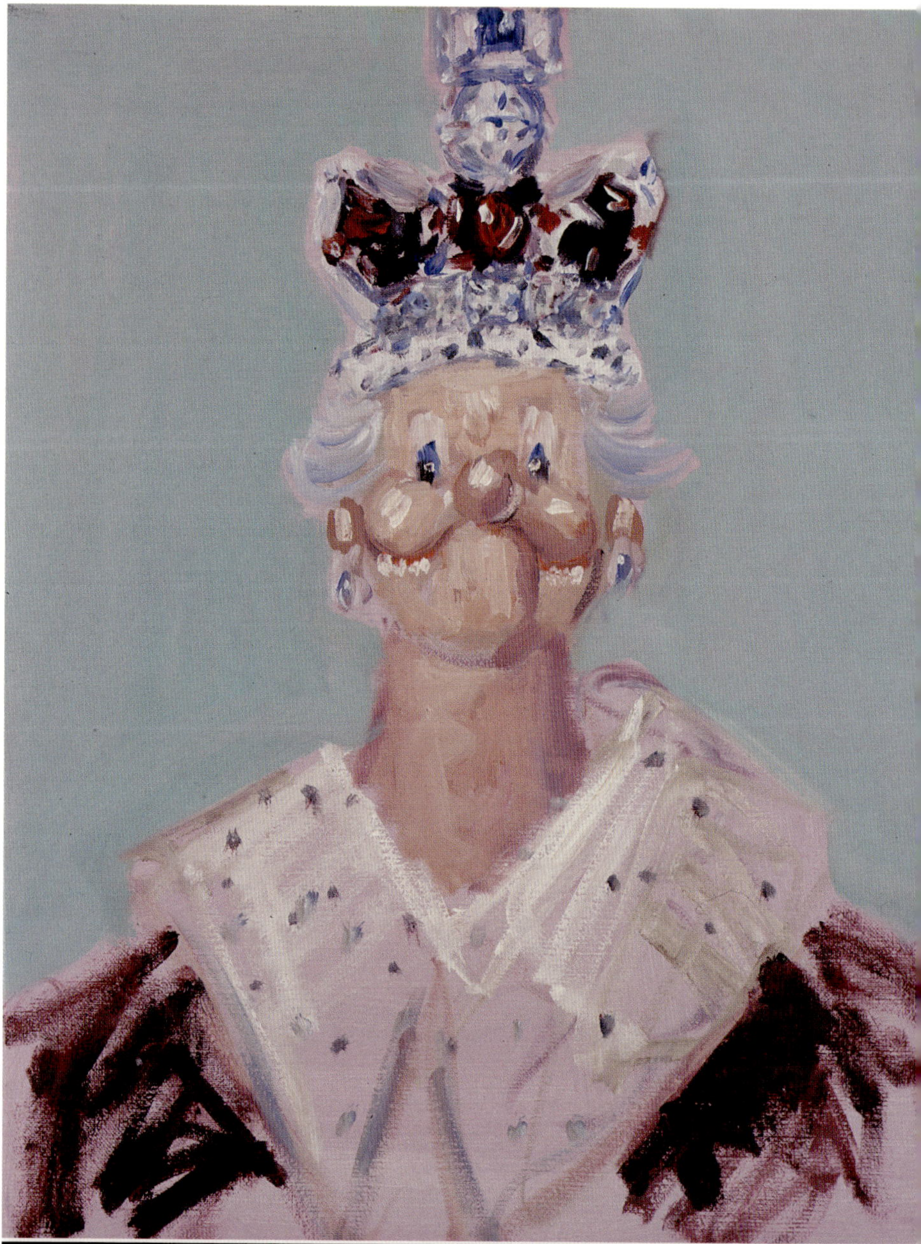

George Condo, Dreams & Nightmares of the Queen, 2006, Öl auf Leinwand, 80,8 × 40,6 cm
—
Rechts: Richard Prince, Pure Thoughts, 2007, 1970 Dodge Challenger

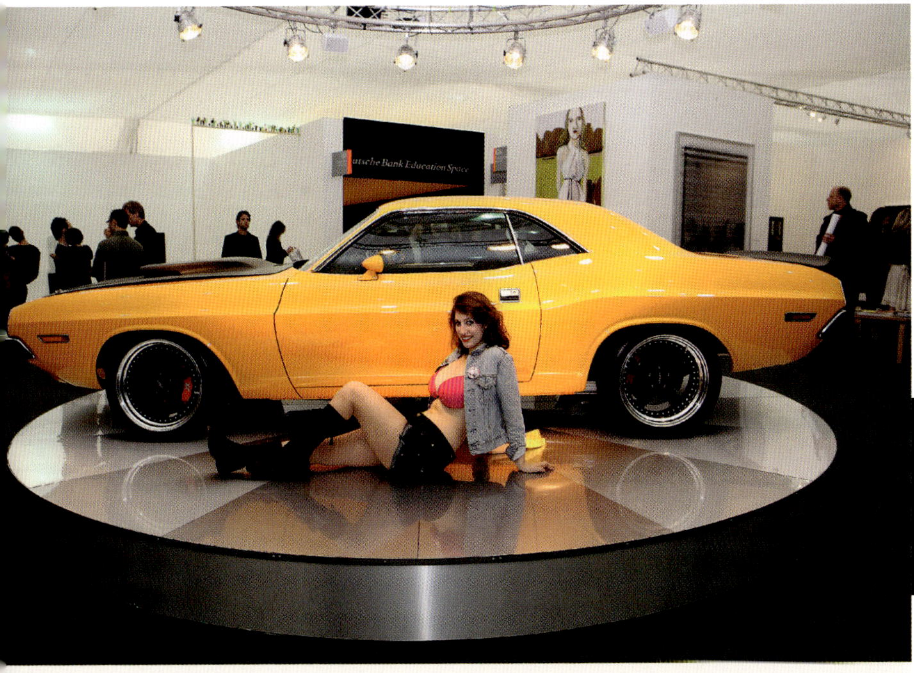

knallhart halten, dass sie so miese Sachen machen können, die dann schon wieder gut sind. Wie etwa das New Yorker Künstlertrio Dash Snow, Dan Colen und Ryan McGinley, denen ihre drogenbefeuerte Rockstarallüren und losen Sitten mehr Zeitungsartikel einbrachten als ihre gesamten blutigen, mit Kotze und Scheiße gefüllten, mit Sperma bespritzten Werke. Aber Attitüde allein reichte einem der drei nicht mehr - Dash Snow starb 2009 an einer Überdosis.

Natürlich, neben Drugs and Rock'n'Roll ist auch Sex in jedem Kontext ein gutes Verkaufsargument, und die Welt der Kunst ist da keine Ausnahme. Jedoch sind wir es so gewohnt, mit sexualisierten Bildern bombardiert zu werden, dass wir kaum die Augenbrauen hochziehen, ganz zu schweigen von anderen Körperteilen. Selbst die Provokation von Richard Prince, einen grellorangefarbenen amerikanischen Sportwagen (Fahrzeug und Skulptur gleichermaßen) auf der Frieze Art Fair 2007 in London auszustellen, war in erster Linie ein bösartiges Spiel mit dem Verkaufscharakter dieses unverhüllt kommerziellen Events. Aber seine Dreingabe einer drallen Brünetten, die sich auf der Motorhaube des 1970er Dodge Challenger räkelte, lieferte nur einen flüchtigen Moment des Skandals und einen klitzekleinen Schauder der Lust. So wie wir die Allgegenwart und Kommerzialisierung von Sex für selbstverständlich halten, so neigen wir dazu, über jedes tiefere Echo hinwegzugehen, das die entblößte Oberfläche nackten Fleisches in sich bergen mag. Aber es gibt immer noch Künstler, die

Jeppe Hein, Burning Cube, 2005, Metallkubus, feuerfeste Farbe, Gasflamme, Schweißbrennerkopf

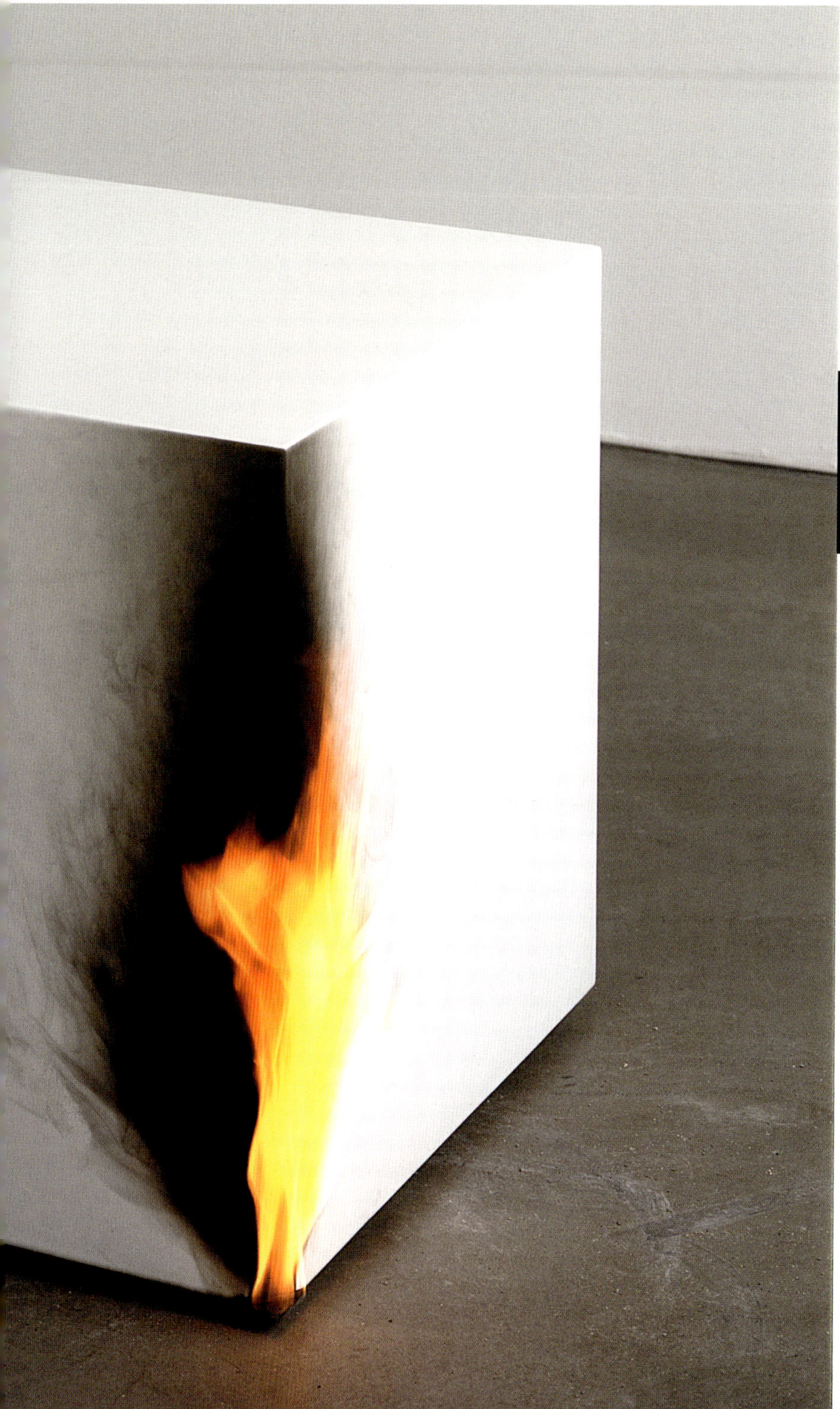

versuchen, etwas von Bedeutung rüberzubringen, bevor der kurze Moment der Erregung verfliegt.

ACHTUNG, LEBENSGEFAHR

Wenn der Nervenkitzel einer sexuell aufgeladenen Begegnung mit einem Kunstwerk keinerlei Empörung mehr auslöst, dann kann die Bedrohung durch reale Gewalt die Kunst der Konfrontation auf das nächste Niveau bringen. Jede Erfahrung, die einen in Gefahr bringt oder erschreckt, bleibt in Erinnerung. Dies geschieht jedes Mal, wenn ich mich im gleichen Raum mit einem Werk des dänischen Künstlers Jeppe Hein befinde, der für den bereits erwähnten Flammenwerfer verantwortlich war (*Bear the Consequences*, 2003), genauso wie für eine harmlos wirkende minimalistische Skulptur, die selbst entflammt (*Burning Cube*, 2005), nicht zu vergessen die Museumsbänke, die mit einem lossausen, sobald man sich draufsetzt (*Moving Bench*, 2001), oder die den nichts böses ahnenden Sitzenden in eine Rauchwolke einhüllen (*Smoking Bench*, 2002). Ich musste absonderliche Kopfhörer tragen, die mir jedes Mal einen elektrischen Schlag versetzten, wenn ich die Begrenzungen des *Invisible Labyrinth* (2005) verletzte, und wurde von Heins zufallsgesteuerten senkrechten Wasserfontänen in *Appearing Rooms* (2004) bis auf die Haut durchnässt.

Ich stand sogar schon unter einem Damoklesschwert: Eine riesige Stahlklinge, die während der Liverpool Biennale 2010 über mir hing und mich über meine Sterblichkeit grübeln ließ - nicht zu vergessen über meine Reaktionsgeschwindigkeit, würde das Ding plötzlich herabsausen. Von dem belgischen Künstler Kris Martin geschaffen (dessen bereits erwähnte, auf 2104 gestellte Zeitbombenskulptur bei mir auch schon Beklemmungen verursacht hatte), sind es diese und Jeppe Heins Arbeiten, die ausdrücklich als Herausforderung für den normalen, passiven Betrachter konzipiert sind. Sie fordern von uns, auf ein Signal zu reagieren, unter allen Umständen. Die Botschaft ist klar und deutlich: wir sollten aus unserem empfindsamen intellektuellen Dämmerzustand erwachen und uns konkret mit dem auseinandersetzen, was vor uns steht.

Kris Martin, Mandi XV, 2007, Ansicht der Installation, Bronzeguss, Edelstahl, 702,2 × 136 cm

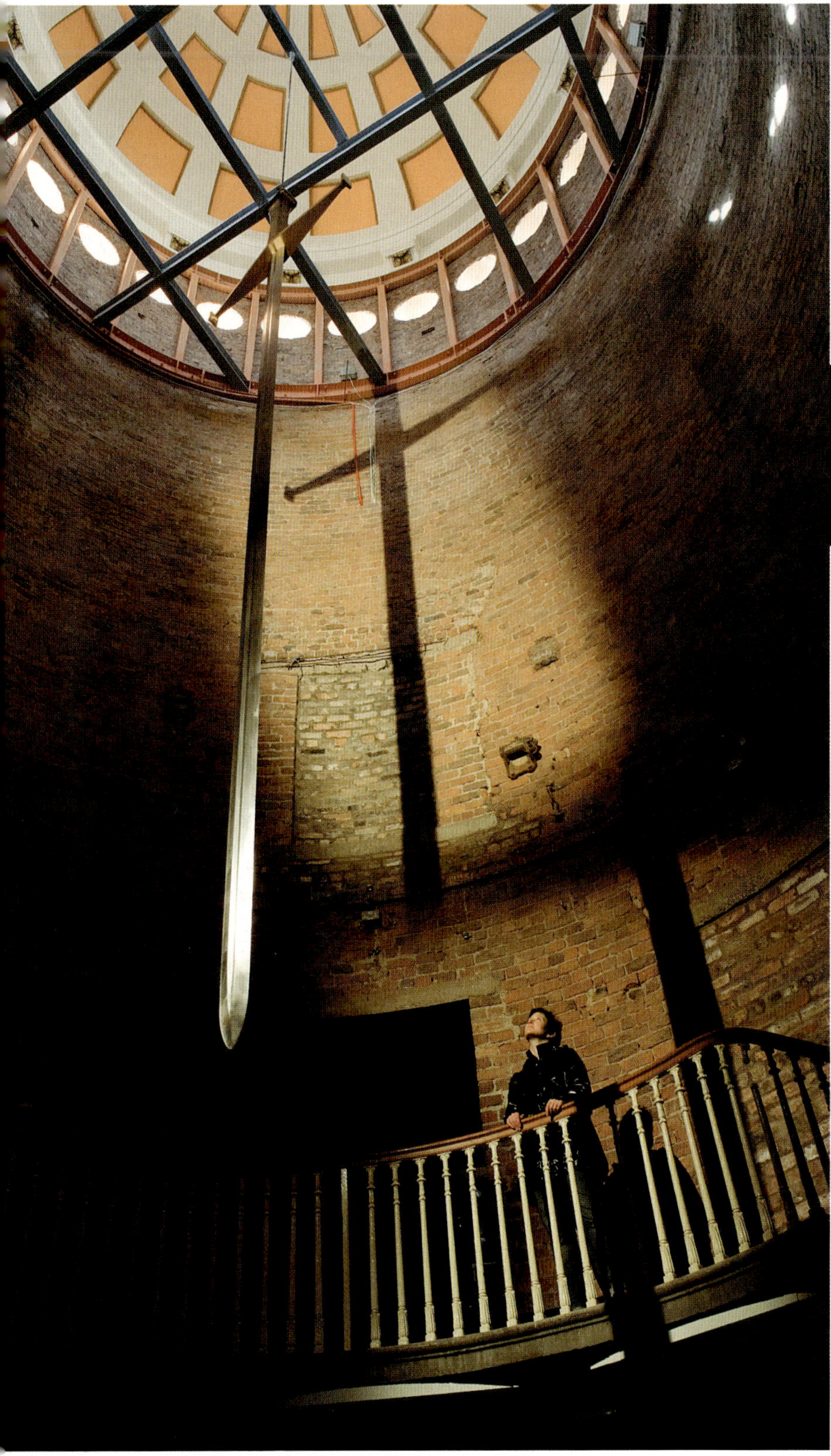

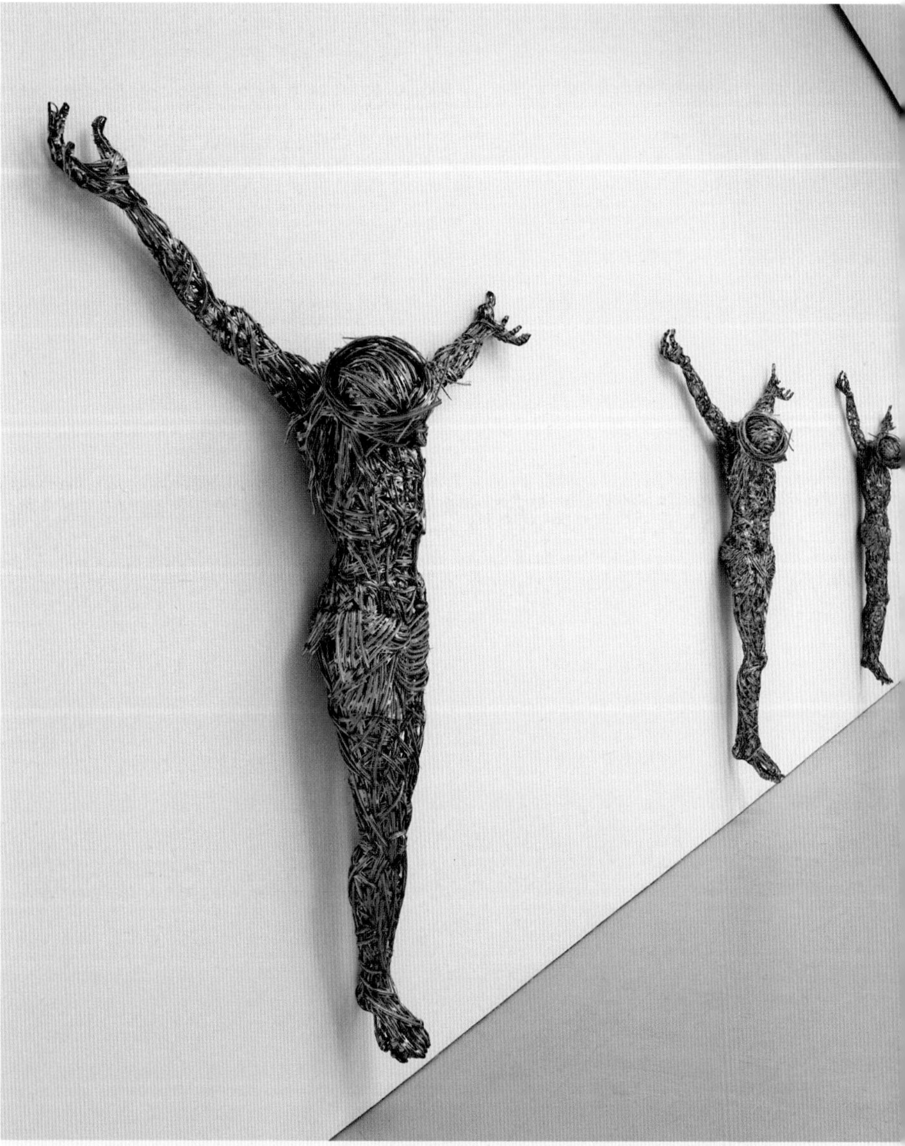

Die vielleicht provozierendste Kunst ist die, die jedem Respekt den Kampf ansagt, wie etwa die Installation *Décor* (2011–12) des französisch-algerischen Künstlers Adel Abdessemed, die aus vier identischen, lebensgroßen Figuren des gekreuzigten Jesus besteht, gefertigt aus messerscharfem Stahl. Vermutlich soll sie nicht nur religiöse Gefühle verletzen, sondern auch Geschmack und Sprache – der Titel ist ein ironisches Wortpiel, die das Werk nicht gerade umschreiben: *décoration* und *décorum* (Anstand). Mir erschien *Décor* unglaublich geschmacklos – ich konnte es kaum ertragen, es anzusehen (auch wenn kein Funken

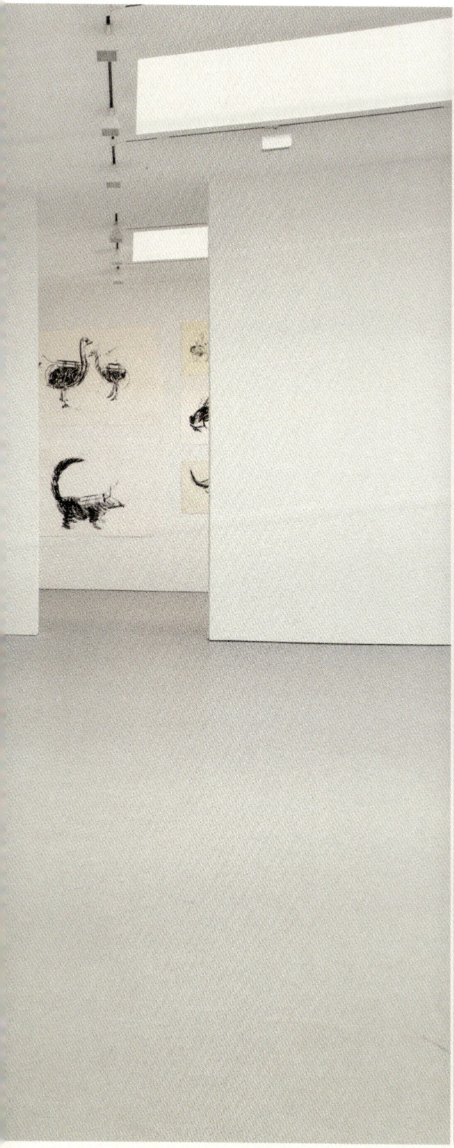

Adel Abdessemed, Décor, 2011/12, Ansicht der Installation, Stacheldraht

Christentum in mir steckt). Es schien so überflüssig und so eine plumpe Demonstration von Schmerz, dass ich es kaum ertragen konnte. Und es gab noch vier von ihnen. Der Künstler wollte offensichtlich, dass ich noch einmal hinsehe: Nach etwas ZEIT, ASSOZIATION, HINTERGRUND und VERSTÄNDNIS realisierte ich, dass in diesen grotesken, gequälten Bildnissen der Kreuzigung mit ihrer Ähnlichkeit zu klassischen Gemälden und Skulpturen ein Verdienst lag: Abdessemed weiß, dass er zu weit gegangen ist und – wiederholt – Grenzen überschritten hat, aber er weiß auch, dass sein Publikum übersättigt ist und schon alles gesehen hat.

SANTIAGO SIERRA

160 CM LINE TATOOED ON FOUR PEOPLE, 2000

›EINE FRAU KRÜMMT SICH IN DER ERWARTUNG DER NADEL‹

Vier spanische Prostituierte wurden von einem Künstler angeheuert, sich eine 40 cm lange Linie auf den Rücken tätowieren zu lassen, für einen Schuss Heroin, der auf der Straße etwa 70 Euro oder 12.000 Pesetas kostet. Ich war Gott sei Dank nicht dabei, als dieser Handel stattfand, und habe die Arbeit nur als Dokumentation gesehen. Eine dieser schwarz-weißen Fotografien hat mich besonders verfolgt, sie zeigt das hagere Dreiviertelprofil einer Frau, die sich in Erwartung der Nadel krümmt. Der in Madrid geborene Bildhauer, Aktivist und politische Unruhestifter Santiago Sierra ist bekannt für diese ›Kunsterbeutung‹ – besonders für das Entlohnen von Menschen für ihre Zeit oder Mühen im Namen seiner Kunst. Er bezahlte tschetschenische Flüchtlinge, die sich in Kisten versteckten, einen Obdachlosen, der vier Stunden am Tag in einem Graben saß, zwei Kubaner, die vor der Kamera masturbierten und fünf Arbeiter, die für die Dauer einer Ausstellung eine Galeriewand im 60-Grad Winkel abstützten.

Ich war unglückseligerweise dabei, als Sierra Kriegsveteranen dafür entlohnte, in einer Ecke einer Galerie zu stehen. Ich beobachtete den sich leicht bewegenden Rücken eines Mannes in Uniform, der im Irak oder in Afghanistan gedient hatte, und nun er für ein Publikum gedemütigt und beschämt wurde. Der Einlass zu einer der ersten Shows von Sierra 2002 in London wurde mir verwehrt: das *Space Closed by Corrugated Metal* verwirrte und erzürnte viele Leute, die zur Eröffnung gekommen waren und die Galerie fest verschlossen vorfanden. Den Besuchern des spanischen Pavillons bei der Biennale von Venedig 2003 passierte dasselbe, wo eine Ziegelmauer den Eingang versperrte. Da ich in Spanien geboren bin, war ich einer der Wenigen, denen Einlass gewährt wurde, nachdem ich meinen Pass vorgezeigt hatte. Wie sich herausstellte, gab es nichts zu sehen als die andere Seite der Wand.

Bei all der Kritik und Kontroversen, die Sierra provozierte, weil er die ungerechten Arbeitsbedingungen von Minimalverdienern nachbildete, konnte er wenigstens eine ebenso wortreiche Debatte hinsichtlich der Probleme illegaler Immigration oder der Bezahlung von Menschen auslösen. Sierra lässt sich nicht von der Anschuldigung abhalten, er erzeuge und nutze diese Ungleichheit gleichermaßen. Er heilt nicht die Gebrechen dieser Gesellschaft, er zeigt nur die Symptome. Gewiss haben seine Reflektionen über die rassistischen und gesellschaftlichen Hierarchien, die dem kapitalistischen System innewohnen, ihre Nachwirkungen; aber es bleibt jedem selbst überlassen, ob das menschliche Leid, das Sierra zeigt, von ihm verschuldet ist oder eine Last, die wir gemeinsam tragen müssen. Die Definition politischer Kunst ist, dass sie Stellung bezieht, obwohl nur wenige von uns daran glauben, dass ein künstlerisches Statement jemals etwas in der Realität verändern könnte. Ganz sicher müssen *wir* diese Knochenjobs nicht machen und Sierras Angebote annehmen. Wir schauen nur zu und geben vor, uns zu interessieren. Offensichtlich nicht genug.

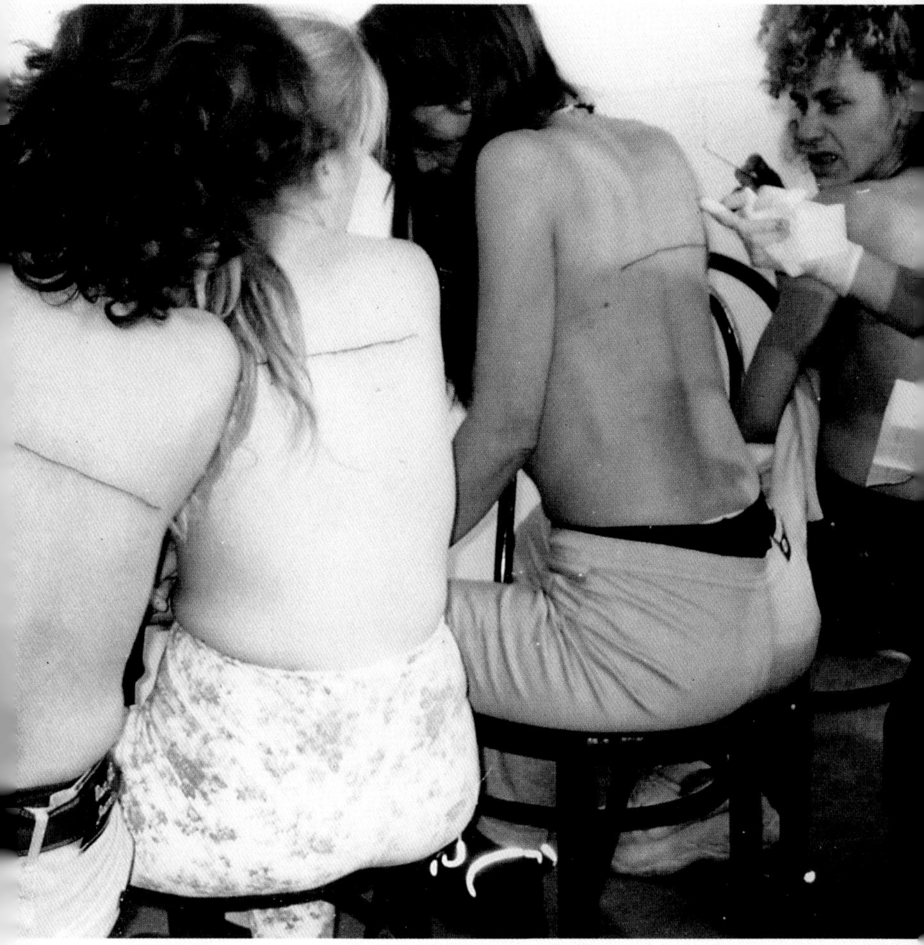

SOPHIE CALLE

TAKE CARE OF YOURSELF, 2007

Wohl jeder Künstler, der etwas zu Papier bringt, fotografiert oder eine Leinwand signiert, gibt ein biografisches Statement ab. Aber bei autobiografischer Kunst übertreibt der Künstler den Ausdruck seiner selbst und lässt sein Innerstes in das Werk einfließen. Das Beispiel hier ist nicht ein *billet-doux*, sondern um eine Email, die die französische Künstlerin Sophie Calle zur Beendigung einer langjährigen Beziehung erhielt. Der Werktitel ist die letzte Zeile des Briefes von ihrem Freund. Calle schickte die Email an 107 Frauen, mit der Bitte, ihr zu antworten und dabei zu helfen ›auf sich achtzugeben‹.

Unter anderen ging diese Nachricht an eine forensische Psychologin, eine Kreuzworträtselautorin, eine Balletttänzerin und eine Cartoonistin, die gefilmt oder fotografiert wurden, wie sie den Abschiedsbrief lasen und unter ihrem persönlichen und/oder professionellen Blickwinkel interpretierten. Einige boten Trost an; Andere Wege der Versöhnung oder Vergeltung. Eine Rechtsanwältin schlug eine Haftstrafe und ein Bußgeld für den Ex vor (der in der Mail als ›X‹ bezeichnet wird), ein weiblicher Clown persiflierte seine Worte. Eine Scharfschützin ballerte Löcher in seinen feigen Abgang. Die Kakophonie aus Videobotschaften und Stimmen mit Ratschlägen, die Calle als Installation ausstellte, formieren sich zu einer Gruppentherapie, die allein durch die Anzahl von Antworten Stärke ausdrückt – oder zumindest weibliche Solidarität. Unklar bleibt, ob sie diesen Schurken aus ihrem Leben verbannen wollte, oder mit der Klage über ihre verlorene Liebe Hilfe suchte, denn der Effekt, den sie erzielt, ist die schmerzvolle und unpersönliche Rache an dem mysteriösen Mr. X.

Calle hat sich häufig in ihren schonungslosen Werken auf Herzensangelegenheiten konzentriert. So fragte sie Freunde und Fremde, acht Stunden mit ihr im Bett zu verbringen, oder spionierte einem Unbekannten in den Straßen von Venedig nach. Calle befolgte ein Jahr die restriktiven Regeln eines Ex-Lovers, und rekonstruierte das Leben eines Mannes durch sein verlorenes Adressbuch, womit sie die Grenze zwischen Privatsphäre und Übergriff äußerst strapazierte. Ob man nun Calles forensische Suche nach höchst intimen Details versteht oder ihre Mitteilungen für exhibitionistisch hält, sie verschafft uns einen Einblick in ihr Leben und das von anderen, wie es kein Klatschkolumnist oder Paparazzo jemals könnte.

Sind diese Arbeiten nur konzeptuelle Spielerei? In einem Interview mit der aufsässigen und sexy Calle thematisierte ich eine besonders unbe-

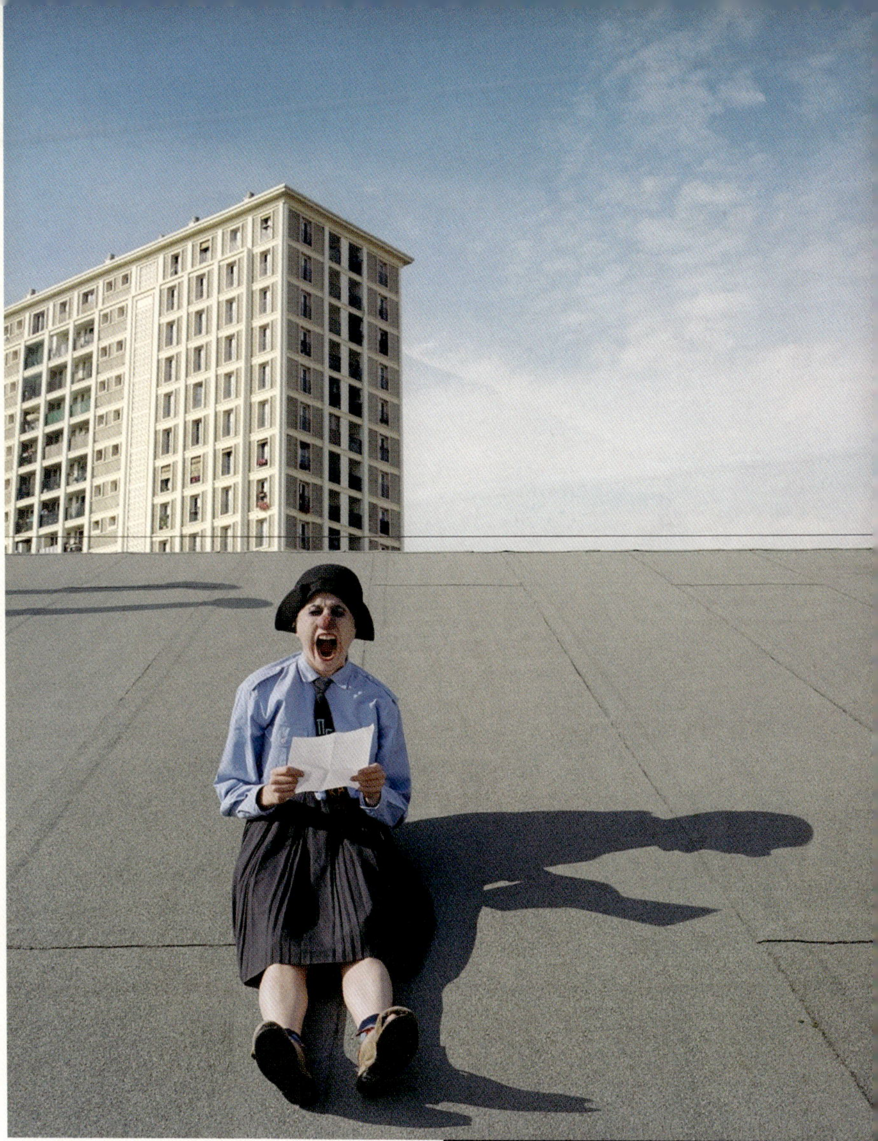

queme Arbeit (*Couldn't Capture Death*, 2007), in der sie die letzten Atemzüge ihrer sterbenden Mutter filmte. Als die Künstlerin in Tränen ausbrach, erkannte ich, dass ihre Arbeit eine authentische Auseinandersetzung mit Themen ist, die sie bewegen, und keineswegs kühl kalkulierten Konzepte – sie sind schmerzlich real.

Ich erhielt eine Email in der stand, es ist vorbei.
Ich wusste nicht was ich antworten soll.
Es war fast, als wäre ich nicht gemeint gewesen
Sie endete mit den Worten, ›Pass' auf Dich auf
Und das tat ich.
Ich fragte 107 Frauen (inklusive zwei aus Holz und einer aus Federn), ausgewählt nach Beruf oder Fähigkeiten, diesen Brief zu interpretieren
Ihn zu analysieren, zu kommentieren, zu tanzen zu singen. Zu demontieren, ihn auszusaugen.
Ihn für mich zu verstehen. Für mich zu beantworten.
Es war ein Weg, mir Zeit für die Trennung zu nehmen.
Ein Weg auf mich aufzupassen.

KUNST ALS EVENT

›DAS LEBEN IST EINFACH EIN VERDAMMTES DING NACH DEM ANDEREN.‹

ELBERT HUBBARD, THE PHILISTINE, 1909

Ein junger Mann mit Mütze ist wild entschlossen, in ein Auto einzubrechen: Er bearbeitet die Scheiben mit einem Drahtkleiderbügel und tritt immer wieder gegen die widerspenstige Tür. Oder, um etwas präziser zu werden, der südafrikanische Künstler Robin Rhode spazierte in die neuen Räume eines angesehenen italienischen Sammlers, skizzierte mit Kohle den Umriss eines Autos auf die makellos weißen Wände und präsentiert mir und anderen erschrockenen Gästen ungerührt die Performance seines temporären Stückes *Car Theft* (2003).

In solch kultivierter Gesellschaft, inmitten von Turiner Würdenträgern und prominenten Gestalten der internationalen Kunstszene, ist der Anblick dieses sinnlosen Akts in dem sonst so ruhigen Ablauf einer Vernissage ein Schock. Rhodes dünne athletische Gestalt – allein die Street-Wear-Kleidung steht in krassem Gegensatz zu den gut geschnittenen Anzügen um ihn herum - vollführt keuchend und tretend einen imaginären Raubüberfall. Es ist, als ob die Grenzen der Galerie zu bröckeln beginnen und mich daran erinnern, dass es da draußen eine reale Welt gibt, eine, die selten in die heiligen Hallen unserer Museen eindringt. Die Abdrücke seiner Füße und die Gewalt, mit der er seine Schulter gegen die Wand rammt, verschmieren die schwarzen Umrisse des Autos, bis sie fast nicht mehr zu erkennen sind. Sie erinnern an illegale, nächtliche Aktivitäten, die vielleicht für Passanten in der unerbittlichen Arbeitergegend von San Paolo alltäglich sind - in den Straßen von Rhodes Heimatstadt Johannesburg wird dies zum Alltag gehört haben.

Abgesehen von dem Nervenkitzel, den solch eine fiktive Gesetzeswidrigkeit in einem unvorhersehbaren Setting auslöst, Rhodes flüchtige, körperliche Aktion blieb mir so lebhaft und dauerhaft in Erinnerung wie viele Begegnungen mit materiellen, nachhaltigen,

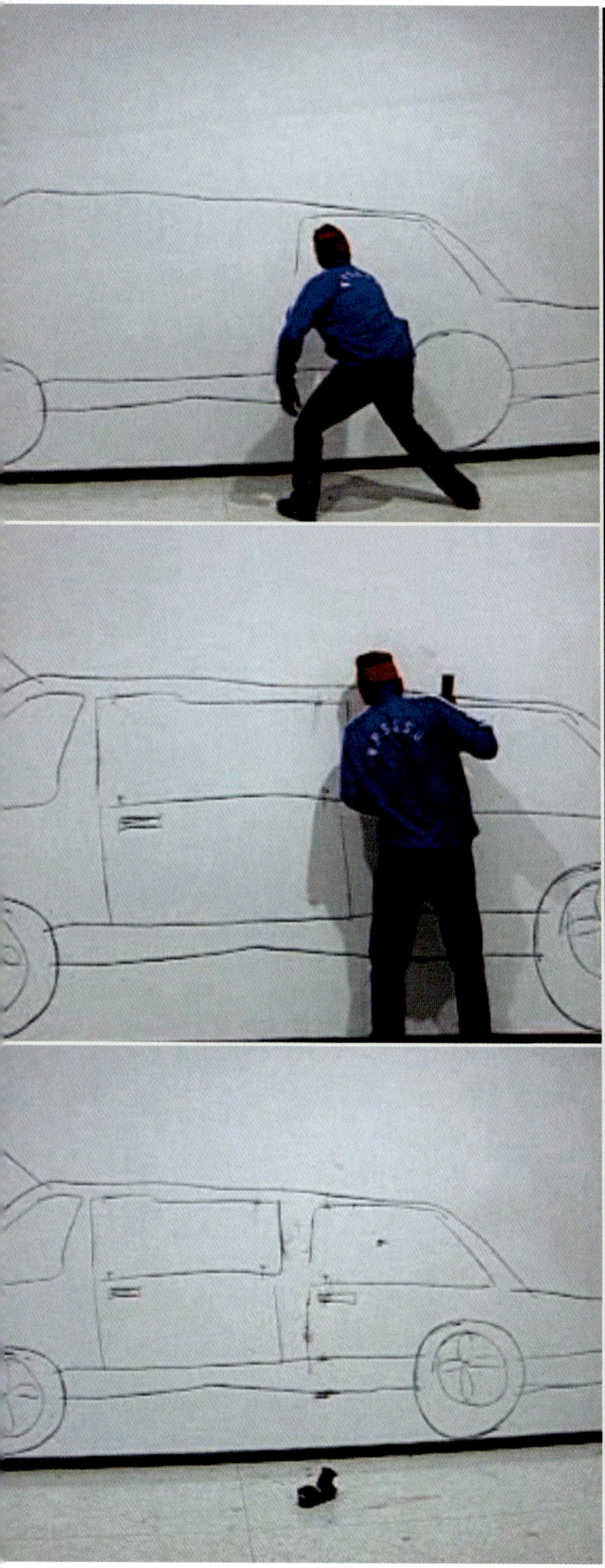

Robin Rhode, Car Theft, 2003, Walker Center, Minneapolis, Video, 5 Min., 25 Sek.

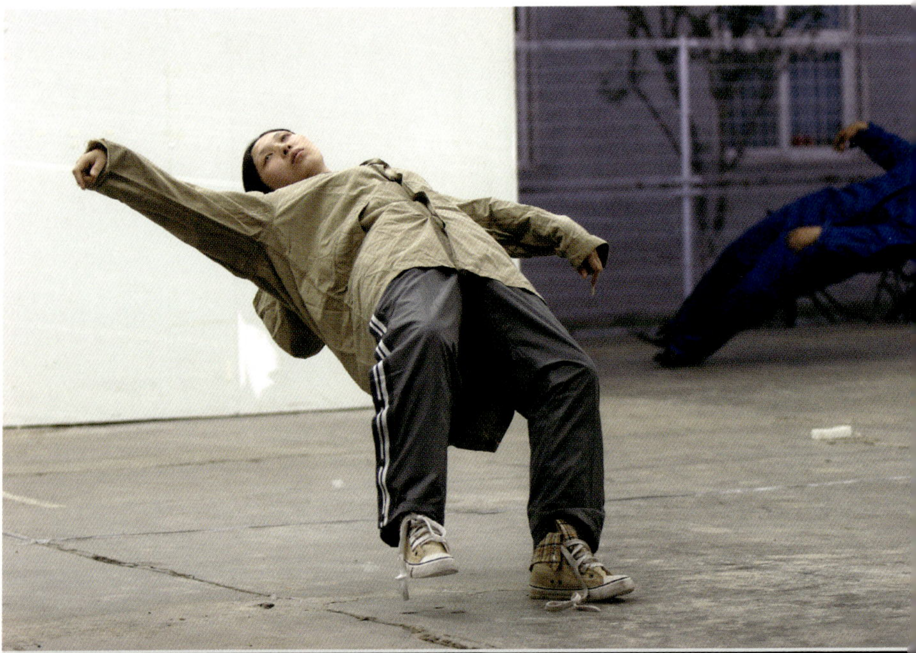

Xu Zhen, In Just a Blink of an Eye, 2005, Performance

permanenten Werken zeitgenössischer Kunst. Jedoch umfasst die Kategorie ›Kunst als Event‹ mehr als konventionelle Performance. Sie könnte ebenso einen Vortrag, einen Tanz, einen Auftritt, eine Demonstration, eine Prozession, eine Séance, eine Vorlesung, ein Telefongespräch, eine Interaktion oder sonst etwas, das zeitlich festgelegt und geplant werden kann, beinhalten. Es kann privat und personenbezogen sein oder öffentlich und frei veränderlich. Es könnte andauernd sein, wie ein Fernsehsender, oder unvorhergesehen, wie auf eine schlafende Person zu treffen (was beides in kürzlich aufgeführten Performance-Arbeiten vorkam). Von dieser Kunst, die die Teilnahme des Publikums oder körperliche Erfahrungen einbezieht, und deren Objekte unbestimmt oder flüchtig sind, bleibt nur eine Erinnerung, ein Fragment, eine Fotografie oder ein Video.

Ziemlich häufig verpasst man bei diesem Genre das Ereignis, und ist es einmal vorbei, wird es niemals wiederholt werden. Frühe Performance-Arbeiten sind nur noch als Textfragmente, Schwarzweiß-Fotos und krisseliges Video-Material erhalten. Zeitgenössische Performances für die Nachwelt aufzuzeichnen ist in Anbetracht der Fortschritte von Technik und Equipment heute kaum noch ein Thema, aber die Dokumentation ist für die Nachwelt unerlässlich.

Meine eigene Untersuchungsmethode, das *Tabula rasa* Prinzip, das auf einer längeren Phase der Betrachtung einer Arbeit beruht, an der man sonst flüchtig vorbeihasten würde, ist bei der vergänglichen Natur von Performance-Kunst ein Problem, und trotzdem fundamental für ihr Verständnis. Performance-Kunst gemäß meiner Formel zu sezieren scheint zum Scheitern verurteilt, wenn, wie bei Rhodes *Car Theft*, die Arbeit einem nur wenig ZEIT zum Hinsehen gewährt. Auch bedeutet die Einzigartigkeit jedes aufgeführten Moments, das es unmöglich ist, WIEDER HINZUSEHEN. Es kann aber auch zu viel Zeit verfügbar sein, um sie mit dieser Kunst zu verbringen, einfach zu viele Gelegenheiten für erneutes Sehen, angesichts der Tatsache, dass einige Künstler stolz auf ihr Durchhaltevermögen bei ihren ›durational performances‹ zu sein scheinen. Ich habe bereits Räume betreten, in denen Leute, meine Anwesenheit ignorierend, mit irgendeiner Art von Tätigkeit beschäftigt waren – Papier schneiden, Haare kämmen, sich beim Lesen selbst befummeln, nackt auf einem Sockel sitzen, in glitzernden Unterhöschen zu Musik aus Kopfhörern tanzen und so weiter –, und unbeirrt weitermachten, wahrscheinlich noch lange, nachdem ich weg war. Zweimal stieß ich auf eine scheinbar statische Arbeit des umstrittenen chinesischen Künstlers Xu Zhen, die den Titel *In Just a Blink of an Eye* trägt. Ein von ihm angestellter Performer (häufig ein Immigrant) hängt nach hinten gebeugt mitten in der Luft - wie von einer Windböe umgeblasen. Zweimal habe ich darüber gerätselt, wie man eine Person in dieser der Schwerkraft trotzenden, kräftezehrenden Pose einfrieren kann, als habe man eine Pausentaste gedrückt (für die, die es unbedingt wissen wollen: unter der Kleidung ist ein Stützgerüst verborgen).

ANSCHLUSS SUCHEN

Wenn ZEIT die essenzielle Grundlage aller Performance-Arbeiten ist, dann ist der nächste Schritt in der *Tabula* Formel, ASSOZIATION, gleichermaßen wichtig für ihre Wirkung. Die vielleicht großartigste Aufführung, die ich je erlebt habe, mit dem Titel *These Associations* (2013), fand in der Turbinenhalle der Tate Modern statt und verwickelte mich in einige der anrührendsten Interaktionen mit realen Personen, die mir je in einer Galerie passiert sind, ob nun inszeniert oder nicht. Gruppen von Darstellern, dirigiert von dem in Berlin lebenden Künstler Tino Sehgal, rannten und schwärmten durch den leeren Betonsaal, nur einzelne von ihnen hielten gelegentlich an, um Geschichten zu erzählen und mit den Besuchern zu plaudern. ›Ich habe eine Phobie vor Brücken‹, vertraute mir eine Dame an; Ich stimmte mit ihr überein, dass meine eigene Höhenangst von der gleichen inneren Unausgeglichenheit verursacht sein könnte, die sie fühlte. Ein junges Mädchen erzählte mir von einem ›nuttigen Kätzchen‹, das in verschiedenen Häusern ihrer Straße gefüttert werde, und ich gab zu, dass auch meine Katze auf der Suche nach Zuneigung den Schulweg entlang streunte. Während anderer Performances von Sehgal wurde mir zugeflüstert; in einer stockfinsteren Halle sang ein Chor; ich wurde von einem persönlichen Führer durch eine Ausstellung geführt oder von einem Kind, das als Comicfigur verkleidet war, aufgehalten. Anstatt meine persönlichen Grenzen oder meine typisch britische Gehemmtheit durch eine erzwungene, gefühlsduselige Interaktion zu verändern, war der Reiz von *These Associations*, unerwartete Gespräche zu führen und mit anderen Menschen Erinnerungen zu teilen. Denn manchmal tut es gut, mit Fremden zu reden.

DAS IST KEIN SPIEL MEHR

So befreiend und stimulierend Performance sein kann, während man sie erlebt, gibt es daran meist mehr zu entdecken als das, was einem zuerst ins Auge fällt oder im Raum begegnet – hier kommt Schritt 3: HINTERGRUND, ins Spiel. Performancekünstler investieren nicht nur Zeit, sondern auch beträchtliche Mühen in ihre Arbeit und sind dafür bekannt, ihr Engagement auch an ihrem Wohnsitz fortzusetzen. Das vielleicht extremste Beispiel für eine Ausdauer-Performance ist der taiwanesische Künstler Tehching Hsieh aus New York, der in den späten 1970ern begann, anspruchvolle, lang fortdauernde Arbeiten zu schaffen. Er verbrachte ein Jahr seines Lebens im Freien sowie 365 Tage in einem geschlossenen Raum, wo er sich jegliche Information über die Außenwelt vorenthielt, und ebenfalls ein Jahr lang betätigte er eine Stempeluhr, genau zu jeder vollen Stunde. Diese Art von zermürbender, unsichtbarer Mühe oder Selbstbeschränkung fällt nicht in den Bereich unsichtbarer Kunst, einfach weil diese Unterfangen offensichtlich sind. Stattdessen verleiht es den Strapazen des Künstlers einen heldenhaften, unbeugsamen Wesenszug.

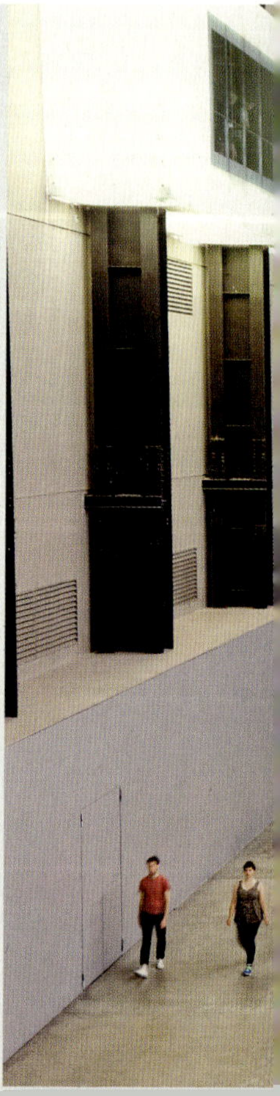

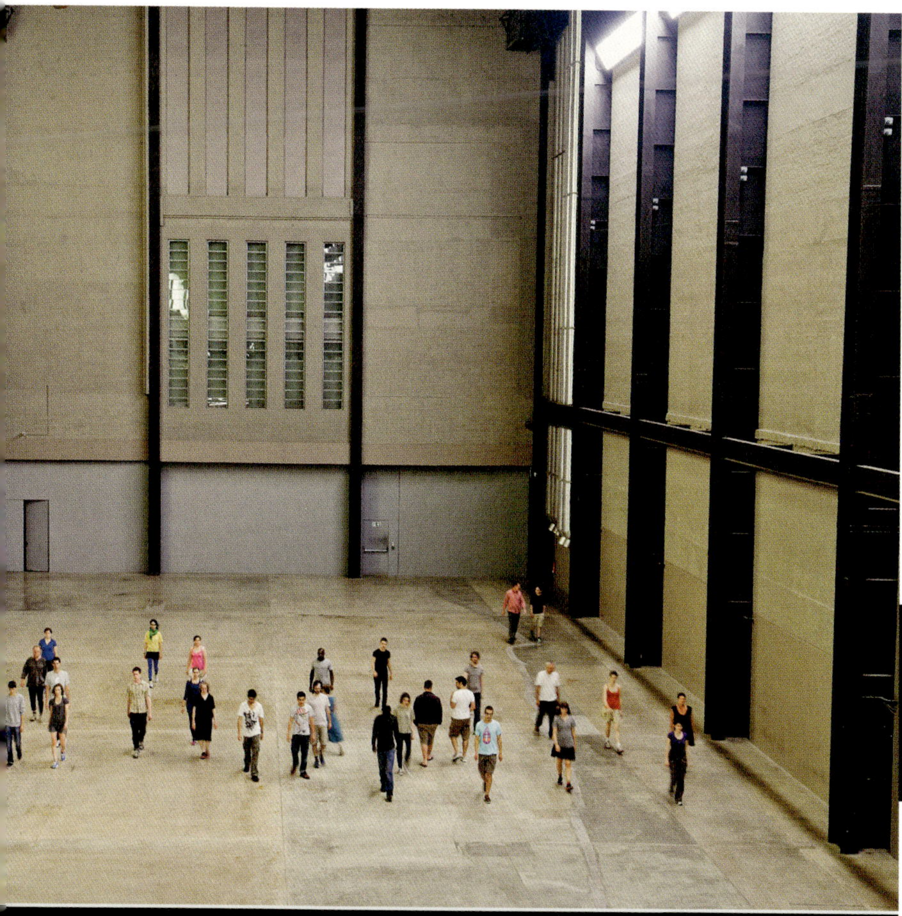

Tino Sehgal, These Associations, 2013, Tate Modern, London

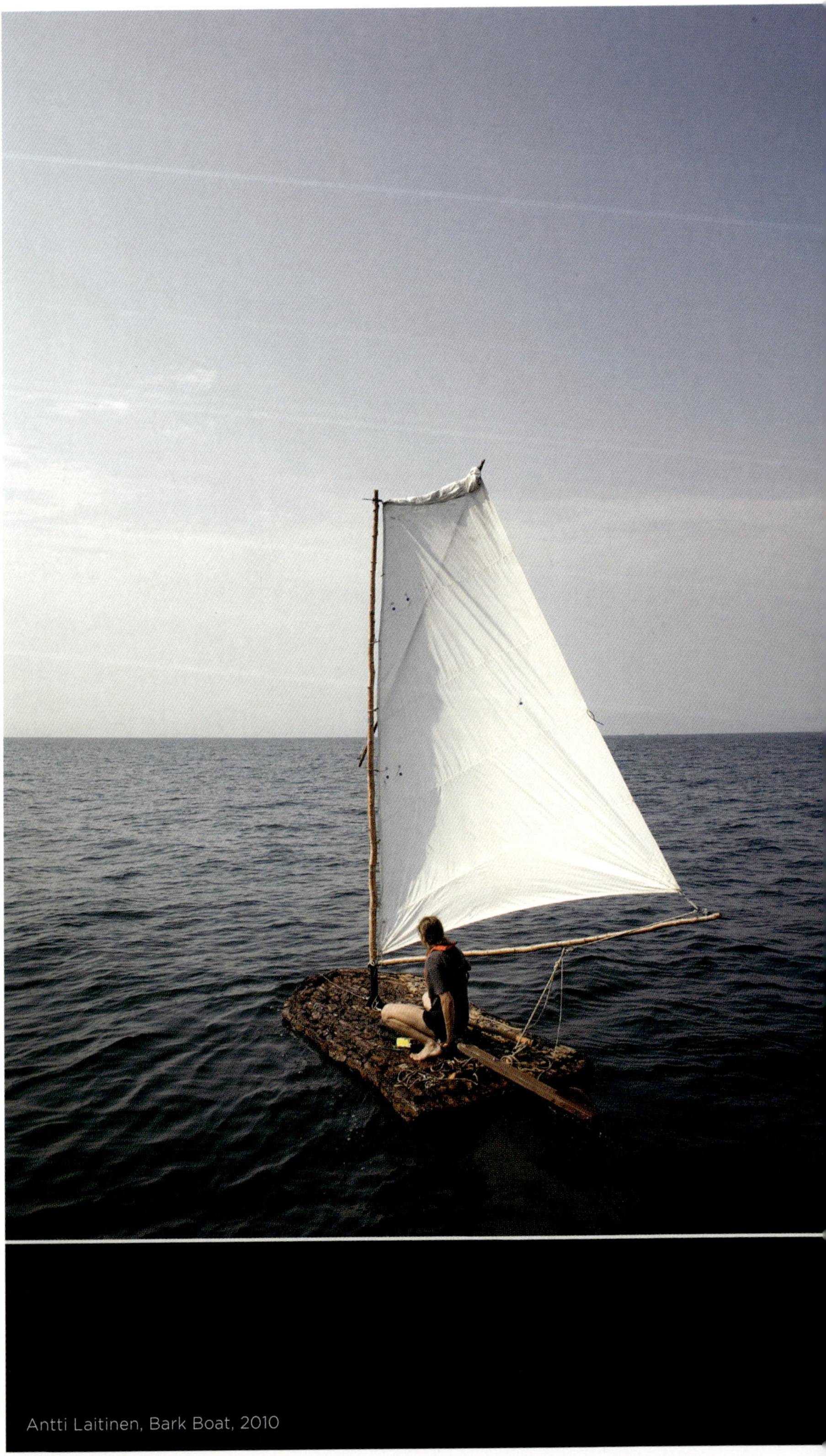

Antti Laitinen, Bark Boat, 2010

Nachdem sich Hsieh 2000 von seinen selbstquälerischen Exerzitien verabschiedete, übernahmen andere Künstler seine Form der beharrlichen, schweißtreibenden Performance. Darunter ein junger finnischer Bildhauer und Performer, Antti Laitinen, den ich einmal traf, als er aus Kiefer und Birkenrinde ein Boot baute, mit dem er über den finnischen Meerbusen nach Estland rudern wollte. Vorher hatte er sein eigenes Eiland gebaut, und für vier Tage im Wald gelebt, ohne Kleidung oder Nahrung. Er war es gewohnt, Arbeiten anzufertigen, deren Entstehung niemand miterlebte und die man nur im Rückblick in seinen Filmen, Fotos oder Skulpturen erleben konnte. Ich fragte Laitinen, was ihn dazu bringe, sich auf eine solch gefährliche Reise zu begeben, und er antwortete: ›In Finnland basteln Kinder kleine Boote aus Birkenrinde, die sie ins Wasser setzen, als würden sie im offenen Meer segeln. Mein Atelier befindet sich auf einer Insel mit vielen toten Bäumen, und so habe ich die Rinde gesammelt, um zu sehen, ob ich diese romantische Vorstellung zum Leben erwecken und über das Meer segeln könnte.‹ Da ich selbst zur Hälfte Finne bin, hatte ich sofort eine Beziehung (oder eine ASSOZIATION, um meine eigenen Begriffe zu verwenden) zu seiner kompromisslosen Arbeitsauffassung und zu seinem Wunsch, eins mit der Natur zu sein. Dies ist ein Beispiel, wo der HINTERGRUND eines Künstlers oder seine Nationalität das Verständnis eines Werks beeinflusst – so wie Hsiehs Status als illegaler Einwanderer, als er in den Vereinigten Staaten ankam, seinem Entschluss, sich für ein Jahr in einen Käfig zu sperren, eine besondere Schärfe verlieh.

LASS' DIE PUPPEN TANZEN

Wenden wir uns vom Hintergrund ab und der Frage zu, wie man Performance-Kunst am besten VERSTEHEN kann. Ich habe bereits über die Künstler gesprochen, die endlose Stunden darauf verwenden, sich zu begraben, aufzuhängen, zu baden, geißeln oder fesseln zu lassen oder sich ganz allgemein zur Schau zu stellen, aber solche abseitigen Heldentaten sind meist so weit von unserem normalen, vernünftigen Leben entfernt, dass sie uns äußerst fremd bleiben. Ich bin zum Beispiel noch nie in Versuchung geraten, eine Galerie an mich zu reißen oder mich zum König meiner eigenen kleinen Nation auszurufen, noch wollte ich mittels schamanischer Rituale als Medium für die Geister von Tieren dienen, obwohl ich genauso gespannt zusah wie die anderen direkt vor mir.

Um dem, was um uns herum geschieht, mehr Sinn abzugewinnen, kann es hilfreich sein, an die künstlerischen Ereignisse zu denken, an die es erinnert oder von denen es inspiriert wurde. Der in Argentinien geborene britische Künstler Pablo Bronstein beispielsweise erschafft bewegliche Möbel, arrangiert Körper und Skulpturen zu Musik, führt ganze Ballette auf, und der offensichtliche Unterschied zwischen ihm und einem professionellen Choreografen ist, dass sich sein Werk aus der Architektur ableitet und häufig die gebaute Umgebung durch Tanz oder Performance interpretiert.

Einen ersten Zugang zu der verborgenen Bedeutung einer Performance erhielt ich, als ich mich mit einem Raum voller hängender Ringe konfrontiert sah, wie man sie gemeinhin beim Turnen benutzt. Die Installation mit dem nicht besonders hilfreichen Titel *The Fact of Matter* (2009) sollte offensichtlich von mir als Hindernislauf bewältigt werden, und ich arbeitete mich ungelenk durch dieses Feld sportlicher Interaktion: eine Hand oder einen Fuß nach dem anderen, eine wirklich peinliche Angelegenheit. Erst als ich entdeckte, dass der Schöpfer dieses Werks William Forsythe war, Tänzer von Beruf, begann ich zu verstehen, was von mir verlangt wurde, und wie meine Bewegungen, die eines Körpers widerspiegelten, der sich beispielsweise auf einer Bühne bewegte. Natürlich ist eine Performance meist nur so gut wie der Performer, und ich war bemitleidenswert ungeeignet, um diese Aufgabe anmutig und erfolgreich zu absolvieren, aber so nah wie hier bin ich noch nie der Teilnahme an Kunstturnen oder akrobatischen Tanzbewegungen gekommen.

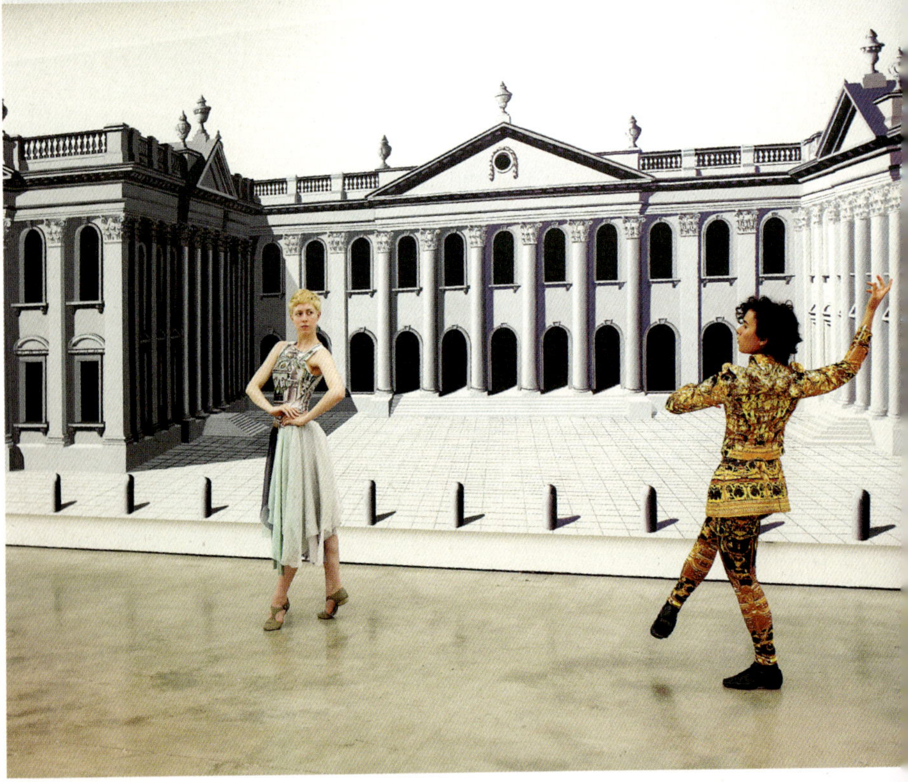

Manchmal ist es der Ort, der Hinweise zur Interpretation gibt, genauso wie die Form. Ein weiterer Choreograf, Jérôme Bel, ist für seine unkonventionellen Liveshows bekannt, in denen die Protagonisten entweder singen, während sie Kopfhörer tragen oder sich ständig an- und wieder ausziehen. Er erschafft theatralische Spektakel, die am ehesten mit Tanz zu vergleichen sind, weshalb die Arbeiten des Belgiers häufig in einem künstlerischen Rahmen oder Museum gezeigt werden. 2012 konnte ich in einem kleinen deutschen Kino sein *Disabled Theatre* sehen. Elf Schauspieler mit unterschiedlichen Graden an Lernschwierigkeiten oder geistiger Behinderung standen abwechselnd auf der Bühne und diskutierten ihre Beschäftigung mit Bels Projekt und ihre Gefühle über ihren eigenen Zustand. Am Schluss führte jeder ein Lied und einen Tanz seiner Wahl auf. Dies war völlig anders als jede Liveshow, Performance oder jedes Stück, das ich bisher gesehen hatte; es erinnerte an eine Gruppentherapie oder eine Entdeckungsreise – vielleicht ähnlich der, die Bel erlebte, als er sich dazu entschloss mit dieser Schweizer Truppe, dem Theater Hora, zu arbeiten, deren Mitglieder ein weiten Bereich von Entwicklungsstörungen aufweisen, die vom Asperger- bis zum Downsyndrom reichen. Meine eigenen Reaktionen auf das *Disabled Theatre* schwankten zwischen anfänglicher Bestürzung und Skepsis gegenüber dem zweifelhaften Verdienst,

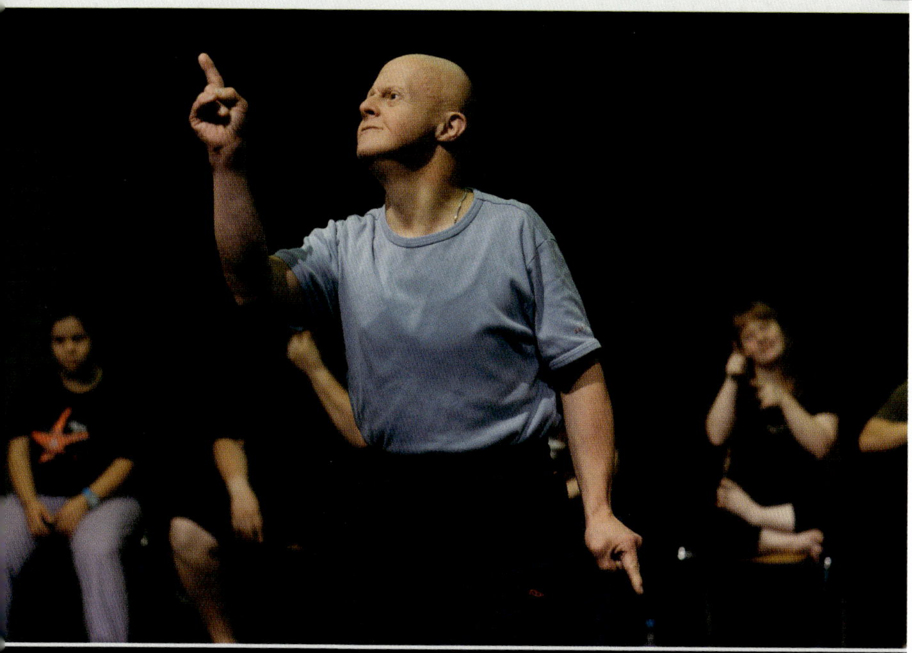

Links: Pablo Bronstein, Tragic Stage, 2011
—
Jérôme Bel, Disabled Theatre, 2013

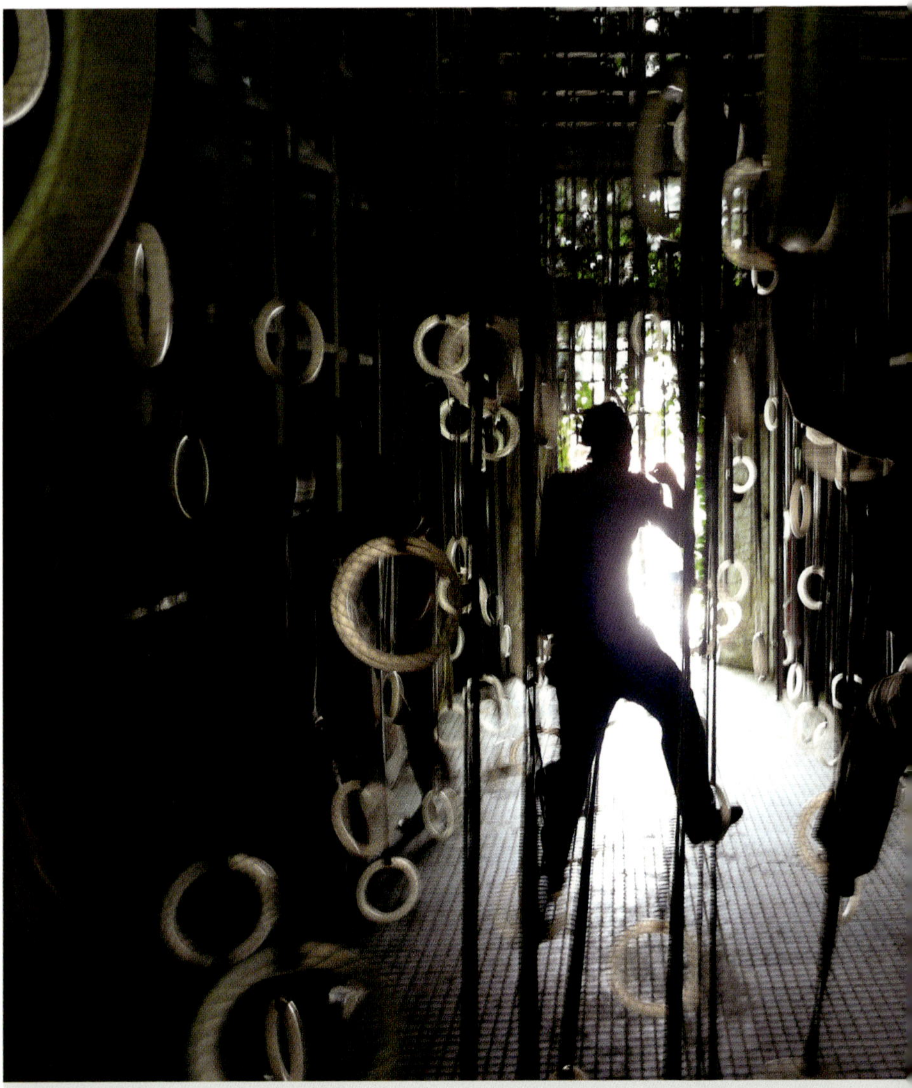

mental verwundbare Personen in dieser Art auszustellen, und Phasen herablassender Sympathie und unangebrachtem Mitleid, bis ich endlich ernsthaften Respekt vor den Performern empfand, und ein eigenartiges Hochgefühl, als der Vorhang fiel. Ich war dem Verständnis ihrer jeweiligen Störungen keinen Schritt näher gekommen oder wie es sich anfühlte, mit einer Behinderung zu leben. Alles was ich wusste war, dass ich irgendetwas Besonderes erlebt hatte, etwas Spirituelles, Wunderschönes, mit einer Handvoll mutigen und wundersamen Individuen; irgendetwas, das zu einem späteren Zeitpunkt eine Annäherung an Verständnis sein könnte. (Man bemerke meine eigene

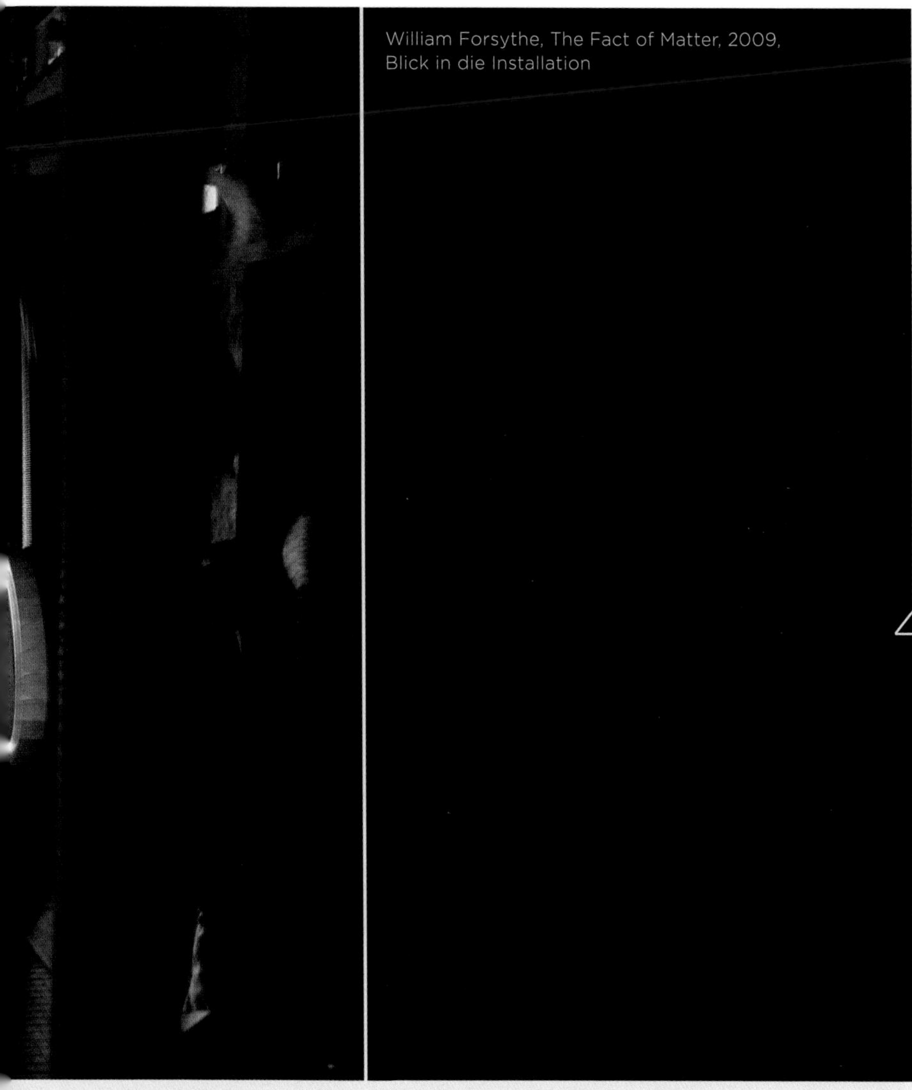

William Forsythe, The Fact of Matter, 2009, Blick in die Installation

Verwirrung an der häufigen Verwendung des Wortes ›irgend‹ in diesem Satz – zeitgenössische Kunst ist nichts, ist sie nicht mehrdeutig, widersprüchlich und schwer zu fassen.) Vielleicht gibt es ein höheres Ziel als reines Verstehen. Vielleicht kann ein Kunstwerk für jemanden einen Wendepunkt im Leben sein, oder als Initiationsritus fungieren.

SCHALL UND RAUCH

Der Prozess des Zweifelns und Infragestellens von dem, was man sieht, kann eine starke Resonanz und einen einleuchtenden Sinngehalt hervorlocken. Ich saß in einem Museum und beobachtete

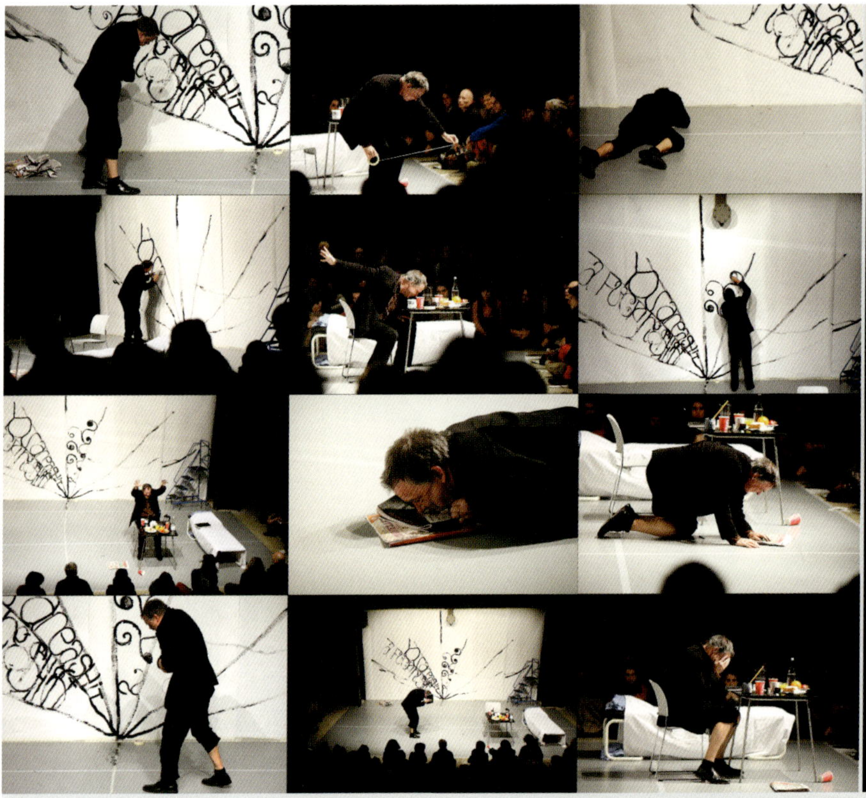

einen amerikanischen Künstler, Matt Mullican, wie dieser in einen kindlichen Zustand verfiel, schauderte, obsessiv zeichnete, sich kratzte, fluchte, eintönig vor sich hin brummte und auf seinem Stuhl vor und zurück schaukelte – alles unter Hypnose. Er schrie wiederholt, dass er dies nur spiele, aber er schien von einem fremden Wesen besessen und so außer sich, dass ich mir einfach nicht sicher war. Diese Bedenken behinderten meine Bereitschaft, Mullicans Arbeit zu schätzen – aber noch einmal, die beste Technik als Zuschauer ist es, das Unergründliche anzunehmen und Vorbehalte beiseite zu lassen, sei es auch nur eine Minute (ein retrospektives WIEDER HINSEHEN, wenn man will).

Wie bei den anderen Kategorien, die der genauen Überprüfung meines *Tabula Rasa* Vorgehens unterzogen wurden, verlangt die zunehmende Kreuzung der zeitgenössischen Künste einen unvoreingenommenen Blick, wenn man sich irgendeinem Medium oder Mittel künstlerischer Darbietung nähert, ob das nun in einer Galerie, einem Theater oder auf der Straße zu finden ist. Überall und immer kann Kunst sein. Ich habe lange über die Stellung von Kunst nachgegrübelt,

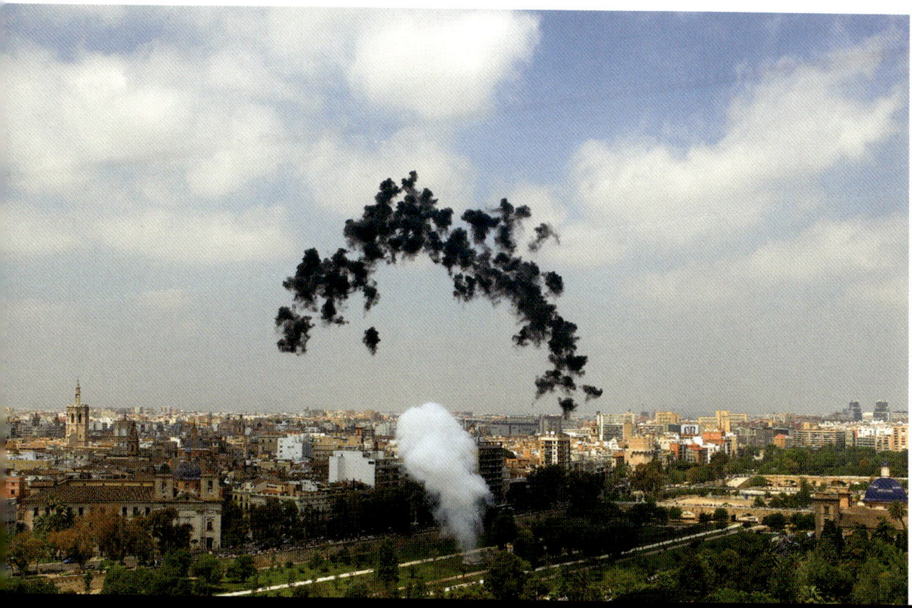

Links: Matt Mullican, Under Hypnosis, 2007, Ansichten der Performance
—
Cai Guo-Qiang, Ignition of Black Rainbow: Explosion Project for Valencia, 2005

die nach dem Ereignis nur noch als Vision, als verschwommene Erinnerung oder als Gerücht weiterexistiert. Die pyrotechnischen Schauen des chinesischen Künstlers Cai Guo-Qiang zum Beispiel beziehen sich augenscheinlich auf die Entdeckung des Schießpulvers und die Erfindung des Feuerwerks in seinem Heimatland am Ende des ersten Jahrtausends, aber was für einen bleibenden Eindruck können sie hinterlassen, außer etwas Zischen und Krachen? Die tänzelnden Feuermuster oder blumigen Explosionen, auf die er sich spezialisiert hat, dauern nur ein paar Sekunden und können feierlich, zeichenhaft und beschwörend sein, wie etwa *Black Rainbow: Explosion Project for Valencia* (2005), ein Bogen schwarzer Detonationen zu Ehren der Opfer des Terroranschlags in Madrid.

Auch wenn am Ende eines Events kein Objekt überbleibt – und mir wurde mitgeteilt, dass die Cocktails, Mahlzeiten, Gerüche, Lichter, die Musik und sogar den verschiedenen Eigenschaften der Luft vor mir die Kunst darstellten, die ich zu erfahren bestimmt war –, es sollte zumindest eine Grundidee erkennbar sein. Dies führt uns zu dem nächsten Kapitel über ›Kunst als Botschaft‹.

SPARTACUS CHETWYND

A TAX HAVEN RUN BY WOMEN (IN THE STYLE OF A LUNA PARK GAME SHOW), 2010

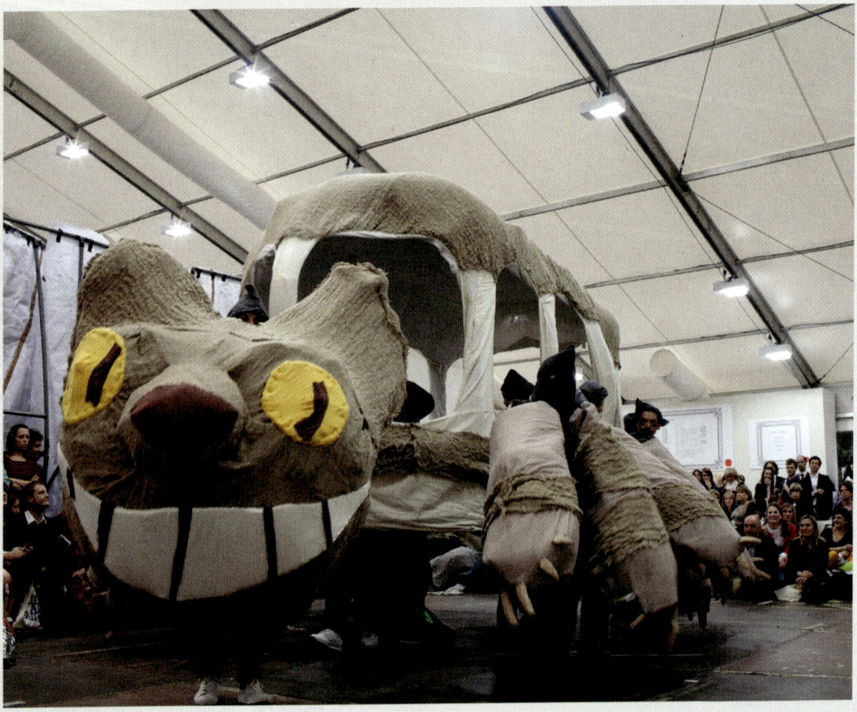

›Nominierte für den Turner-Preis lebt in Nudistencamp!‹, ›Eine schrullige Bartträgerin, die sich selbst Spartacus nennt, führt mit Pappmaché-Marionetten Geschichten aus der Bibel auf!‹. Abgesehen von den Ausrufezeichen, die ich der Wirkung wegen hinzugefügt habe, sind das die Schlagzeilen und Kommentare, die Großbritanniens renommiertestem Kunstpreis gelten. Geht es allerdings um die ausgeflippten Performances von Spartacus (geb. Alalia) Chetwynd, verschlägt es auch dem versiertesten Kunstkritiker die Sprache. Die Künstlerin und ihre reisende Truppe von Helfern haben in den letzten zehn Jahren in internationalen Museen musiziert, Ausstellungen mit dreisten, theatralischen Zwischenspielen unterbrochen, mit verdutzten Besuchern interagiert und im Allgemeinen totale Verwirrung hinterlassen.

Es ist 2011, und ich sitze auf dem Boden inmitten der Frieze Art Fair in London, während Chetwynd (die sich seither in Marvin Gaye Chetwynd umbenannt hat) und etwa dreißig Statisten, verkleidet als surreale Seehunde und torkelnde Bäume, vor mir herumtänzeln oder sich unter dem plüschigen Fell einer riesigen Katze verstecken, deren zwölf Beine von je einem Mitspieler gesteuert werden. In der Mitte steht Spartacus, das Gesicht verschmiert mit schwarzer Schminke, und treibt locker die Handlung an, wie eine geistig verwirrte Sektenführerin. Das halbstündige Stück erinnert an eine Gameshow, in der zwei Teams um die Chance kämpfen, mit dem ›Katzenbus‹ zu einer ›Steueroase, die von Frauen betrieben wird‹, zu fahren – Chetwynds fiktivem Shangri-La, in dem mächtige Frauen die Wirtschaft kontrollieren. Offen gestanden kann ich der Handlung nicht folgen, und es gibt keine erkennbaren Dialoge, nur Chetwynds gelegentliche, eindringliche Anweisungen. Selbst wenn ich wüsste, dass die Künstlerin sich mit marxistischer Philosophie auseinandergesetzt hat und den japanischen Animationsfilm *Mein Nachbar Totoro* liebt (in dem ein ähnliches riesiges, fliegendes Katzenwesen auftaucht), wäre ich kein bisschen schlauer.

Dennoch verbreitet die ganze Show eine unbestreitbar ansteckende Energie und schreitet mit rasendem Tempo voran, befeuert von dynamischer Musik, die an einen weiteren Zeichentrickfilm erinnert, *Das große Rennen von Belleville*. Das Mini-Drama erinnert stark an eine unflätige mittelalterlicher Farce, als ob Hofnarren und Troubadoure durch die Zeit gezerrt wurden, um Chaucer oder Rabelais ihre Ehrerbietung zu erweisen. Es ist lustig und alles andere als ausgefeilt, aber nach anfänglichem Gekicher über die Albernheit fühle ich mich hypnotisiert von dem Auf und Ab und der konstanten Bewegung, bevor sich in mir ein Unwohlsein breitmacht. Zwischen den zerlumpten Kostümen und den aufgedunsenen, unbestimmbaren Seeviechern lauert etwas Verstörendes in Chetwynds schräger Ästhetik. Nach einem kurzen Abschweifen, in dem ich mir vorstelle, dass sich dies plötzlich in jedem Moment in ein blutiges, orgiastisches, heidnisches Ritual verwandeln könnte, schrecke ich aus meinem Tagtraum auf, ziehe mich aus meiner Fokussierung auf die Performance vor mir zurück und ziehe Bilanz, wo ich bin und was das alles bedeuten könne.

Auch ohne Chetwynds Erklärung zu hören oder den Titel *Tax Haven* zu kennen, der, wie alle guten Titel, auf eine mögliche Bedeutung anspielt, ist ihre Entscheidung, eine trashige Performance aufzuführen (inmitten des offenkundigen Reichtums und den hochpreisigen Gemälden einer kommerziellen Kunstmesse) spürbar subversiv. Es ist eindringlich, befreiend und erstaunlich ernst. Von dem Rest, der dort an den Wänden hängt, kann ich das nicht unbedingt behaupten. Liegt mehr Bedeutung in den wertvollen Bildern an der Wand oder den glänzenden Skulpturen auf dem Boden, als in dem, was sich vor mir abspielt oder mir im Kopf herumgeht? Plötzlich bin ich mir nicht mehr sicher.

MARINA ABRAMOVIĆ

THE ARTIST IS PRESENT, 2010

Marina Abramović hat vor Publikum gehungert, sich verbrannt, geschnitten und unter Drogen gesetzt, wurde ausgepeitscht, gewürgt und geschlagen, ihr Leben wurde mit einem Gewehr bedrohet, Pfeil und Bogen auf ihr Herz gerichtet. Jedoch fand sie es unbefriedigend, für ihre große Retrospektive im MoMA in New York diese radikalen Arbeiten einfach wieder aufzunehmen, und so entschied sie sich, eine neue Arbeit aufzuführen – ihre ehrgeizigste und anstregendste bisher. Über die gesamte Dauer von 700 Stunden ihrer dreimonatigen Ausstellung saß Abramović stocksteif im Atrium des MoMA, mit der unausgesprochenen Einladung für Besucher, sich auf den Stuhl gegenüber zu setzen. Ohne Pause und ohne Essen, paarte sich unerschütterliche Willenskraft mit einer ausdruckslosen Miene – was man von den ungefähr 1500 Sitzenden nicht sagen kann: viele weinten oder konnten dem durchdringenden Blick nicht standhalten; und nur ein Mann wagte es, die ganzen sieben Stunden eines Tages bei ihr zu sitzen.

Ich konnte ihre Marathon-Sitzung nicht sehen, habe aber einige Monate später die serbische Künstlerin interviewt und spürte ihre unbeugsame Entschlossenheit. ›Die Leute denken, dass die früheren Arbeiten kräftiger oder dramatischer seien‹ sagte sie, ›aber geistige Ausdauer ist viel, viel schwerer. Diese Performances des Weinens oder des Schneidens dauerten nur eine Stunde, aber heute kann ich mehr, denn ich habe sehr viel über Selbstkontrolle gelernt.‹ Die Besucher im MoMA bewunderten diese starke, stoische Frau für ihre herkulische Ausdauerleistung – aber ich fragte mich, was sonst haben sie gesehen oder gefühlt?

The Artist Is Present war wohl Performancekunst in ihrer reinsten Form – pure Anwesenheit. Abramovićs Sit-In war eine großartige Gelegenheit, um zum Akt des Sehens zu ermutigen. Wir heucheln häufig Interesse an Dingen, die wir sehen, oder streifen Kunstwerke mit unseren Blicken, ohne sie wirklich wahrzunehmen, was heißt, wir verpassen viel von dem, was Leben und Kunst zu bieten haben. Abramovićs Performances verlangen mehr Aufmerksamkeit und Interaktion von dem Betrachter, entweder durch das Zeigen realer körperlicher Verletzung oder durch das Provozieren eines körperlichen Zurückschreckens. Wir sind empathische Geschöpfe und daher empfindlich gegenüber Bildern von anderen, die leiden oder sich selbst verletzen. Abramović richtet vielleicht auch einen leidenschaftlichen Appell an uns, die Vitalität von Kunst nicht zu ignorieren oder für selbst verständlich zu halten, oder, wie sie es mir gegenüber ausdrückte: ›Kunst ist wie Atmen. Man kann das nicht in Frage stellen – man tut es einfach oder man stirbt.‹

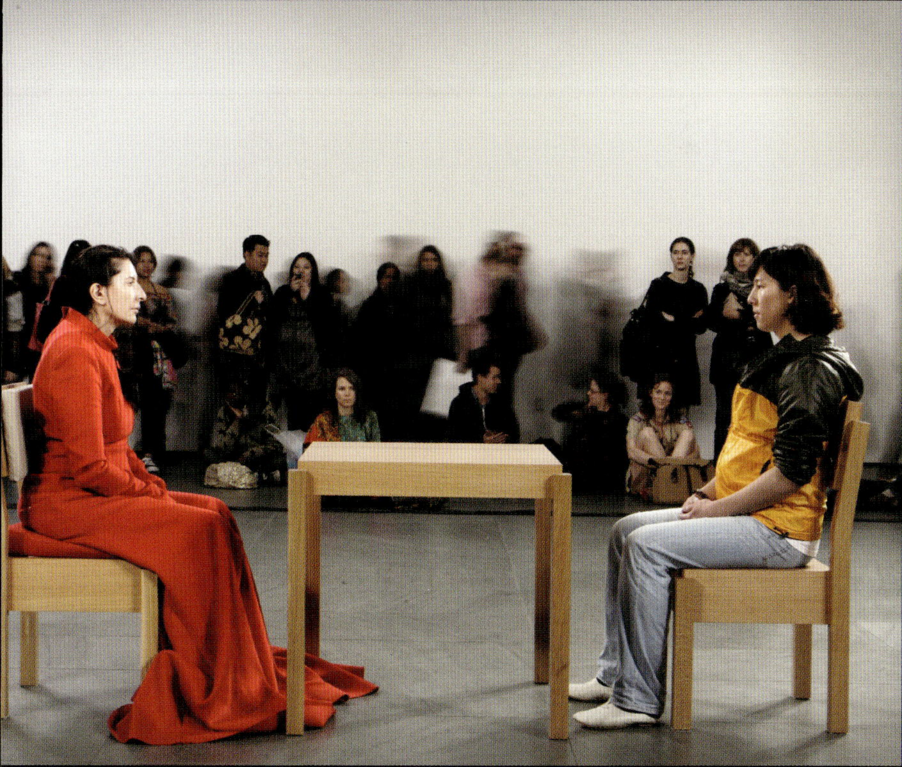

›VIELE WEINTEN ODER KONNTEN DEM DURCH-
DRINGENDEN BLICK NICHT STANDHALTEN;
UND NUR EIN MANN WAGTE ES, DIE GANZEN SIEBEN

Miroslaw Balka, Play Pit, 2000

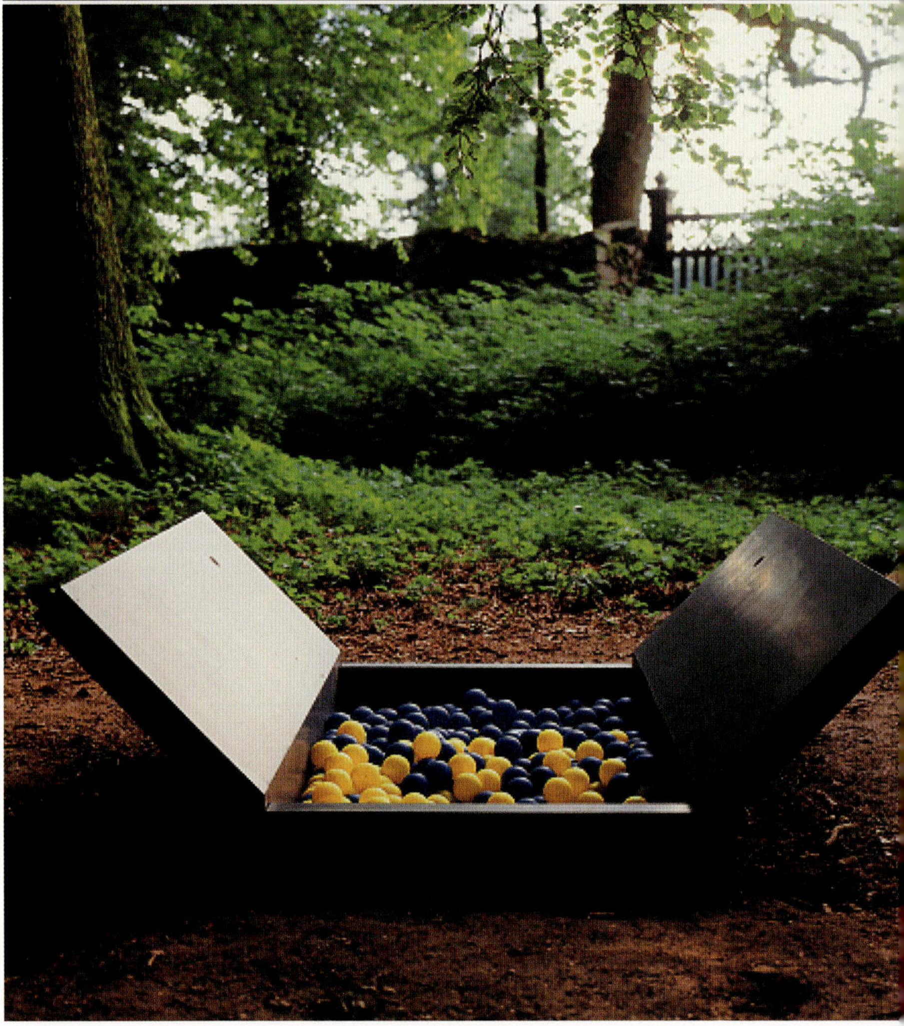

KUNST ALS BOTSCHAFT

›ES IST SINNLOS, WENN EIN KRITIKER MIR SAGT, DASS ETWAS EIN KUNSTWERK SEI, ER MUSS MICH DAHIN BRINGEN, ES SELBST ZU FÜHLEN.‹

CLIVE BELL, ART AND SIGNIFICANT FORM, 1913

Wohin wir auch blicken, wir werden ständig mit Botschaften und Zeichen bombardiert: Halt! Geh! Imbiss, Parkverbot, Komm mir nicht in die Quere! - Körpersprache ist viel verbreiteter als Schrift. Selbst die Wolken am Himmel teilen uns das Wetter mit oder aus welcher Richtung der Wind weht.

5

Zeitgenössische Kunst ist, ebenso wie das Leben von heute, ein Wirrwarr konkurrierender Hinweise, philosophischer Fragen und verborgener Absichten. Die vorigen Kapitel haben ein Dreigespann von streitlustiger, spontaner und pathetischer Kunst behandelt, die Arbeiten in diesem Kapitel verlangen aufmerksames Lesen oder visuelle Decodierung, um ihre Geheimnisse zu enthüllen. Häufig erschließt sich die Bedeutung eines Werks erst nach einer verlängerten Runde HINSEHEN, und merkwürdigerweise sind es diese ruhigen Arbeiten, die letztlich lauter zu uns sprechen und länger im Sinn bleiben als viele übertriebene und selbstgefällige Objekte.

So fand ich mich 2000 in einem Skulpturenpark in Südschweden wieder, versteckt in einem riesigen skandinavischen Wald. Anders als häufig Kunst im Freien erhob sich das Werk, auf das ich in der Wanås-Stiftung stieß, nicht vor mir in die Höhe, wie der über acht Meter hohe Edelstahlbaum, an dem ich gerade vorbeigekommen war (*Impostor* von Roxy Paine), überraschte mich auch nicht die intime Bronzestatue einer pinkelnden Frau neben einem See von der Schwedin Ann-Sofi Sidén – die in der Tat ein verblüffend realer Abguss der Künstlerin selbst ist, wie sie sich unbefangen hinhockt.

Nein, was ich zuerst gar nicht bemerkt hatte und wo ich fast hinein getreten wäre, war ein Loch in der Erde, das mit Dutzenden kleinen, leuchtend gelben und blauen Plastikkugeln gefüllt war, den Farben der schwedischen Flagge. Ich bemerkte schnell, dass das kein Spielplatz war, wie der Titel *Play Pit* suggerierte, sondern einem finsteren Zweck diente. Die zwei Granitplatten an der Seite ließen an ein geöffnetes Grab denken. So verlockend das Angebot anfänglich war, in diesen sarggroßen Pool zu steigen, machte es bald einem unguten Gefühl Platz. Ich konnte nicht entscheiden, ob dies nur ein verstörender Witz war, der mit dem Gegensatz aus dem Spaß, den die Bälle versprachen, und der Endgültigkeit des Todes spielte – oder ob unter diesen fröhlichen Kugeln etwas Tieferes begraben war, vielleicht die Erlösung oder das Leben nach dem Tod. Lange bevor ich mein *Tabula rasa* Prinzip anwenden konnte, hatte mich diese äußerlich so simple Skulptur dazu gebracht, WIEDER HINZUSEHEN, und mich infolgedessen dazu gezwungen, mich mit ihr und – unerwarteterweise – meiner eigenen Sterblichkeit zu beschäftigen. Dieser Eindruck spukte mir, noch lange nachdem ich diesen Ort verlassen hatte, im Kopf herum.

Miroslaw Balka, How It Is, 2009

Der dafür verantwortliche Künstler, Miroslaw Balka aus Polen, ist nicht gerade für seine Leichtigkeit bekannt, auch wenn er kürzlich Schneekanonen in eine Galerie stellte oder Schnappschüsse des Teddys aus seiner Kindheit zeigte, während dieser seine Küche erforscht. Man kennt ihn eher durch seine beunruhigenden Skulpturen und atmosphärischen Installationen, die sich mit dem Holocaust auseinandersetzen, speziell mit den Vernichtungslagern von Treblinka, in denen zwischen 1941 und 1943 700.000 Menschen interniert und vergast wurden, darunter zwei Drittel der Bevölkerung von Otwock, eine Stadt in der Nähe von Warschau, in der Balka lebt und arbeitet.

Eine begehbare Arbeit für die Turbinenhalle der Tate Modern hatte den Titel *How It Is* und war eine ansteigende Rampe, die in einen riesigen, stockfinsteren Raum führte, was sich anfühlte, als würde man in einen gigantischen Container für Menschentransporte ge-

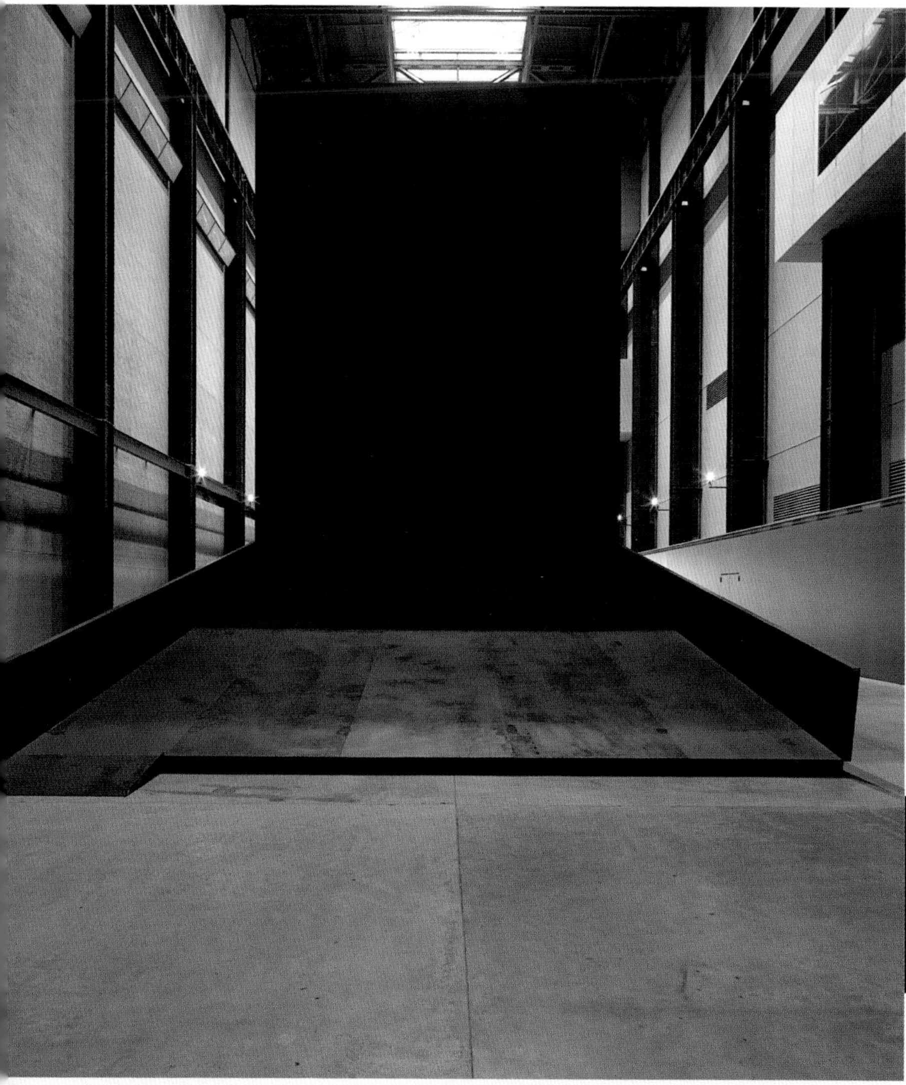

führt. Wohl weckt diese Reise in die Dunkelheit Assoziationen an die ›Judenrampe‹, von der aus die Deportationen nach Treblinka führten, und doch ist schmerzhaft klar, dass kein Kunstwerk der Welt jemals ein solch unfassbares Gefühl von Horror und Hilflosigkeit abbilden könnte. Balkas schwarzes Loch erzeugte in meinem Kopf Sackgassen, Höhlen und düstere Ecken. Auf einer Liste von Ideen bezeichnete es Balka sogar als ähnlich zu seinem Kellereingang. Der Versuch *Play Pit* zu VERSTEHEN, fühlt sich zu allgemein, zu weit geographisch entfernt an, um es auf irgendeinen spezifischen Ort zu beziehen, wie etwa den jüdischen Friedhof von Otwock, den der Künstler regelmäßig besucht.

Obwohl es mir beim Nachdenken über *Play Pit* nicht gelungen ist, die sechs Schritte meiner eigenen Methode in der richtigen Reihenfolge zu befolgen – unter Auslassung von Schritt 2 und 3 direkt zu Schritt 5 und dann wieder zu 1 und so weiter – am Ende habe ich es geschafft. Die Bewältigung des letzten Schrittes, das VERSTEHEN, kam mehr als ein Jahrzehnt später. Das Spielzeug-Grab hat in meinem Kopf den Kreis geschlossen, über unzählige geistige Zwickmühlen und Saltos zurück zu relativer Einfachheit: Für mich steht es nicht nur für die widersprüchlichen Höhen und Tiefen des Lebens, sondern repräsentiert einen Moment der glücklichen Unwissenheit, der das sorglose Spiel eines Kindes von seinem ungeahnten, aber unvermeidlichen Ende trennt. Für mich ist es zudem eine Mahnung, dass zeitgenössische Kunst häufig eine Falle ist, in die man allzu leicht tritt – denn was du siehst, ist so gut wie nie das, was du kriegst.

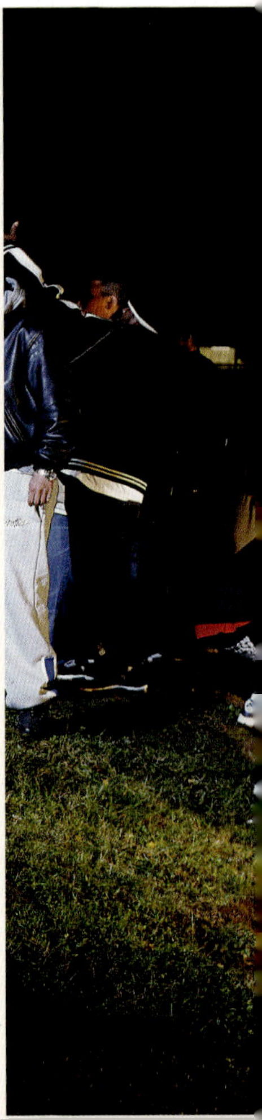

HISTORIENGEMÄLDE, DIE ZWEITE

Ein wirklich aussagekräftiges Kunstwerk sollte sich nicht nur auf eine zentrale Botschaft gründen, sondern mehrere Lösungen anbieten. So wie sich bei Balka herausstellt, dass nicht alles Düsternis und Verhängnis bedeutet, sondern auch weniger eindeutige Interpretationen seiner Arbeiten möglich sind, so betten die besten zeitgenössischen Künstler in ähnlich komplexen Überlagerungen Bedeutung in ihr Werk, die beim Betrachter zu extrem unterschiedlichen Interpretationen führen. Ein junger französischer Künstler algerischer Abstammung zum Beispiel, Mohamed Bourouissa, schuf eine Serie von großformatigen Fotografien mit dem Titel *Périphéries* (2005-2008), die Jugendliche aus den Pariser Vororten oder *banlieues* zeigen – Gebiete mit Hochhäusern und Wohnsiedlungen außerhalb des Pariser Autobahnrings, der *La Périphérique* genannt wird. Die Bilder können auf unterschiedliche Weise gelesen werden: Sie sind kunstvoll ausgeleuchtet, aufgebaut und fotografiert, gleichen aber mit ihrem Thema einer fotojournalistischen Reportage und beziehen sich ganz offensichtlich auf die Ausschreitungen in Paris von 2005. Kunsthistorisch interpretiert sind viele der Posen und Kompositionen Malern wie Caravaggio, Géricault und Délacroix entlehnt. Bourouissas Fotografie *La Republique* von

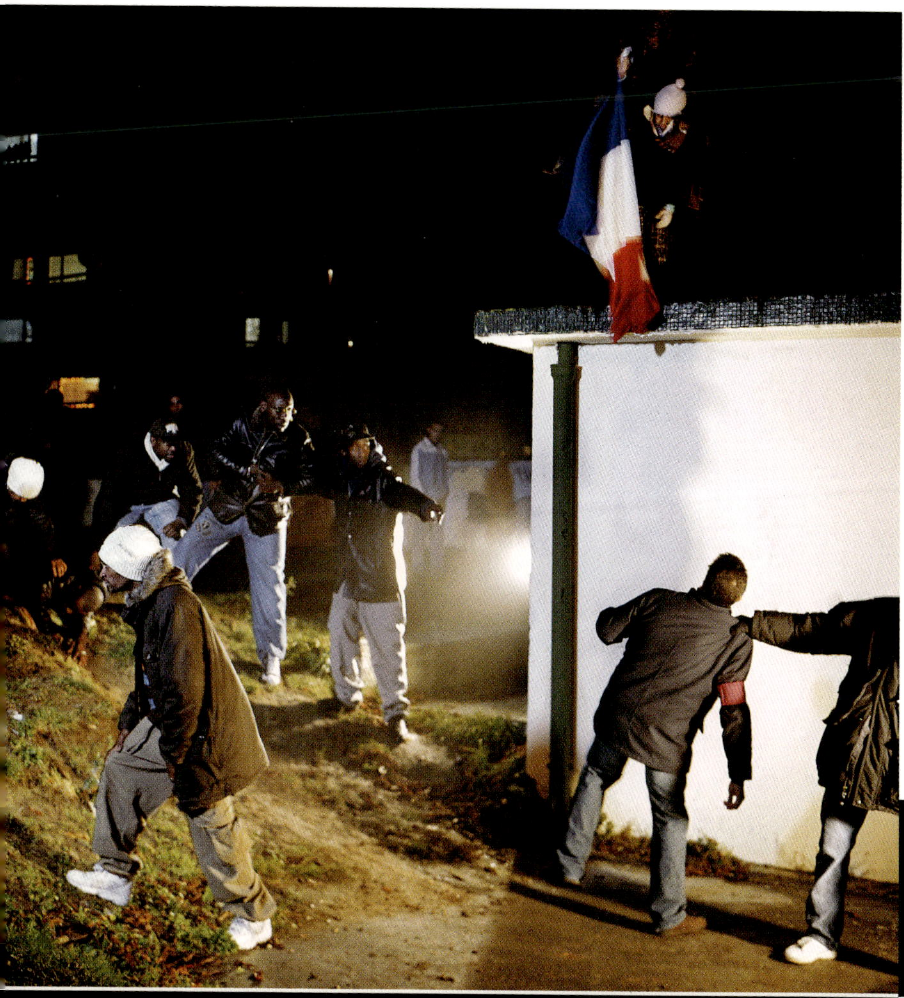

Mohamed Bourouissa, Périphéries: La République, 2006

2006 nimmt offensichtlich Bezug auf Délacroix' berühmtes Gemälde *Die Freiheit führt das Volk* von 1830, das die Französische Revolution darstellt. Bourouissa zeigt ein junges Mädchen (die Verkörperung der Freiheit), das die Trikolore, die französische Fahne, hochhält; um sie herum lauter schwarze Jugendliche, deren Gesten und Bewegungen zeigen, dass sie auf den Straßen von Clichy-sous-Bois ihre eigene Revolution anzetteln – dort wo im Jahr zuvor die Autos brannten und die Unruhen begannen.

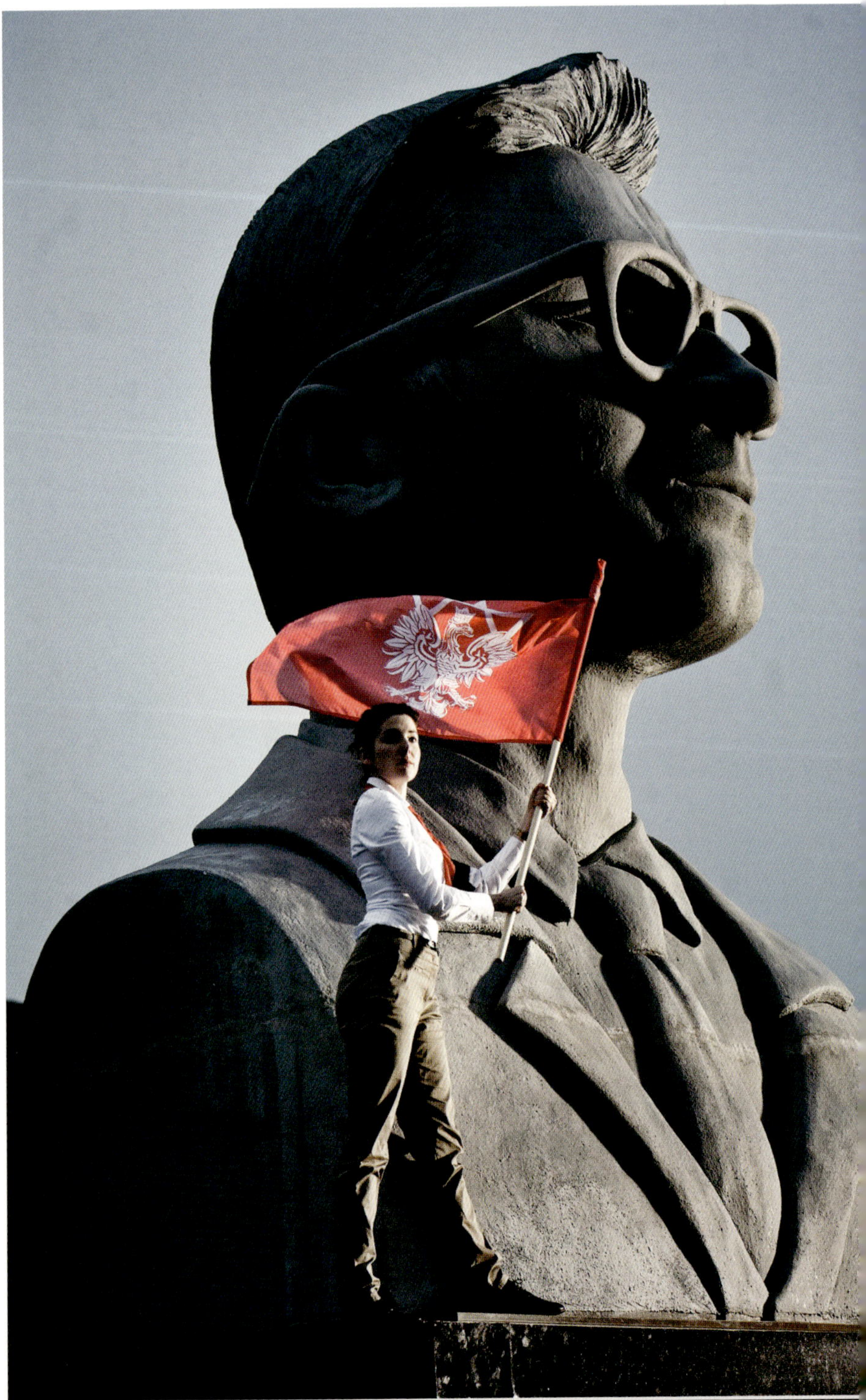

Yael Bartana, And Europe Will Be Stunned, 2007–2011

Meine Methode, sich zeitgenössischer Kunst zu nähern, hat natürlich keinerlei kunsthistorisches Wissen über französische Malerei zur Vorraussetzung. Jedoch gibt es ein paar eindeutige Indizien dafür, dass *La République* und andere Arbeiten aus *Périphéries* sorgfältig inszenierte Bilder und keine Schnappschüsse sind. Bourouissas Figuren ballen sich theatralisch zusammen oder formieren sich zu konspirativen Gruppen. Jede Geste ist mitten in der Bewegung eingefroren, während die grelle Ausleuchtung an die filmische Darstellung von Gangstern im Kino oder Fernsehen erinnert. Das Wissen, dass diese Fotos genaue Arrangements sind, verändert ihre Bedeutung radikal und lässt uns darüber nachdenken, ob Bourouissa seine Probanden als Befreier der Unterdrückten glorifiziert, oder den Blick der Medien aufgreift - die Dämonisierung als gewaltbereite Immigranten.

KÄMPFE FÜR DIE RICHTIGE SEITE

Die Mehrdeutigkeit zeitgenössischer Kunst kann den Betrachter zum Verzweifeln bringen, der die Rollen als Richter, Jury und Henker unter einen Hut bringen muss, während der Künstler seinen Fall so verklausuliert vorbringen darf, wie es ihm gerade passt. Doch sind alle Fragen und Zweifel Teil des Prozesses der Wertschätzung und können zu einem differenzierten Verständnis von Inhalt, Thema oder Weltanschauung führen. Nehmen wir die fiktive, politische Partei *Jewish Renaissance Movement in Poland* (JRMiP), ins Leben gerufen für eine Filmtrilogie mit dem Titel *And Europe Will Be Stunned* (2007-2011) von der israelischen Künstlerin Yael Bartana: Die erklärte Mission von JRMiP ist es, den jüdischen Exodus nach Israel umzukehren und in Polen eine Bevölkerungsgruppe anzusiedeln, die dort von den Nazis in der Mitte des 20. Jahrhunderts fast völlig ausgelöscht wurde. Aber Bartanas Botschaft von Vielfalt und Emanzipation wird paradoxerweise in schwülstigen Reden überbracht, wie sie bei faschistischen Gruppierungen so beliebt sind, während die Partei selbst von uniformierten Anhängern repräsentiert wird, die unheimliche Armbinden mit einem gekrönten Adler tragen. In ihren drei Videos im Stil von Propagandafilmen sehen wir wie attraktive Israelis, gekleidet in der typischen Kibbuznik-Arbeitskleidung mit Kopftüchern, das Warschauer Ghetto komplett neu aufbauen und wieder Stacheldrahtzäune und Wachtürme errichten (und in der Tat sehen einige der Schaulustigen, die durch ihren vertrauten Park in Warschau spazieren, ziemlich verblüfft aus). In der letzen Folge wird die charismatische Galionsfigur der Bewegung niedergeschossen – sein Geist aber lebt in einem gigantischen, an Lenin erinnernden Monument und in den tränenfeuchten Augen und erhebenden Liedern seiner Getreuen weiter.

Bartana präsentiert uns ein utopisches Ideal religiöser Toleranz – dass die Narben und Untaten einer Generation oder ganzen Nation geheilt bzw. ungeschehen gemacht werden könnten –, aber macht dies auf solch widerwärtige Art und setzt eine so unangenehme Ikonografie ein, dass unser Verständnis von Politik einen Kurzschluss erleidet und uns in einem moralischen und geografischen Niemandsland stranden lässt. In meinem Kopf dreht sich alles, wenn ich nur darüber nachdenke, aber um die Sache weiter zu verkomplizieren, hat Bartana seither echte Kongresse abgehalten, die den Zielen der JRMiP gewidmet waren und die Europäer gebeten, über die Repatriierung vertriebener Juden nach Polen nachzudenken. Dieses Einsickern von politischer Kunst in die reale Welt wirft die Frage auf, die engagierten Künstlern häufig gestellt wird: Kann Kunst jemals wirklich die Welt verändern? Die aufrichtige Antwort darauf ist bedauerlicherweise: Nein.

ERKLÄRE DEN KRIEG

Dennoch weigern sich einige Künstler zu resignieren und werden noch respektloser gegenüber Regierungen und herrschenden Ideologien als je zuvor – bis zu dem Punkt, an dem sie drohen, sich zu erheben, die Führung zu übernehmen und selbst die Strippen zu ziehen. Ein derartiges Projekt, das nie die Chance erhielt, seine weitreichenden politischen Konsequenzen umzusetzen, war der Vorschlag des britischen Künstlers Steve McQueen, die Gesichter im Irakkrieg gefallener Soldaten zum Gedenken auf Briefmarken zu drucken. McQueens Gedenkserie von 160 Miniaturporträts mit dem Titel *Queen and Country* löste eine parlamentarische Debatte aus, und es folgte eine längere Kampagne, um die britische Post davon zu überzeugen, sie als offizielle Briefmarken herauszugeben. Leider wurde die Arbeit ausschließlich in Galerien und Museen gezeigt, vielleicht wegen der Empfindlichkeiten, die mit einer solch präsenten Erinnerung an die Kriegsopfer einhergehen, oder einfach, weil dies ein Eingeständnis von Schuld oder Verantwortung für die Toten bedeuten würde. Der Künstler selbst wollte niemandem Schuld zuweisen und erklärte, er sei weder für noch gegen den Krieg, wahrscheinlich aus Rücksicht auf die Familien der Toten sowie auf seinen eigenen Status als offizieller ›Kriegskünstler‹. McQueens Idee bleibt in ihrem unveröffentlichten Schwebezustand so kraftvoll wie kompliziert, vielleicht umso mehr, da sie den Staat in eine peinliche Lage brachte und niemals erfolgreich von der Obrigkeit vereinnahmt werden konnte.

Politische Kunst geht das Risiko ein, ebenso einschüchternd und didaktisch wie ihr Vorbild zu werden, wie es vor einigen Jahren der Fall war, als ich von dem alarmierenden Anblick und ohrenbetäubenden

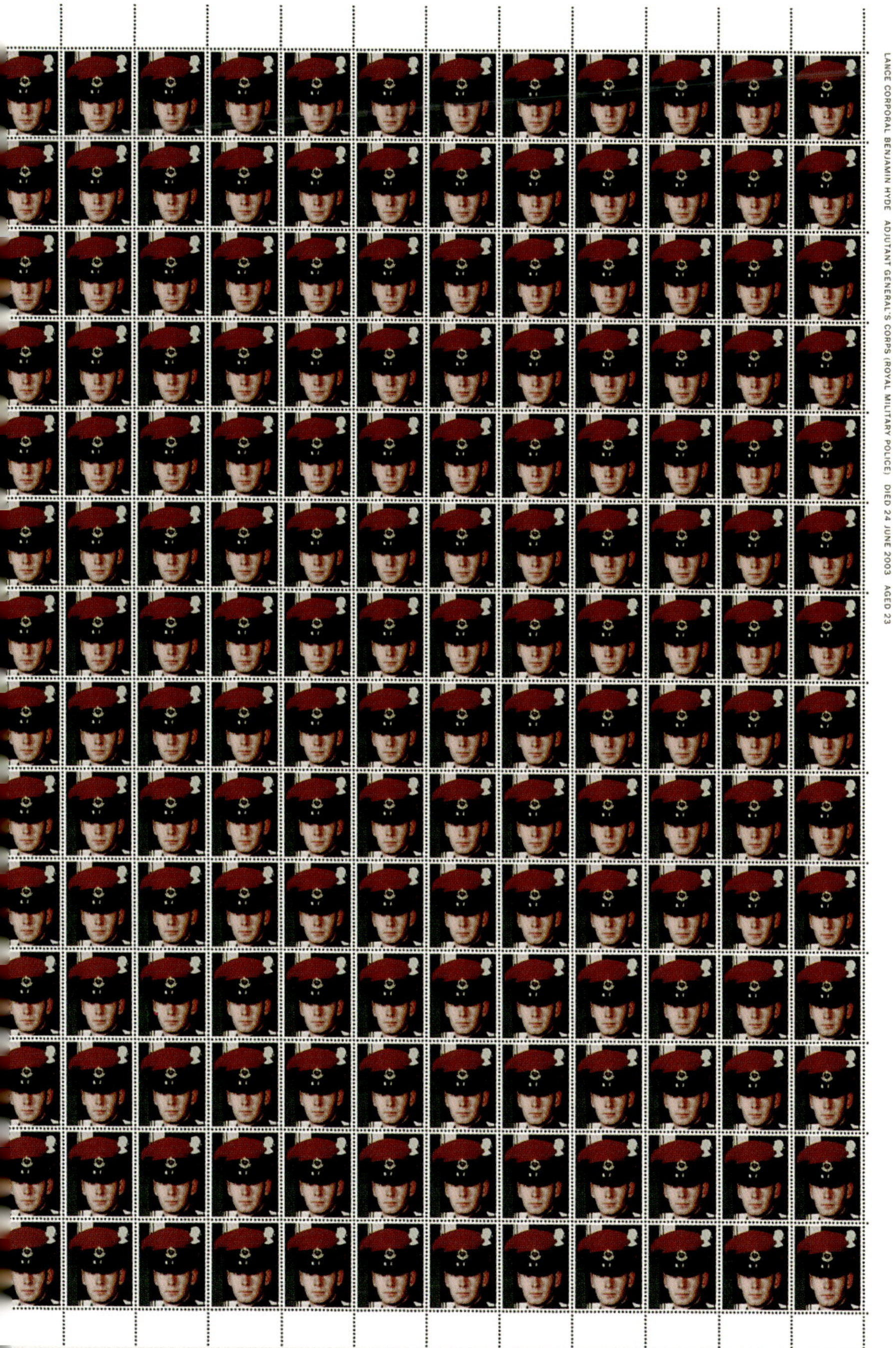

Steve McQueen, Queen and Country, 2007

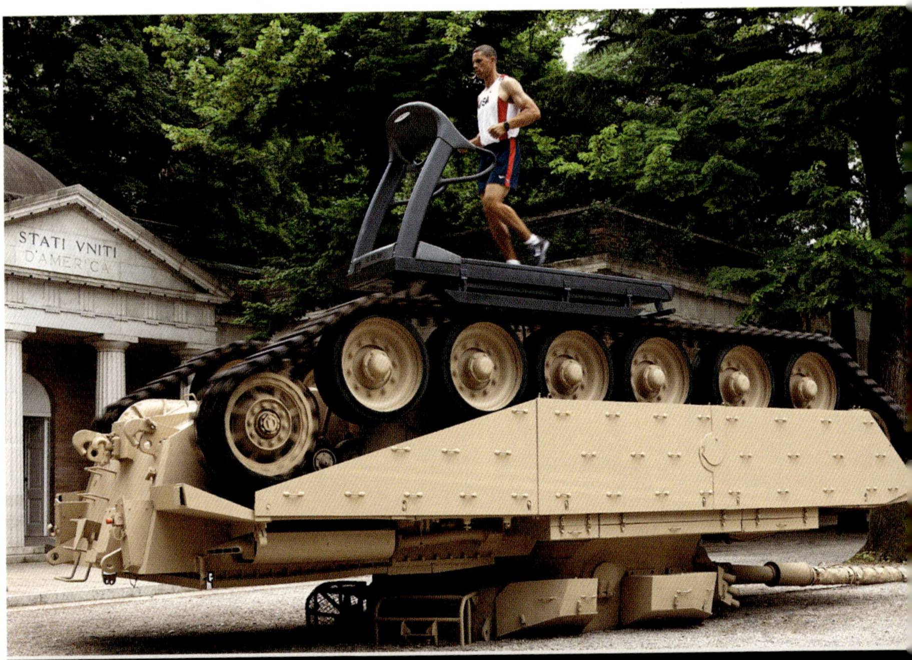

Allora & Calzadilla, Track and Field, 2011

Krach eines umgedrehten, 52 Tonnen schweren Centurion-Kampfpanzers empfangen wurde, der neben dem Pavillon der Vereinigten Staaten auf der Biennale von Venedig vor sich hin lärmte und von einem Athleten im Dress des olympischen Teams als Laufband benutzt wurde. Diese Performance-Skulptur mit dem Titel *Track and Field* (2011) war die Arbeit des in Puerto Rico lebenden Künstlerduos Jennifer Allora und Guillermo Calzadilla, die die Gelegenheit, die USA zu repräsentieren, für eine Attacke auf den kriegerischen Ehrgeiz und die außenpolitischen Attitüden der Nation nutzten. So eindrucksvoll und reißerisch der scheppernde Koloss mir auch erschien, seine unverblümte Botschaft hat mich nicht besonders lange beschäftigt und war im Rückblick zusätzlich durch das Laufband verdorben, auf dem der Sportler lief (und nicht auf den Raupenketten, wie ich es fälschlicherweise in Erinnerung hatte). Niemand geht in eine Ausstellung, um sich einer parteipolitischen Botschaft auszusetzen, und so werden solch schrille Statements mit einem gewissen Maß an Raffinesse besser erträglich, wie es in Allora & Calzadillas begleitendem Film *Half Mast / Full Mast* der Fall war. Ähnlich athletische Darsteller in Zivil

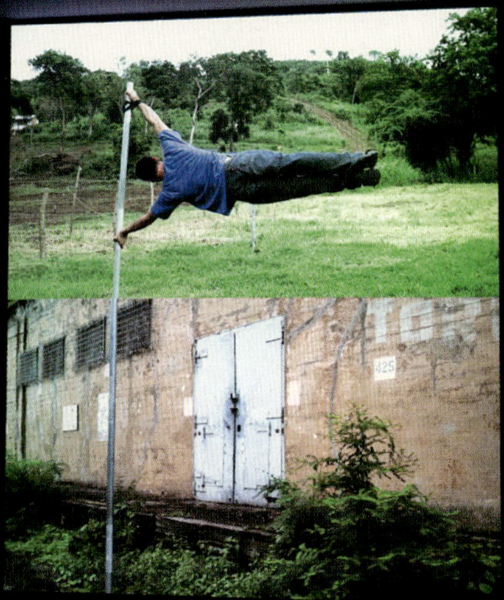

Allora & Calzadilla, Half Mast/Full Mast, 2010

5

ergriffen eine Stange und hängten ihre Körper horizontal daran auf und bildeten so eine Abfolge menschlicher Flaggen. Das Video enthielt immer noch eine implizite Kritik an den USA angesichts der Tatsache, dass die Aufnahmen auf der Insel Vieques vor der Küste Puerto Ricos gemacht wurden (von den Amerikanern bis 2003 als Marinestützpunkt und Testgelände für Waffen genutzt), aber hier sprechen die herkulischen Anstrengungen der Teilnehmer von Durchhaltevermögen, mehr als der schlampige Symbolismus des lärmenden Panzers.

SONDIERE DAS TERRAIN

Ein weiteres Beispiel für ein subtiles Werk, das politische Wellen schlagen kann, ohne auf künstlerisches Getöse zurückzugreifen, ist *The Green Line* (2005), eines von vielen zu Fuß geschaffenen Werken des belgischen Künstlers Francis Alÿs. Der Untertitel der Arbeit *Sometimes doing something poetic can become political and sometimes doing something political can become poetic* lässt seine Sensibilität erkennen. Alÿs hatte bereits 1995 im Rahmen einer Ausstellung eine Spur aus blauer Farbe beim Herumlaufen in der Nachbarschaft hinterlas-

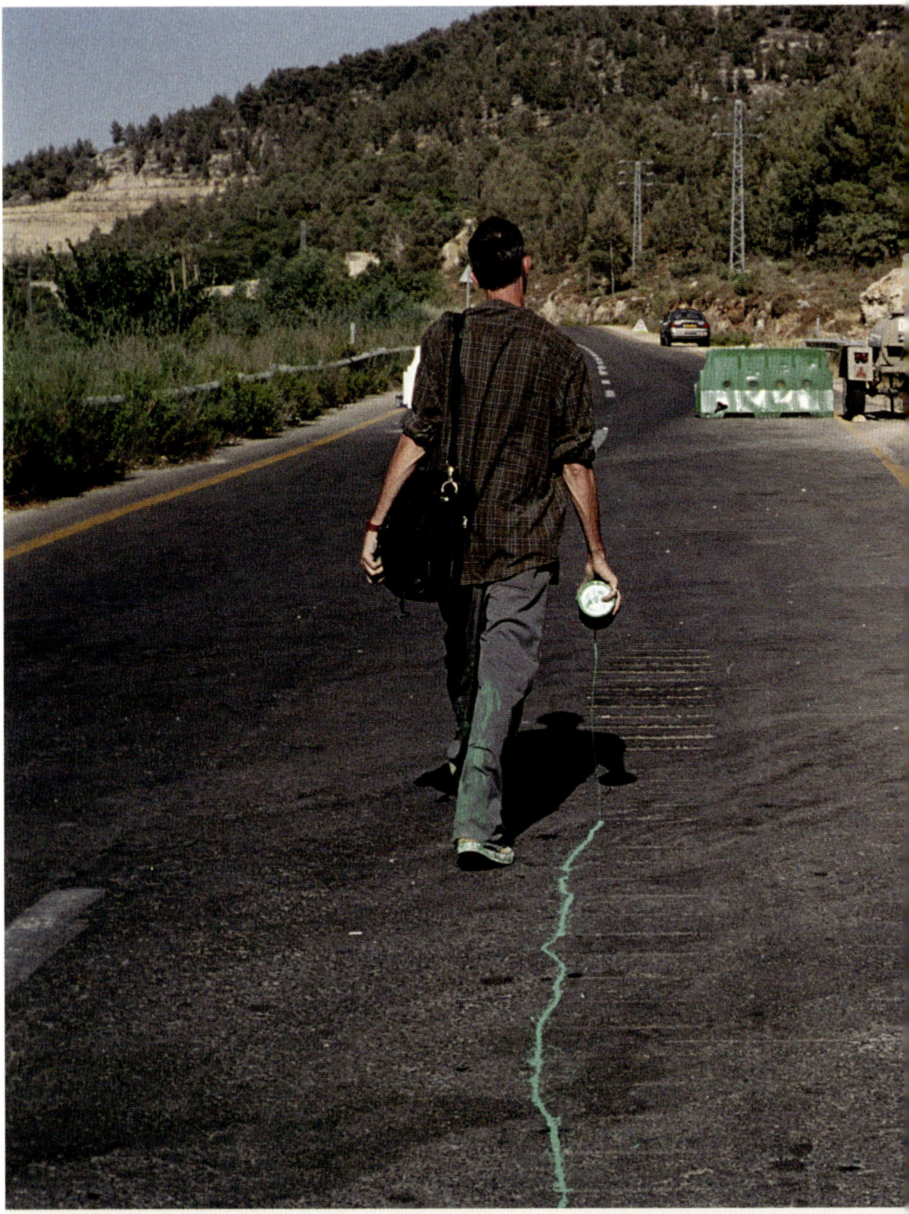

sen (*The Leak*); für *The Green Line* wählte er die Umgebung der palästinensisch-israelischen Grenze, bei der er der ursprünglichen Grenzziehung folgte, die 1948 auf einer Karte von Jerusalem eingezeichnet wurde und die das Gelände als Teil des Waffenstillstands zerstückelte. In einem Film diskutieren Stimmen aus dem Off die heutige Realität, während Alÿs bewaffnete Grenzposten passiert, am heutigen Grenzzaun entlangläuft und mit seinen Dosen tröpfelnder Farbe (insgesamt

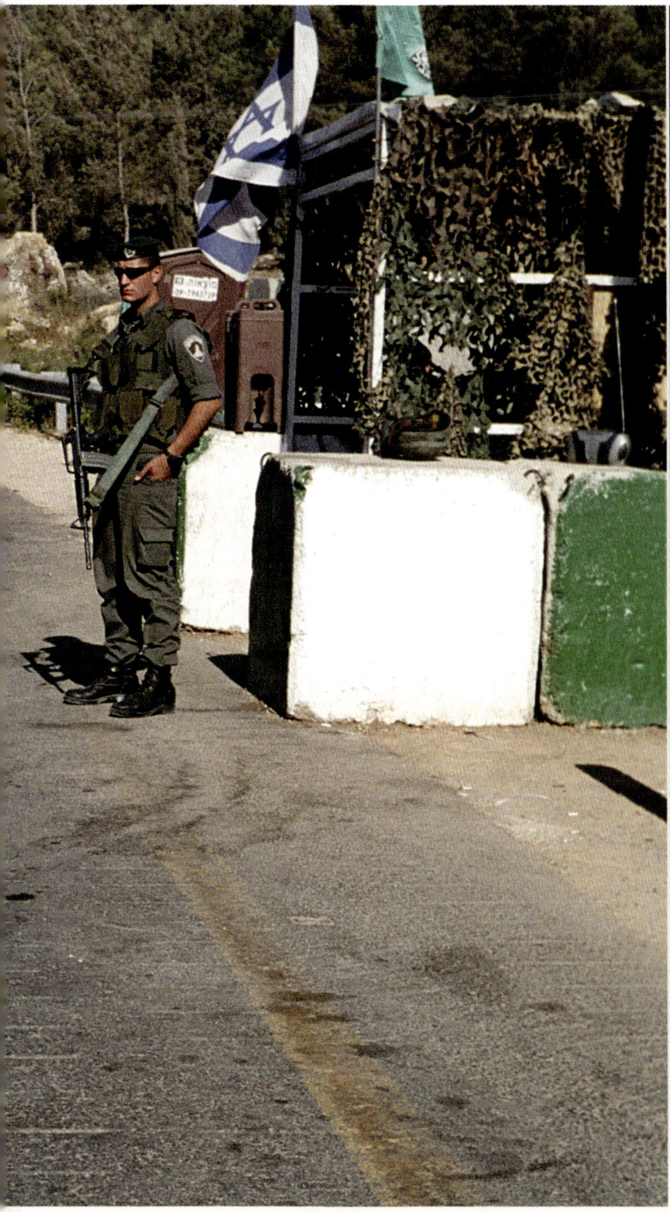

Francis Alÿs, The Green Line (Sometimes Doing Something Poetic Can Become Political and Sometimes Doing Something Political Can Become Poetic), 2005

5

58 Liter) in seiner 24 Kilometer langen, Graffiti-übersäten Wanderung leise die geopolitische Demarkationslinie dechiffriert. Dass so eine unverfängliche Geste in der Realität Widerhall finden kann, zeigt, dass zeitgenössische Kunst am besten ihre Wirkung entfaltet, wenn Politik als Subtext fungiert und nicht, wenn auf ein Thema mit dem Vorschlaghammer eingedroschen wird, das dann genauso schnell vergessen ist wie die Nachrichten von gestern.

GLENN LIGON

WARM BROAD GLOW, 2005

›DAS WORTSPIEL SELBST REICHT AUS, UM BILDER VON HELL UND DUNKEL, VON FREIHEIT UND UNTERDRÜCKUNG, VON SONNE UND SONNENFINSTERNISSEN HERAUFZUBESCHWÖREN.‹

Neon galt bis in die 1960er nicht als Medium, mit dem man Kunst schaffen konnte, bis die Minimalisten und Konzeptkünstler begannen, Werkzeug- und Haushaltswarenläden auf der Suche nach Materialien zu plündern, denen, wie der Pionier der Neonröhren-Lichtinstallation Dan Flavin einmal schrieb, ›der Anschein von Geschichte fehlte‹. Die gleichen Künstler gossen Worte und Anweisungen in Formeln für Kunstwerke, die ebenso leicht im Kopf wie direkt vor den Augen existieren konnten. Glenn Ligons Neonskulptur *Warm Broad Glow* von 2005 bringt die Sprache der Konzeptkunst auf den Stand des neuen Jahrtausends und fügt ihr die Erkenntnisse und den politischen Standpunkt eines schwulen schwarzen Mannes hinzu, anstelle den des typischen, weißen, männlichen Amerikaners, der normalerweise hinter den Avantgarde-Arbeiten des 20. Jahrhunderts zu vermuten war.

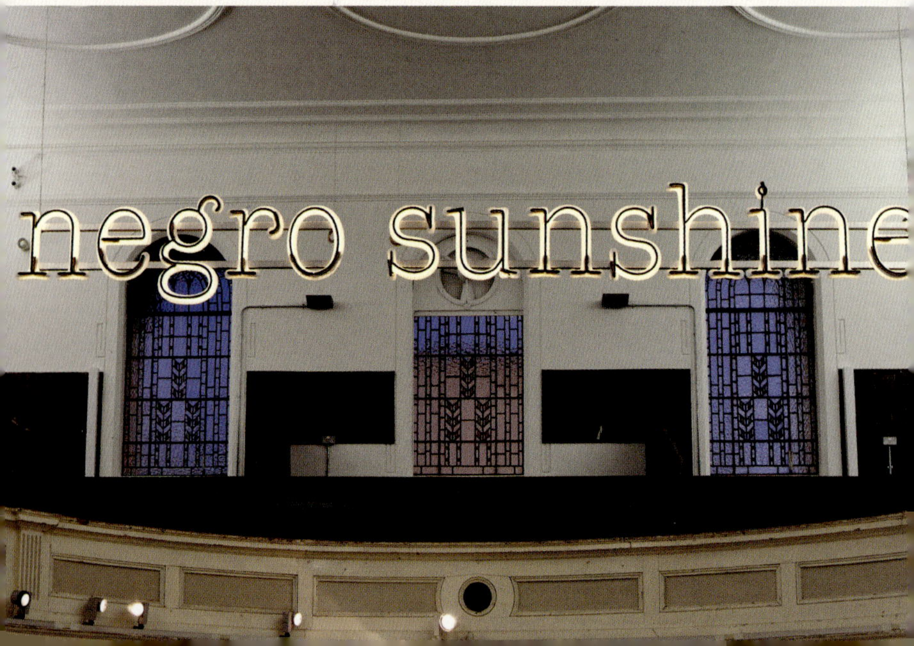

Die verschlungenen elektrischen Leuchtröhren buchstabieren ›negro sunshine‹; aber im Gegensatz zu normalen Neonzeichen ist jeder Buchstabe vorne mit schwarzer Farbe abgesetzt, nicht auf der Rückseite, wie sonst üblich. Diese Barriere schirmt das Licht von uns in Richtung Wand ab, erzeugt einen Glorienschein und in der Tat ein, wie der Titel verspricht, warmes Leuchten. Ein bisschen HINTERGRUND ist hier ganz nützlich, denn sowohl der Titel des Kunstwerks als auch der Schriftzug ›negro sunshine‹ sind einer Erzählung von 1909 entnommen: *Melanctha* von der Schriftstellerin und Sammlerin Gertrude Stein, in der sie einen der schwarzen Charaktere in rassistischen Stereotypen beschreibt, die auf einer vagen Vorstellung eines sonnigen, erdigen Afrikanisch-Seins beruhen. Ligon ging das brenzlige Thema Vorurteile bereits früher an, besonders mit den zwei völlig identischen Fotografien von sich selbst, die er 1998 präsentierte, jeweils betitelt als *Self-Portrait Exaggerating My Black Features/Self-Portrait Exaggerating My White Features*.

Es ist nicht notwendig, den literarischen Bezug in Ligons Neonröhren zu erkennen, denn das Wortspiel selbst reicht aus, um Bilder von Hell und Dunkel, von Freiheit und Unterdrückung, von Sonne und Sonnenfinsternis heraufzubeschwören. Einfach gesagt ist es eine Arbeit über Gegensätze und Unterschiede, die sich zudem mit der Unmöglichkeit befasst, schwarzes Licht zu erzeugen oder den Schein einer schwarzen Sonne wahrzunehmen. Mitunter malt Ligon die Worte mit dicker schwarzer Ölfarbe auf völlig weiße oder schwarze Leinwände. Eine der Text-Schablonen, die er am häufigsten verwendet, stammt von der afroamerikanischen Schriftstellerin Zora Neale Hurston und lautet ›I feel most colored when I am thrown against a sharp white ground‹. Dies könnte auch eine treffende Beschreibung für Ligons *Warm Broad Glow* sein, denn obwohl es ein beißender Kommentar zu bestehenden gesellschaftlichen Hierarchien und den Bürgerrechtskämpfen der Vergangenheit ist, es ist auch eine ehrliche Anerkennung der grafischen Schönheit und visuellen Klarheit, die mit diesen Kontrasten einhergeht.

Wie auch immer man Ligons Arbeiten liest, sie sind mehr als ein Minderheitenbericht über Rassismus. Nichts ist einfach schwarz oder weiß, negativ oder positiv, wie es einst den frühen Konzeptkünstlern erschienen sein mag, als sie zum ersten Mal mit neuen sprachlichen Ideen und immateriellen Formen experimentierten. Stattdessen installiert Ligon ein normalerweise aufdringliches, grelles Material mit raffinierter, poetischer Sensibilität und zeigt, wie man dem gewöhnlichen Neon einen Anschein von Geschichte und Relevanz verleiht.

›ES IST EINE ARBEIT ÜBER GEGENSÄTZE UND UNTERSCHIEDE, DIE SICH ZUDEM MIT DER UNMÖGLICHKEIT BEFASST, SCHWARZES LICHT ZU ERZEUGEN.‹

AI WEIWEI

COLOURED VASES, 2010

›SEINE ARBEITEN VERWEIGERN SICH DER VEREINNAHMUNG EBENSO WIE DER DENUNZIERUNG VON MODERNITÄT UND HANDWERK UND DEM RESPEKT VOR GESCHICHTE UND KULTURELLEM ERBE.‹

Der klarste Anknüpfungspunkt für jedes Kunstwerk, das sich profane Objekte zu Eigen macht, ist Marcel Duchamps berüchtigtes Urinal, *Fountain*, von 1917 – der rebellische Fixstern, an dem sich die Kunst des 20. und 21. Jahrhunderts orientiert. Auch wenn diese radikale Geste der im Laden gekauften Alltagsgegenstände, der ›ready-made‹ (wie Duchamp sie nannte), fast hundert Jahre alt ist, reicht die Idee, fertige Objekte als Teil des künstlerischen Materials einzusetzen, viel weiter zurück – bis zu den Schnitzereien aus der Eiszeit als Knochen, Mammutzähne und Steine, Torsos oder Tieren ähnelten. Der Kreis schließt sich mit den Werkserien des unerschütterlich regierungskritischen chinesischen Künstlers Ai Weiwei, der neolithische Vasen (ca. 5000 bis 3000 v. Chr.) und Keramiken der Han-Dynastie verwendet. 1995 fotografierte er sich selbst, während er eine Vase fallen ließ: *Dropping a Han Dynasty Urn*. Im Jahr zuvor hatte er den Namen einer bekannten amerikanischen Marke auf eine ähnlich wertvolle Keramik gepinselt: *Han Dynasty Urn With Coca-Cola Logo*. Seither hat er neolithische Vasen in Farbe getunkt; antike Kirchentüren gerettet, um gigantische, ruinenhafte Tempel zu bauen und Teile antiker Möbel aus der Qing-Dynastie verfremdet zusammengesetzt. Er hinterfragt kulturelle Werte, Originalität, Geschichte und Modernität, mit einer frappierenden Relevanz für ein Publikum in China wie im Westen.

Politik scheint in den Arbeiten von Ai Weiwei immer wieder durch, wie etwa, als er 2008 nach dem verheerenden Erdbeben von Sezuan 150 Tonnen verbogene Stahlträger aus eingestürzten Schulen bergen ließ, nur um sie in ihre ursprüngliche Form geradezubiegen und sie für seine imposante Installation *Straight* von 2012 zu verwenden. Das gleiche Erdbeben veranlasste ihn dazu, 2009 über 5.000 Rucksäcke an die Fassade des Münchner Hauses der Kunst zu hängen, um an die geschätzte, aber niemals offiziell bestätigte Zahl von Kindern zu erinnern, die bei dieser Naturkatastrophe getötet wurden, da so viele Schulen schwere Baumängel aufwiesen.

Sein Aktivismus und sein Widerstand gegen die Repressionen in China brachten ihm sowohl die Aufmerksamkeit der chinesischen Polizei wie auch der internationalen Medien ein.

Ais Kunst enthält weit mehr aufrührerisches Gedankengut, als er in seinen Interviews oder auf seinen Social Media-Plattformen preisgibt. Für seine Performance-Arbeit *Fairytale* auf der Documenta 12 brachte er 2007 1.001 chinesische Bürger, von denen keiner je zuvor das Land verlassen oder einen Pass besessen hatte, nach Kassel; seine Kunst folgte damit der gleichen Methode von Identitätskontrolle und menschlicher Umsiedlung, die er beleuchtete. Die Auftragsarbeit von 2010 für die Turbinenhalle der Tate Modern, *Sunflower Seeds*, für die Millionen von winzigen Sonnenblumensamen aus Porzellan von chinesischen Handwerkern von Hand bemalt wurden, war Kommentar wie Weiterführung des endlosen Stroms technisch guter, aber in erster Linie billiger Kopien aus China. Mit seinem kommerziellen Erfolg trotz der Repressionen des kommunistischen Regimes verkörpert Ai Weiwei selbst den inneren Widerspruch Chinas, oder macht ihn sich sogar zu Eigen. Seine Arbeiten verweigern sich der Vereinnahmung ebenso wie der Denunzierung von Modernität und Handwerk und dem Respekt vor Geschichte und kulturellem Erbe. Ais komplexe Werke, selbst wenn sie Artefakte enthalten, die er geliehen, gestohlen, zerbrochen oder manipuliert hat, handeln ebenso von der Ausbeutung der chinesischen Kultur, wie sie diese Praktiken offenlegen bzw. politisch anprangern.

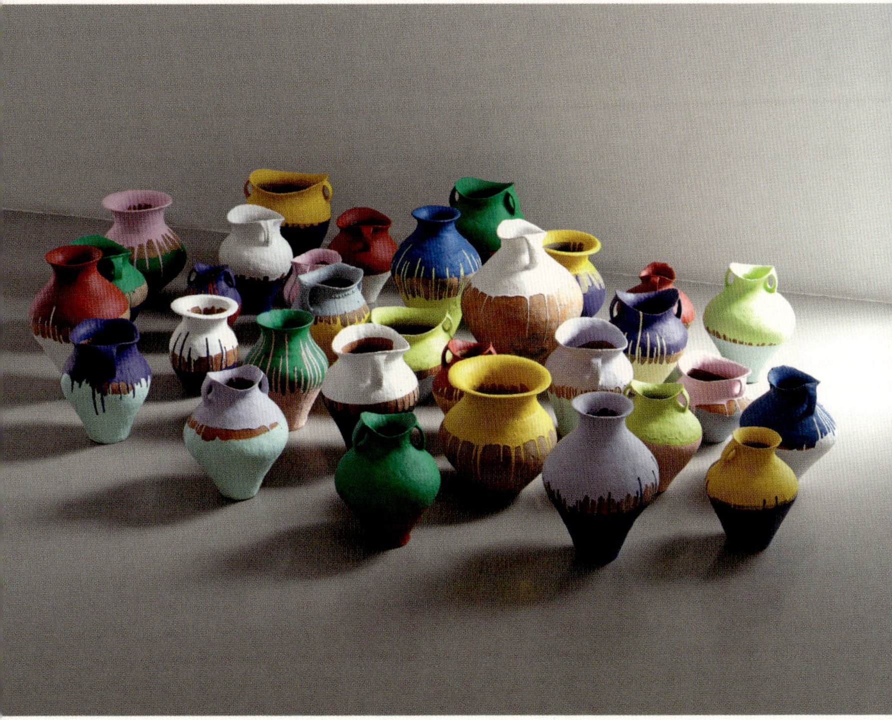

KUNST ALS SCHERZ

›ALLES, WAS LUSTIG IST, IST SUBVERSIV, JEDER WITZ AUCH EINE SAHNETORTE.‹

GEORGE ORWELL, HORIZON, 1941

Es ist kein Theater, denn es gibt keine zentrale Bühne. Es passiert rund um mich herum. Es ist keine Ein-Mann-Show, denn hier passiert mehr, als dass nur ein Performer herumspringt. Und ich kann auch nicht behaupten, dass Witze erzählt würden. Es könnte eine Installation sein, denn der Raum ist voll mit lausig gefertigten Skulpturen, handgemachten Puppen sowie weichen Möbeln und windschiefen Aufbauten, aber sicher bin ich mir noch nicht.

Was ich weiß, ist, dass ich einer improvisierten Performance mit dem Titel *Zero Hero* von John Bock beiwohne, der über seine eigenen Kreationen klettert, seinen Kopf in leere Hemden stopft, die im Raum herumhängen, und zu dem zweifelhaften Nutzen seines aufmerksamen Publikums in ein Mikrofon brabbelt. Hatte ich schon erwähnt, dass er einen falschen Hintern aus Plastik trägt?

Der deutsche Künstler bezeichnet diese leidenschaftlichen Live-Events mit stoischem Gesicht als ›Vorlesungen‹, aber die beste Beschreibung, die ich von diesen abgedrehten Monologen hinbekomme, ist, dass sie irgendwo zwischen pseudowissenschaftlichen Schmähreden und unsinnigem Psychogelaber liegen.

Bock veralbert den dichten, essayistischen Prosastil berühmter deutscher Philosophen wie Heidegger und Nietzsche, und nicht zu vergessen den der meisten zeitgenössischen Kunsttheoretiker, verwendet sperrige Titel wie *ArtemisiaSogJod Mechwimper* (2000) und würzt seine Reden mit Ausdrücken wie ›Approximation RezipientenbedürfniscomaUrUltraUseMaterialMiniMax‹. Anscheinend handelt die Erzählung, die *Zero Hero* zugrunde liegt, vom Leben Kaspar

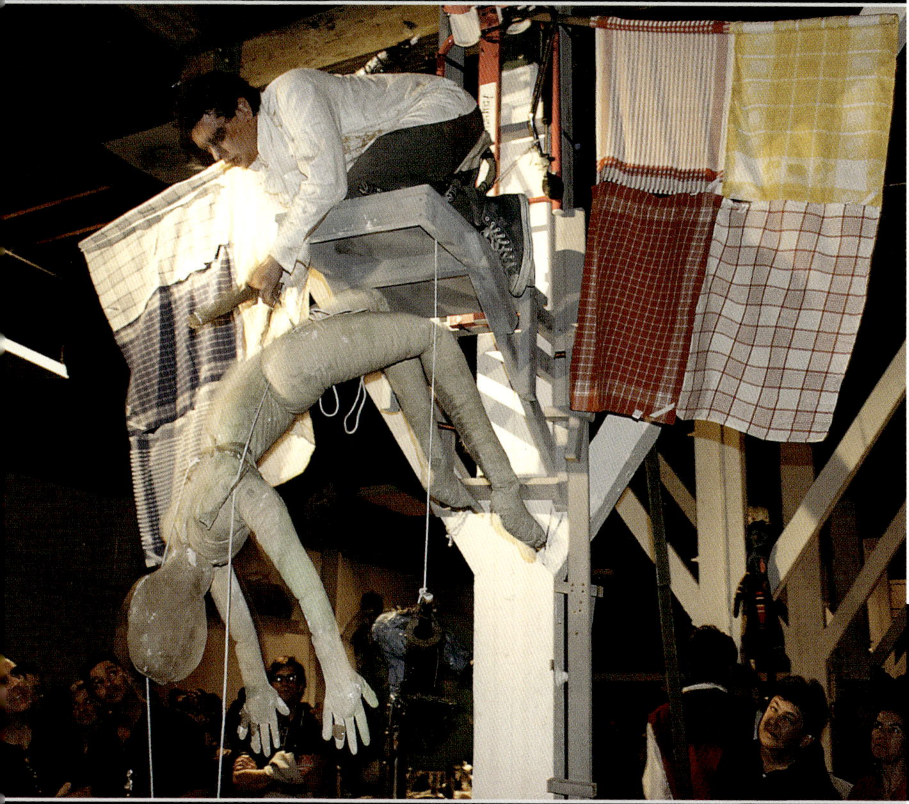

John Bock, Zero Hero, 2007, Foto der Performance

Hausers, der 1828 ohne Erinnerung und ohne die Fähigkeit zu sprechen, in Nürnberg auftauchte. Aber das lässt sich aus dem, was ich sehe, beim besten Willen nicht herauslesen. Überdies kenne ich Performances von Bock, wie die Adaption einer DIY Modenschau, die Darstellung seiner verkorksten Kindheit auf einem Bauernhof, einen blutrünstigen Horrorfilm, bei dem verschiedenste Gemüse massakriert wurden, und ein Biopic über Troulouse-Lautrec als sexbesessenem Dandy - bei keinem dieser Events war mir die zugrunde liegende Geschichte klar.

Als das Chaos seinen Höhepunkt erreicht, stürzt der zeternde Künstler plötzlich von einer der absonderlichen, stoffbezogenen Skulpturen ab und landet auf einer Gruppe gut betuchter Kunstmenschen. Ich hörte später, dass er genau dem Sammler, der diesen ganzen weitschweifigen, rüpelhaften Aufruhr gekauft hatte, einen Finger gebrochen habe. Auch wenn das nur leeres Geschwätz sein kann, ist es dennoch eine prophetische Metapher dafür, wie es sich anfühlen mag, so ein amorphes Kunstwerk zu besitzen. In Anbetracht dessen, dass das während einer rasanten Woche rund um die riesige Kunstmesse von Miami stattfand, sei der Eindruck verziehen, dies wäre kein besonders ernstzunehmendes Kunstwerk, aber Bock - der Wirtschaft studiert hat und Gedichte aus dem Gedächtnis rezitieren kann - verwandelt seine unerreichbare, enzyklopädische Gelehrsamkeit in absurden Humor und eine sagenhafte Show. Er steht in einer langen Reihe mit Surrealisten und Dadaisten, die von dem intellektuellen Potenzial der Farce und des Slapsticks fasziniert waren, und so wäre es ungehobelt, Bock zu ignorieren, nur weil seine Werke amüsant sind.

DAS KANN JA HEITER WERDEN

Es gibt nichts Schlimmeres als eine schlechte Pointe oder einen Witz, den keiner versteht, was also macht ein Kunstwerk witzig statt schwer erträglich? Nun ja, Kunstwerke können durchaus offensichtlich sehr witzig sein: Ich sah ein fettes Haus, dessen Speckröllchen über Tür und Fenster quollen; einen gigantischen, gestrickten Plüschhasen, hingestreckt über einen Hügel wie eine prähistorische, in Stein gehauene Skulptur; eine dreckige Matratze, auf der zwei Melonen und eine phallische Gurke suggestiv nebeneinander platziert waren wie ein Pärchen im Bett; und ein umgedrehtes Urinal, das als Skulptur präsentiert wurde - um nur ein paar Beispiele zu nennen. Diese Art von alchemistischer Verwandlung alltäglicher Materialien, auf die sich so viele Künstler spezialisiert haben, kann einen schon zum Lachen bringen - ob es sich nun um eine Abfalltüte oder den Pappkern einer Klopapierrolle handelt, die sorgfältig in Bronze gegossen und hyperrealistisch bemalt sind, oder ein derart vergrößertes Wiener Würst-

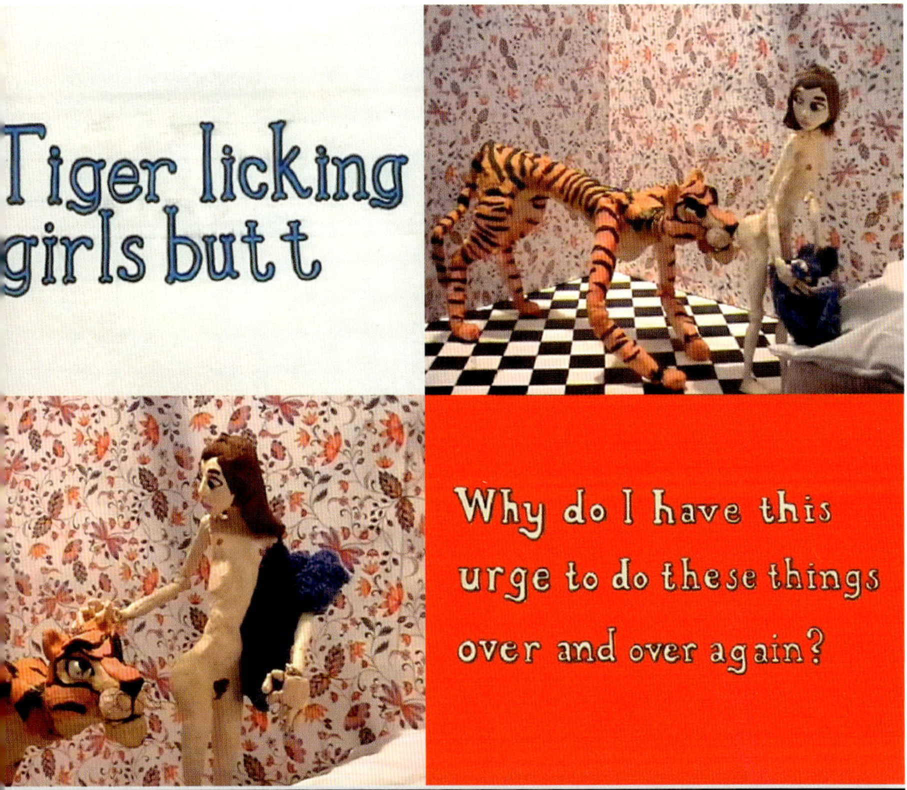

Nathalie Djurberg, Tiger Licking Girl's Butt, 2004

chen, dass es als öffentliche Bank oder für den Spielplatz taugt. Jeder weiß, dass Tiere lustig sind (zumindest in diesen launigen Heimvideos) - ich habe Künstler gesehen, die sich wahlweise als Bären, Ratten oder Schamanen in Dachspelz verkleidet haben. Ich besichtigte einen Koben voller aufwendig tätowierter Schweine, genauso wie ich einen Knetmasse-Trickfilm mit dem Titel *Tiger Licking Girl's Butt* sah. Egal was für eine Art von Humor man bevorzugt, in der Kunst existiert dazu ein Äquivalent. Ob das nun Gags sind, Sitcoms, Pointen oder Schmähungen; auch das Verlangen nach Ironie, Satire, Fäkalsprache, Karikatur, Persiflage oder Parodie wird bestens bedient.

Auch wenn sich in der zeitgenössischen Kunst eine Tendenz zum Humoristischen abzeichnet, wird das höchstens toleriert, aber kaum als eigenes Genre anerkannt oder respektiert. Doch trotz des schlechten Rufs taucht Humor wie ein hartnäckiger Husten immer wieder auf und infiziert die seriösen Museen und Galerien mit der so dringend benötigten Leichtigkeit. Ganz besonders in Anbetracht des grimmigen Ernstes, mit dem wir uns sonst der Kunst zuwenden. Schauen wir zum Beispiel die Kunst von Rodney Graham an, einem hoch angesehenen kanadischen Künstler, der sich in einer gewitzten Serie von Selbstporträts als Amateurmaler, Eremit, Pokerspieler, Gefängnisinsasse und ähnliches darstellt. Der Vorstellung, ein Künstler müsse sich und seine Karriere ernst nehmen, wird in Grahams Video- und Performance-Arbeit *Lobbing Potatoes at a Gong, 1969* mit knochentrockenem Humor eine Abfuhr erteilt (selbst das Datum täuscht, führte Graham die Arbeit 2006 zum ersten Mal auf). Wie der Titel sagt, sitzt der Künstler auf einem Stuhl und wirft Kartoffeln auf einen etwa fünf Meter entfernten Gong, offensichtlich inspiriert von Nick Mason, dem Schlagzeuger von Pink Floyd, der dieselbe Technik einmal bei einem Konzert in London einsetzte. Es ist nicht nur eine sinnlose, banale Handlung für einen Künstler – ein Kommentar zur Nutzlosigkeit des kreativen Aktes oder die Überflüssigkeit der meisten konzeptuellen Ideen. Graham macht sich auch über die repetitiven Aktionen der Performance-Künstler der 1970er lustig, wie die monotonen Tätigkeiten oder Übungen von Bruce Nauman oder Vito Acconci, die endlose Stunden lang ausgeführt wurden, aber ebenso über Richard Serras feierlichen Akt, geschmolzenes Blei auf eine Wand zu schleudern: *Splashing* (1986). Grahams ganz eigene Pointe in seiner Performance ist eine Flasche Wodka in der Nähe, die verrät, was aus den angematschten Kartoffeln werden wird.

SHVL (SICH HINSCHMEISSEN VOR LACHEN)

Auch wenn Humor, wie Wertschätzung, sehr subjektiv ist, gibt es dennoch keinen Grund, warum komische Kunst nicht der *Tabula rasa* Methode unterzogen werden könnte, und sei es nur, um zu verstehen, warum diese Arbeit so witzig ist. (Warnung: es gibt trotzdem keine Garantie für zwerchfellerschütterndes Gelächter, wenn man Schritt 6 erreicht hat.) Um mit Schritt 1 zu beginnen: ZEIT ist enorm wichtig für Grahams Performance, diese frustrierende Prozedur, auf den Gong zu werfen und ihn zu verfehlen, die sich endlos hinzuziehen scheint (in Wahrheit dauert das Stück gerade mal neun Minuten). Aber, wie wir wissen, bei Humor ist Timing alles, und Grahams Sisyphusakt wäre nicht komisch, wenn er nicht ab und zu sein Ziel treffen und einen gewaltigen, befriedigenden Lärm auslösen würde.

Ein weiterer Grundsatz des Humors ist, dass er einen Bezug zu seinem Publikum herstellen sollte, und so ist der nächste Schritt, ASSOZIATION, der Schlüssel für jeden Künstler, der uns zum Lachen bringen will. Die Videoarbeiten des amerikanischen Künstlers

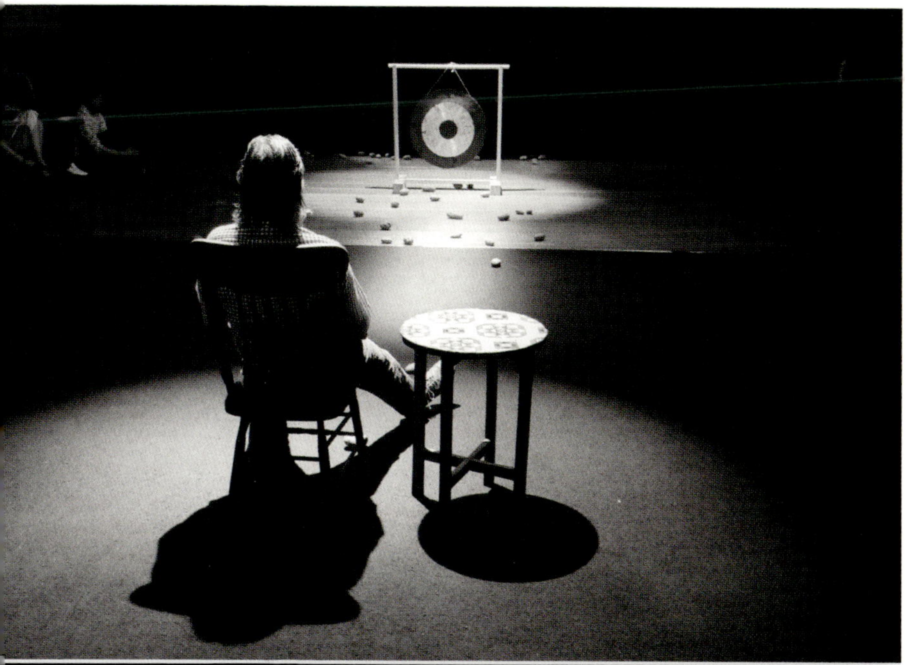

Rodney Graham, Lobbing Potatoes at a Gong, 1969, 2006

Ryan Trecartin, K-Corea INC. K (section a), 2009

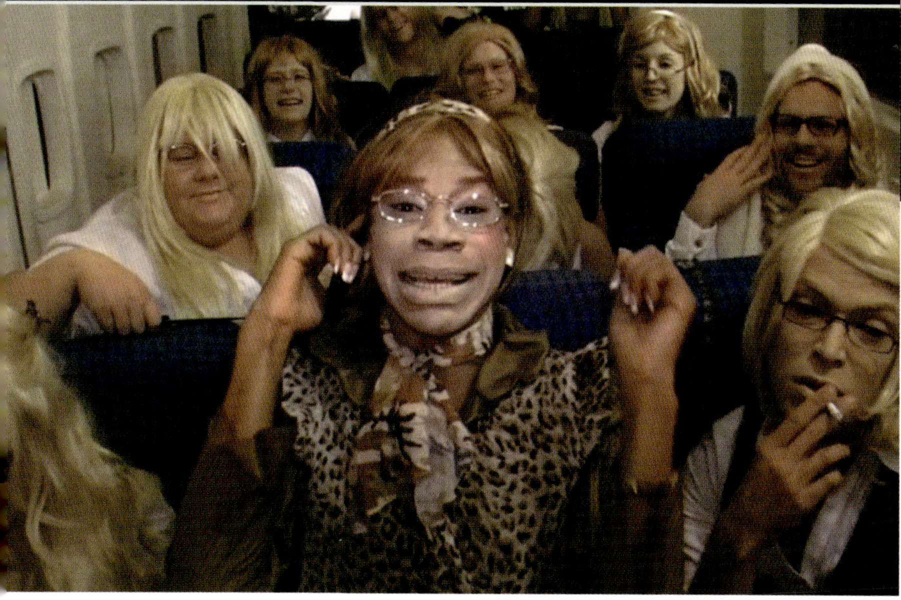

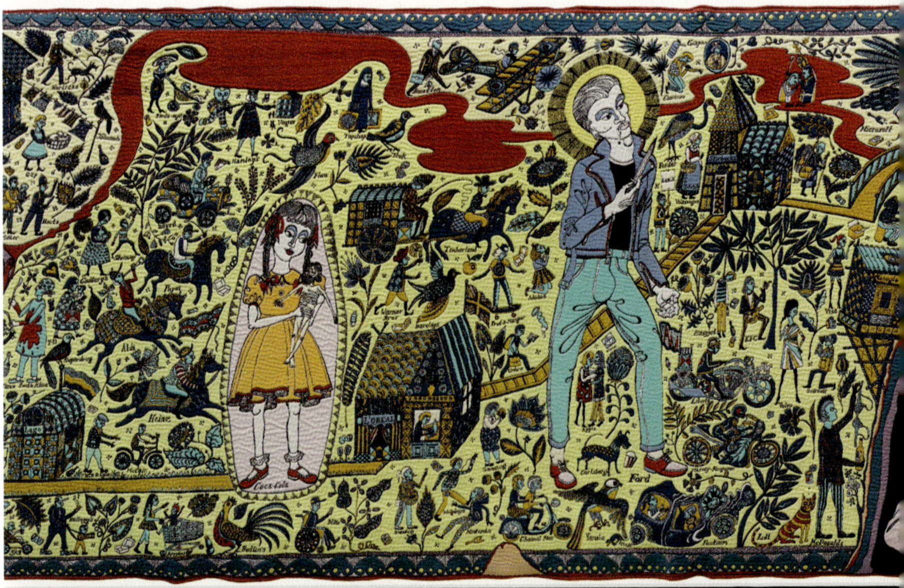

Grayson Perry, The Walthamstow Tapestry, 2009, Wolle und Baumwolle, 300 × 1500 cm

Ryan Trecartin changieren irgendwo zwischen schlechtem Musikclip, trashigem Reality-TV und einer heillosen Mixtur der schlechtesten Eigenschaften des Internets. Seine Leinwand-Abenteuer sind gleichzeitig LOL (laughing-out-loud) und eye-poppingly excruciating (:–o als Emoticon). Trecartin und seine schrille, Transgender-Truppe sprechen in unverständlichen SMS-Kürzeln über Identität, Individualität und Cyber-Existenz, während sie in schäbigen Kulissen und geschmacklos eingerichteten Apartments umherflitzen, wie die Inkorporationen von Online-Chatrooms. Die Handlung in den Arbeiten wie *K-Corea INC. K (section a)* von 2009 und *Temp Stop (Re'Search Wait'S)* von 2010 ist hektisch und verwirrend, und die quietschenden Comic-Stimmen der menschlichen Avatare wurden so beschleunigt, als hätten sie eine Mischung aus Helium und Aufputschmitteln gekriegt. Ohne verankernde Geschichte entspringt die Komik nicht so sehr den vorstädtischen Teenie-Dialogen oder den surrealen Fehlschlägen, als vielmehr dem Wiedererkennen von Sprache und Welt der sozialen Netzwerke, in der diese Irren gefangen sind, und der uns dämmernden Erkenntnis, dass das mehr oder weniger wir selbst sind. Ob wir uns nun direkt in diese aufgeputschten, You-Tube- und Facebook-süchtigen User hineinversetzen können oder nicht,

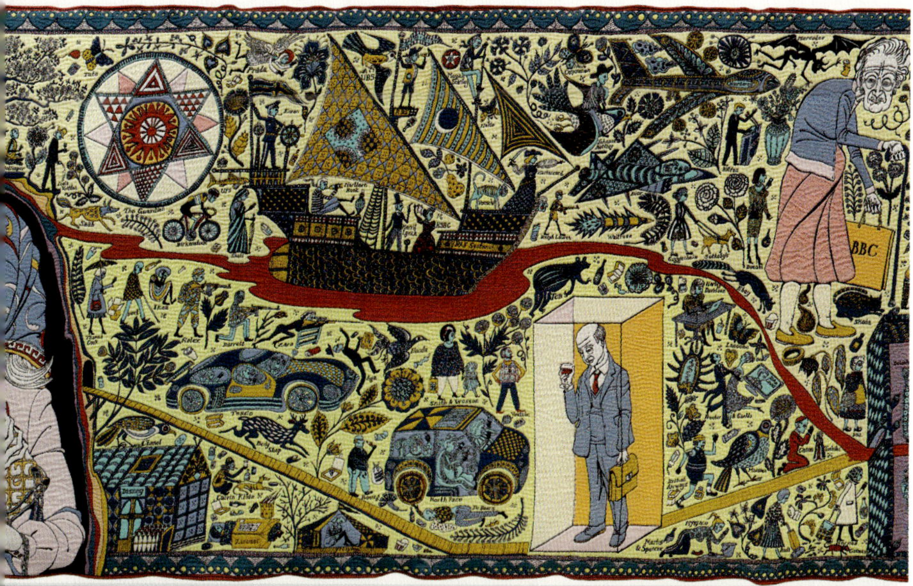

Trecartins wilde, manische Jump-Cuts zwischen den hysterischen Laienspielpossen sind ein Spiegel unseres eigenen, zunehmenden Aufmerksamkeits-Defizits, unseres digital-süchtigen Selbst.

DIE WELT GEHT VOR DIE HUNDE

Trecartin lässt uns zwar einen Lachkrampf kriegen, aber der britische Künstler Grayson Perry bietet eine viel sanftere, fast nüchterne Form von Komik an. Seine Arbeiten drehen sich völlig um Schritt 3: HINTERGRUND (mit einem bisschen des bereits erwähnten Schritts 2: ASSOZIATION) und verzeichnen seine Kindheitsfantasien, sein gesellschaftliches Unbehagen, als er älter wurde, sowie seine heute in voller Blüte stehende sexuelle Andersartigkeit als der berühmteste töpfernde Transvestit der Welt. Auch wenn sein doppelter Außenseiterstatus als Cross-Dresser und Töpfer ihm Bekanntheit und den Turner-Preis (2003) einbrachten, es ist die bissige Satire in allen Bereichen des Lebens - vom britischen Klassensystem und seinem Status innerhalb der Kunstszene bis hin zu Religion, Politik und Finanzen - die in Arbeiten mit solch kapriziösen Titeln wie *Rumpleforeskin* (2005), *Art Dealer Being Beaten to Death* (2003) und *This Pot Will Reduce Crime by 29%* (2007) münden.

Neben entfernt autobiografischen Szenen, die von der Wiege bis ins Grab reichen, ist Perrys beeindruckender, 15 Meter langer Wandteppich von 2009 eine Hommage an antike Fresken, Batik-Textilien, tibetische Thangkas, den Teppich von Bayeux und sogar an Picassos berühmtes Gemälde eines deutschen Bombenangriffs von 1937, *Guernica*. Bei genauerer Betrachtung ist das traditionelle Gewebe mit Markennamen durchsetzt – Louis Vuitton, Pampers, Starbucks, Sony, Smirnoff, Visa, Apple, Ford und so weiter –, denn wie bei jedem guten Witz, wird eine zu lange Vorrede oder langatmiger HINTERGRUND nur den Knalleffekt am Ende verderben. *The Walthamstow Tapestry* erreicht, ebenso wie Perrys getöpferte Vasen, mehr als nur der Konsumkultur einen kathartischen Nasenstüber zu verpassen, denn hinter der grinsenden Maske des Humors stecken tiefgreifendere Analysen zur Grundlage unserer Zivilisation, oder dem offenkundigen Fehlen derselben.

Es mag schön sein, Spaß bei der Arbeit zu empfinden – was viele zeitgenössische Künstler zweifellos tun, aber hilft es dem Betrachter wirklich beim VERSTEHEN (dem nächsten Schritt dieses *Tabula rasa* Rennens)? Nehmen wir die krassen Pennälerwitze der britischen Zwillinge Jake und Dinos Chapman, die in ihrer gemeinsamen Karriere als Künstler ganz offensichtlich ihren Spaß haben. Entweder

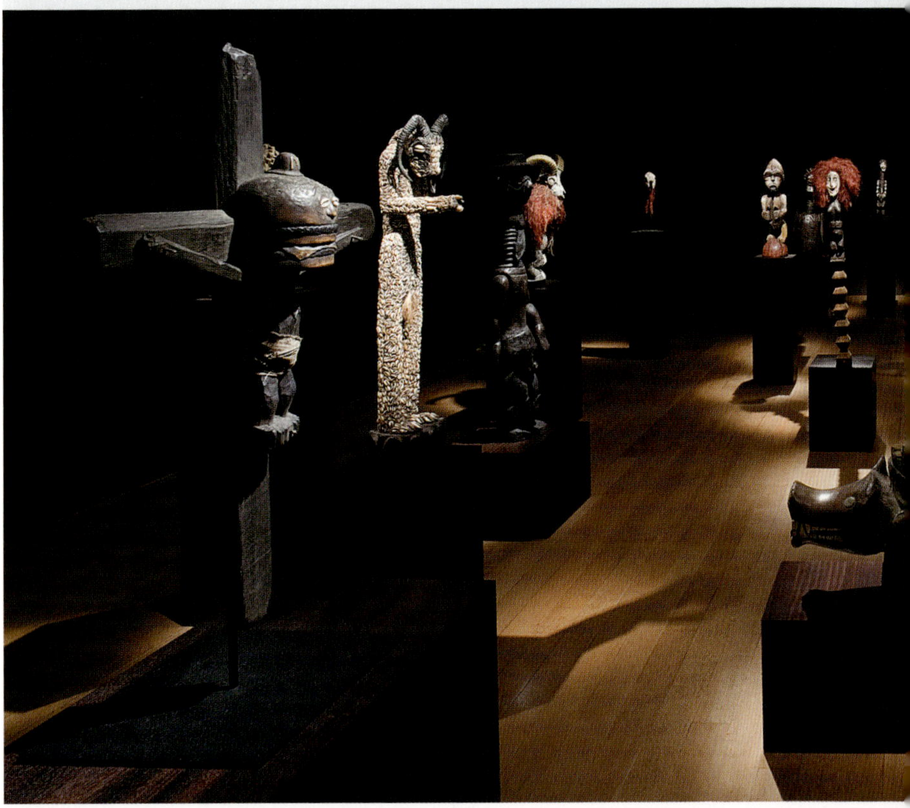

spielen sie ihre Kunstprüfungen aus der Schulzeit nach, verpflanzen Genitalien mitten in die Gesichter von Kinderfiguren oder lassen einen Stephen Hawking aus Wachs in seinem Rollstuhl gefährlich über den Rand einer Klippe hängen. Allein von Rechts wegen sollten solche pubertären Scherze in kunsthistorischen Debatten besser nicht häufig vorkommen, aber die Brüder haben ihre anfänglichen Schock-Taktiken überwunden und sogar die Etikettierung als YBAs (Young British Artists) in den frühen 1990ern überlebt. Ob sie nun Nazi-Gräueltaten in Dioramen mit entstellten Spielzeugsoldaten wie *Hell* (1999), *Fucking Hell* (2008) und *The Sum of All Evil* (2013) nachstellen oder sich auf die ›Alten Meister‹ stürzen und Original-Drucke von Goya und Hogarth (die beide diesen Witz bestimmt verkraftet hätten) ›verbessern‹, der Humor der Chapman-Brüder wirkt hauptsachlich deswegen, weil er uns entwaffnet. Lassen uns ihre Arbeiten zunächst grinsen oder zusammenzucken und unsere Deckung vernachlässigen, schlägt uns der Horror oder die Tragweite ihrer Botschaften dann mit Wucht mental zu Boden: Dieser Witz ging auf unsere Kosten.

Und natürlich, da sie nun mal die verdrehten Geschöpfe sind, die sie sind, funktioniert Jake und Dinos Chapmans bis heute großartigstes Werk genau anders herum (auch wenn das Ergebnis das

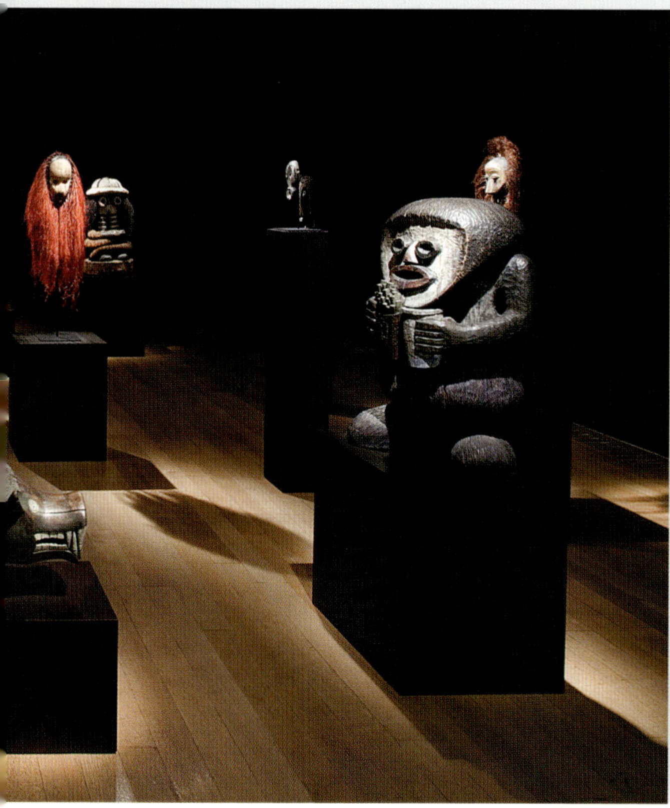

Jake & Dinos Chapman, The Chapman Family Collection, 2002

6

gleiche ist). Was eine stimmungsvolle Installation von 34 hölzernen Fetischfiguren aus Afrika zu sein scheint, ist eigentlich eine Zusammenstellung gut gemachter Fälschungen, die alle Arten von mutierten McDonalds-Figuren zeigen: Zahlreiche Variationen goldener Bögen, Ronald McDonald mit einem Speer oder ›Hamburglar‹ als Totem. Unter dem Titel *The Chapman Family Collection* (2002) erstreckt sich der Kunstgriff bis in die Stammesregionen, die die Vorfahren der Künstler angeblich besucht haben: ›Camgib‹, ›Seirf‹ und ›Ekoc‹ enthüllen rückwärts gelesen ihre wahre Natur. Allmählich - und ziemlich listig - verbessern die Chapmans schließlich unser VERSTEHEN von Objekten, indem sie in Frage stellen, woher Kunst kommt und wie sie ins Museum gelangt.

HIER GIBT ES NICHTS ZU SEHEN

Die Handschrift des Künstlers ist in den Arbeiten von Tom Friedman oft schwer zu entdecken, da sie sich unter dem Deckmantel des Alltäglichen tarnt. Seine cleveren Manipulationen, Vergrößerungen und Vervielfältigungen von Waren aus dem Supermarkt wie Cornflakes-Schachteln, Plastikbecher, Alufolie, Zahnstocher oder Kaugummi machen ihn zum König des zweiten Blicks und so zu einem idealen Kandidaten für Schritt 5 und dem WIEDER HINSEHEN. Eine zarte, verschlungene, ockerfarbene Skulptur von ihm besteht zum Beispiel aus einem Paket Spaghetti, das gekocht, getrocknet und dann Ende an Ende zu einem durchgehenden *Loop* (1995) verbunden wurde. Es ist zwar nicht möglich, einen zweiten Blick auf die unsichtbaren Arbeiten zu werfen, in denen Friedman zwischen 1992 und 1997 endlose Stunden damit verbrachte, auf ein Stück Papier zu starren (*1000 Hours of Staring*), oder eine Hexe engagierte, die einen leeren Sockel mit einem Fluch belegen sollte, *Untitled (A curse)* von 1992. Aber ich wette darauf, dass es niemandem gelingt, nicht mit offenem Mund vor seiner Arbeit *Untitled (Pizza)* von 2013 zu stehen, bei deren Anblick einem das Wasser im Mund zusammenläuft, angesichts der verlockenden Streifen grüner Paprika, den genau wiedergegebenen schwarzen Oliven,

Tom Friedman, Untitled (Pizza), 2013, Styropor und Farbe, ca. 218,5 × 218,5 × 12,7 cm

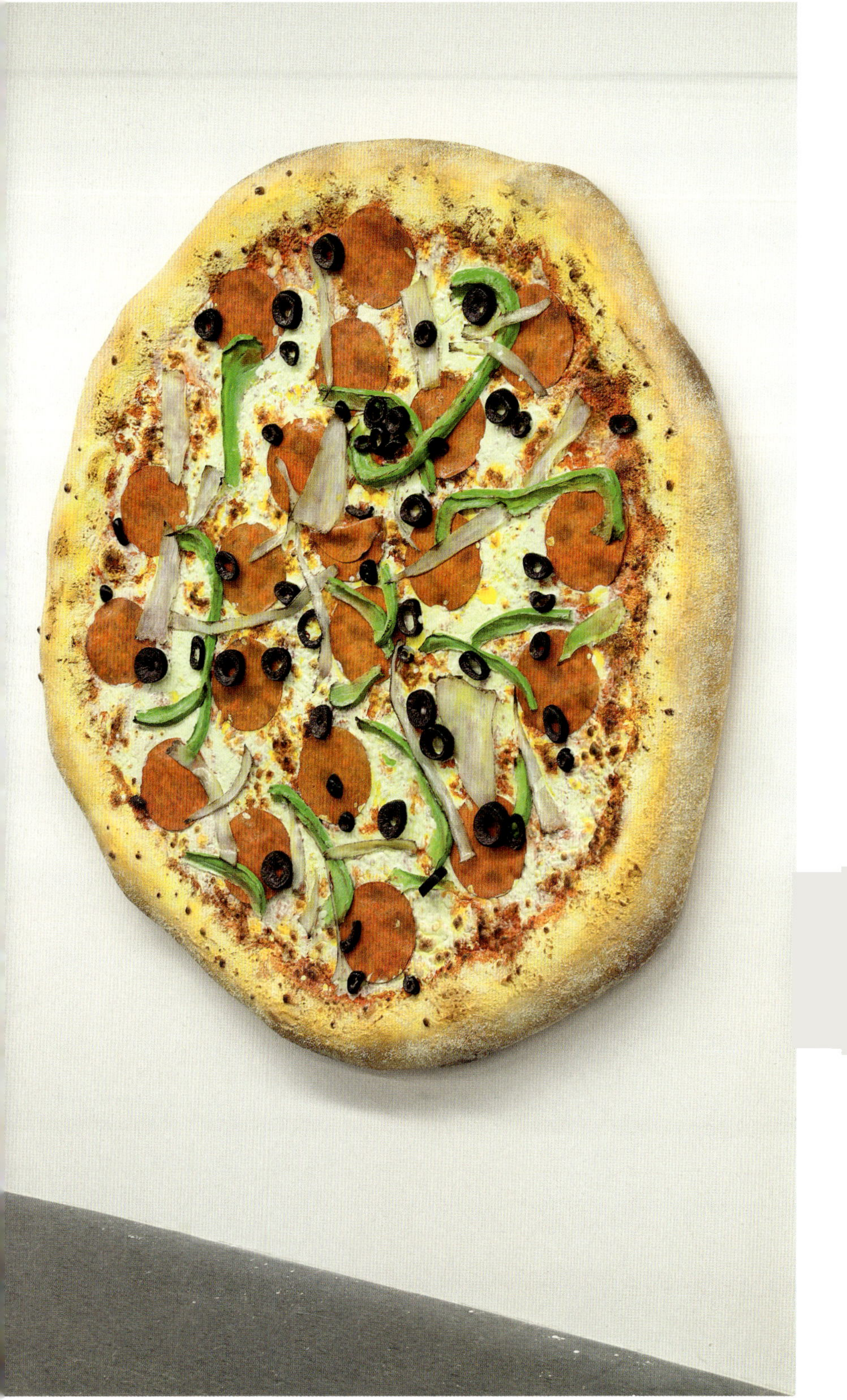

Maurizio Cattelan, Bidibidobidiboo, 1996, ausgestopftes Eichhörnchen, Keramik, Resopal, Holz, Stahl und Farbe

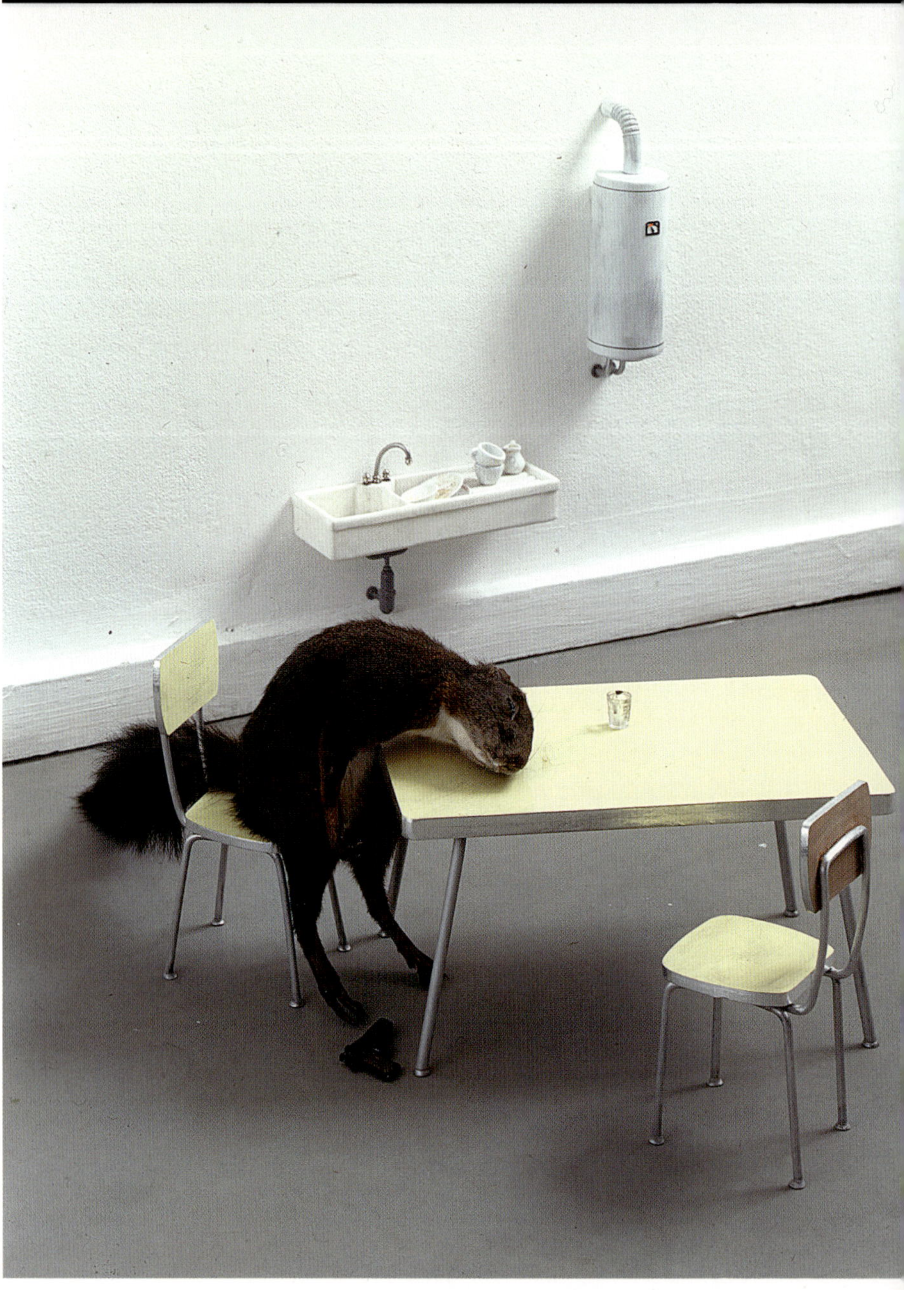

Teigblasen und braunen Krusten. Dass Friedman so weit geht, um den Betrachter reinzulegen, der sich mit Sicherheit bewusst ist, dass dieses riesige, an der Wand hängende Objekt keine echte Pizza ist, sollte Grund genug sein, fröhlich einen zweiten Biss zu riskieren - ich meine, Blick.

Ich habe bereits davor gewarnt, dass Schritt 6: EINSCHÄTZUNG möglicherweise nicht wirklich zum Totlachen ist: Um herauszufinden, ob diese Kunst wirklich bedeutungsvoll ist, müssen wir erst sicherstellen, dass die verantwortlichen Künstler irgendetwas davon meinen, was wir glauben, dass sie sagen wollen (ich hoffe, man versteht mich). Ich war immer gleichermaßen entzückt wie verstört von den Arbeiten von Maurizio Cattelan, der einer der gerissensten Burschen im Kanon der zeitgenössischen Kunst ist. Jedes Mal wenn ich sein ausgestopftes Selbstmörder-Eichhörnchen sehe, dem seine Miniatur-Pistole gerade aus der toten Hand gefallen ist (das erste Werk, das ich von ihm 1996 zu Gesicht bekam), seine präparierten Tauben, die geduldig in den Dachsparren verschiedener Kunst-Events ausharren (als ob sie gleich auf die ahnungslosen Galeriebesucher kacken wollten), seine Wachsfigur des Papstes, der von einem Meteoriten getroffen wird und verschiedene andere Bildnisse, wie ein kniender Hitler, zwei New Yorker Polizisten, die Handstand machen und eine alte Oma, die in einem Kühlschrank steckt, habe ich Mühe, in Cattelans chaotischen wie komischen Kreationen irgendeine Logik zu entdecken. Er scheint zufrieden damit, einen Skandal oder Missbilligung zu entfachen, ohne mit einem seiner Objekte einen Gedanken zu verfolgen, der über ihre schmerzvolle Geburt hinausgeht. Für die große Retrospektive von 2011 im New Yorker Guggenheim Museum mit dem Titel *All* versammelte er fast all seine Skulpturen - darunter auch das arme Eichhörnchen - zu der Lynchorgie seiner gesamten Karriere. Er verkündete, dass er sich als Künstler zurückzöge. Es spielt keine Rolle, ob dies ein echtes Statement war oder nicht: Unbekümmertheit oder sogar Scheinheiligkeit sind Haltungen, die ein Künstler einnehmen darf, und es gibt immer ein paar Witzbolde in der Kunstwelt, die Humor in ihrer Kunst verwenden oder spielend den gesamten Kram in Misskredit bringen. Es ist unglaublich befreiend für Künstler (und für uns), tun und lassen zu können, was sie wollen und wann sie wollen - auch wenn es eigentlich nix zu lachen gibt.

DAMIEN HIRST

FOR THE LOVE OF GOD, 2007

Durch eine Sicherheitsschleuse in einen schwarzen, mit Teppich ausgelegten Raum geleitet zu werden, den man nur zu zweit oder dritt betreten durfte, trug zu der Aura des Exklusiven bei, die Damien Hirsts *For the Love of God* umgab. Der diamantene Schädel, der auf einem Sockel im Scheinwerferlicht dramatisch glitzerte, wurde zu der meist diskutierten Kunst-Enthüllung von 2007. Ich stand da, starrte dem Totenkopf ins Gesicht und wartete darauf, mit einer Erleuchtung über meine Sterblichkeit konfrontiert zu werden – oder zumindest die Schuld zu fühlen, die 8.601 in Platin gefasste Diamanten erzeugen.

Aber nichts da: Jegliche düstere Empfindung, die dieser menschliche Schädel hervorrief, wurden von seiner grotesk wertvollen Rüstung konterkariert. Anstatt den Sinn der Existenz in diesen blinden Augenhöhlen zu finden, wurde ich von dem rosa Stein geblendet, der in die Stirn des alten Yorick eingelassen war, und von seinem zähnefletschenden Grinsen hypnotisiert. Vom Tod besessen hat Hirst es geschafft, Schwere und Leichtigkeit zu verbinden, oder, anders gesagt, den Sensenmann in ein glänzendes Gewand zu hüllen: Seit 1991 schwimmt ein riesiger Tigerhai auf ewig in Formaldehyd, *The Impossibility of Death in the Mind of Someone Living.*

Jedoch war *For the Love of God* nicht einfach ein weiteres Bonmot, sondern ein verstörendes Abbild von all dem, was im Kunstgeschäft schief gelaufen war und bis zu einem gewissen Maß auch in allen anderen Geschäftsfeldern – vom moralischen Bankrott der Banker bis zu dem geschmacklosen Bling-Bling des Showbiz. Der Diamantschädel wurde so zum Inbegriff der Kunst im Zeitalter des Überfluss und repräsentierte die Gier der reichen Sammler, die auf der Suche nach wertvollen Objekten den Markt immer weiter anheizen. In der Tat war Hirst nicht alleine damit, die Kunstwelt als Lotterie mit waghalsigen Einsätzen wahrzunehmen.

Kunstwerke werden heute nach ihrem Geldwert beurteilt, anstatt nach ihrer Ästhetik; Künstler nach Ertragspotenzial sortiert. Hirsts Schädel, dessen Wert auf fünfzig Millionen Pfund geschätzt wurde, war nur das letzte in einer Reihe von Manövern, die ihm einen Platz in diesem elitären Kreis von Kreativen sichern sollte.

Jedoch ist es nicht der Preis von *For the Love of God*, der es zu solch einem mächtigen (und problematischen) Objekt der Begierde macht. Seine schiere Existenz offenbart, dass wir immer noch davon besessen sind, Schmuck und Designstücke anzuhäufen, die uns überdauern – noch mehr Dinge, die wir nicht mitnehmen können, wenn wir sterben. Aber dennoch, wie der Kristallschädel des British Museums (von dem man lange glaubte, er sei ein Relikt der Mayas, der aber kürzlich als Kopie aus dem 19. Jahrhundert entlarvt wurde),

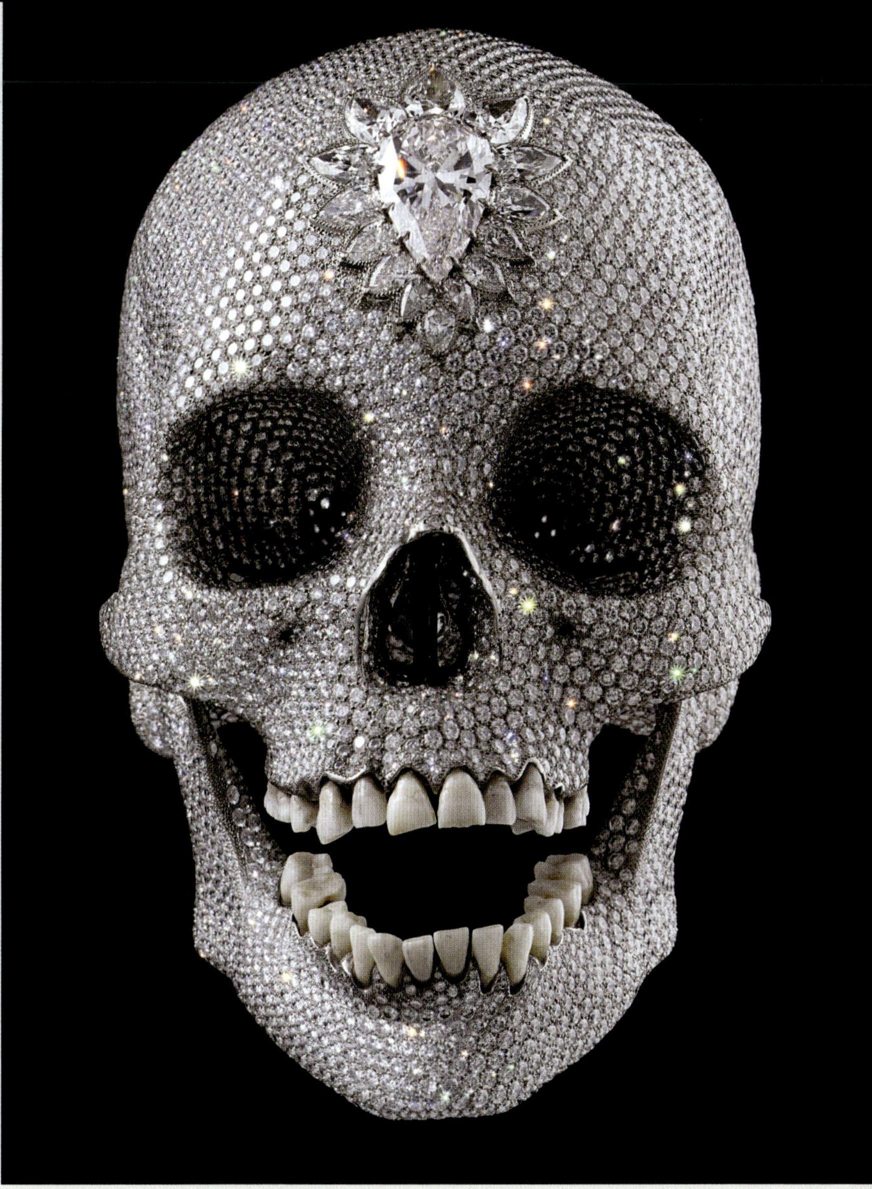

wirkt Hirsts glitzernder Schatz wie eine Fälschung oder die Ausgeburt unserer Fantasie. Er ist ebenso verstörendes Schmuckstück wie Kunstwerk, Verkörperung von Exzess und Protzerei. Die Gerüchte, Streitereien und Debatten, die um den Schädel ranken, haben zu seinem Mythos beigetragen (eine Gruppe russischer Künstler hat sogar eine Gerichtsverhandlung inszeniert, bei der der Staatsanwalt argumentierte, dies sei überhaupt keine Kunst). Es ist eine oberflächliche Welt, beherrscht von Marken und reichen Tyrannen.

Und der Schädel sagt mir: Wenn du sie nicht schlagen kannst, dann spiel' mit.

ELMGREEN & DRAGSET
THE COLLECTORS, 2009

Zeitgenössische Kunst kann einen ganz schön verunsichern. So spaziere ich durch zwei Häuser eines kürzlich

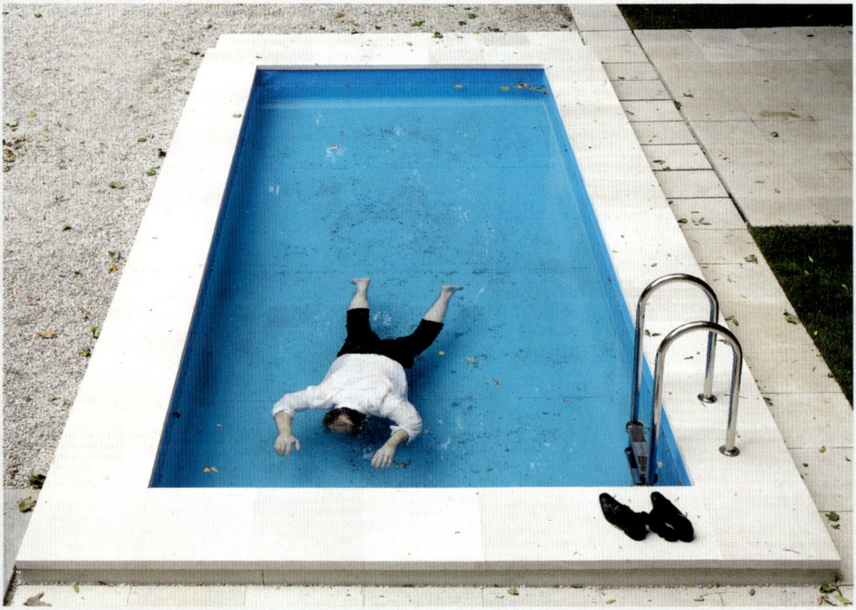

geschiedenen Paares von Kunstsammlern, zumindest sagt dies ein Mann, der behauptet, Roger, der Grundstücksmakler zu sein. Aber irgendwas stimmt in diesem Bild ganz offensichtlich nicht: In seiner kurzen Führung durch die erste Villa (vor der ein "For Sale"-Schild steht) übergeht er die Tatsache, dass über den Spiegel in der Eingangshalle ›I will Never See You Again‹ geschmiert und der riesige lackierte Esstisch brutal in zwei Hälften zerbrochen wurde, ebenso wie das gesamte Geschirr. Roger weist auf eine goldene Statue, die eine Uniform mit Schürze trägt, und bemerkt nonchalant: ›Das Original-Dienstmädchen starb 1930 und wurde konserviert.‹ Er zeigt in die gegenüberliegende Ecke: ›Sie ließen auch den Terrier ausstopfen.‹ Das Schlafzimmer der Kinder ist ähnlich verdächtig: Das Etagenbett ist furchtbar verkohlt, und an einem Seil an der Wand baumelt eine Axt. Ich verliere Roger, den Makler, aus den Augen, aber das Nachbarhaus ist ohnehin noch seltsamer: Halbnackte Jungs lungern in einem offenen, modernen Glas-Interieur herum, sehen fern oder hören Musik. Draußen bleibe ich wie angewurzelt stehen, denn der Hausbesitzer, der Nachbar und heimliche Liebhaber des Ex-Ehemannes, scheint tot zu sein: Er liegt mit dem Gesicht nach unten in seinem Swimmingpool.

Da diese beiden Gebäude normalerweise der nordische und der dänische Pavillon der Biennale von Venedig sind, bin ich mir sehr wohl bewusst, dass dies nicht die Kulisse für die neueste skandinavische Krimi-Serie ist, sondern ein schlau aufgezogenes Stück theatralischer Installationskunst von dem subversiven Duo, das man unter dem Namen Elmgreen & Dragset kennt. Von dem sorgfältig in Szene gesetzten häuslichen Drama *The Collectors* bis zu einer Begegnung mit Designermode mitten in der Wüste (ein Schaufenster am Straßenrand namens *Prada Marfa* von 2005), Michael Elmgreen und Ingar Dragset haben sich auf Dioramen spezialisiert, die Kunst mit Künstlichkeit und Realität mit Imagination vermischen. Sie haben in den verschiedenen Museen und Galerien rund um die Welt unter anderem einen vierstöckigen Apartmentblock aufgebaut, einen kürzlich verlassenen Nachtclub, eine mit Heu übersäte Scheune, eine New Yorker U-Bahnstation sowie ein deprimierendes Wartezimmer. Jedes Szenario wurde mit seiner eigenen Hintergrundgeschichte und häufig auch mit realen oder zumindest lebensechten, aber unbewegten Akteuren versehen.

In Elmgreen & Dragsets Paralleluniversen einzudringen, kann sich anfühlen, wie mitten in eine Seifenoper oder Reality-TV-Show zu geraten. Aber anders als diese voyeuristischen Vignetten von weniger glücklichen Leben oder noch dysfunktionaleren Beziehungen als unsere eigenen, ist jede der Umgebungen, die das Duo erschafft, dazu ersonnen, die eigenen Vorurteile oder Überzeugungen zurückzuspiegeln. Wie fremd uns auch das Zuhause eines Sammlers, eine Schwulendisco, ein Prada-Laden oder ein Sozialwohnungsblock sein mag, sie sind Fenster in Welten, die ebenso komplex und kompliziert sind wie unsere eigene. Und doch sind sie zugleich auch präzise Kritiken der Räume und Gesellschaften, die sie einnehmen. Neben einer Puppe zu stehen, die in einem unechten Pool treibt, nach einem Plausch mit einem unechten Grundstücksmakler in einer offensichtlich simulierten Ausstellungs-Erfahrungswelt, trifft mich die ganze Oberflächlichkeit der versammelten Kunstwelt wie ein Schlag – die der Sammler, der Künstler, der Kuratoren und der Kritiker, die durch diese Pavillons streifen –, und deren oft viel zu kurze Beschäftigung mit tiefer greifenden Erzählungen oder komplexen Ideen. Erkennen sie denn nicht, dass sich hier jemand auch über sie lustig macht? Oder glauben sie etwa wirklich, das sei echt?

›IN ELMGREEN & DRAGSETS PARALLELUNIVERSEN EINZUDRINGEN, KANN SICH ANFÜHLEN, WIE MITTEN IN EINE SEIFENOPER ODER REALITY-TV-SHOW ZU GERATEN.‹

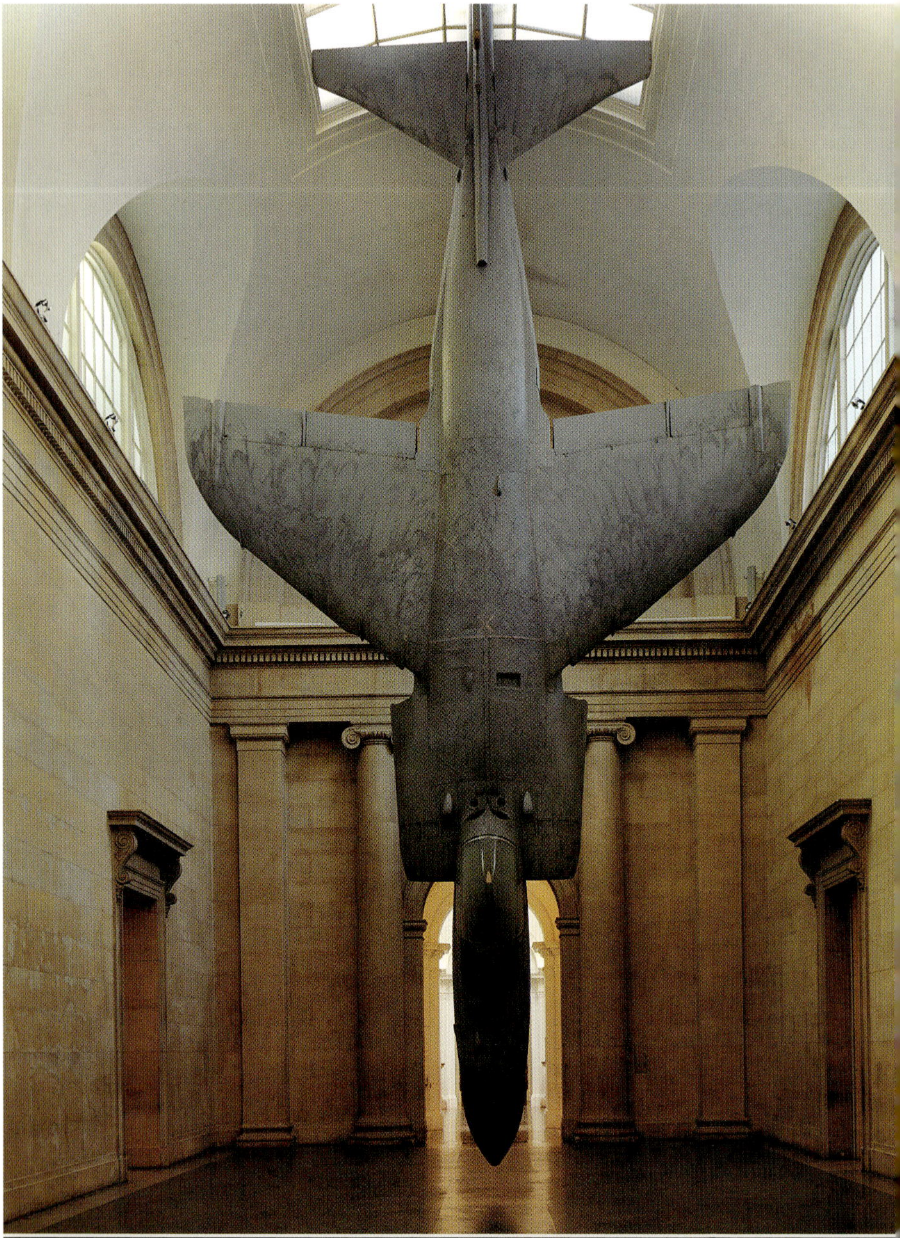

Fiona Banner, Harrier, 2010, Flugzeug der Reihe Sea Harrier, Farbe, 76 × 142 × 371 cm

KUNST ALS SPEKTAKEL

›ES GAB FÜR MICH KEINE SCHÖNEN SCHAUSPIELE AUSSER SOLCHEN, VON DENEN ICH WUSSTE, DASS SIE NICHT KÜNSTLICH ZU MEINEM VERGNÜGEN ARRANGIERT WURDEN.‹

MARCEL PROUST, AUF DER SUCHE NACH DER VERLORENEN ZEIT, 1922

Zeitgenössische Kunst ist oft spektakulär: Sie bewegt sich, leuchtet auf, versetzt in Erstaunen. Sie umgibt uns, saugt uns auf oder macht uns klein. Wir erwarten Kreationen von immer größerem Ausmaß, Wert, Ambition und Extravaganz, die uns verführen, fesseln oder überwältigen. Künstler, die aufdrehen und ihre Werke immer weiter aufblähen. Kunst gemäß dem Motto: höher, schneller, weiter.

Der Konsum dieser Kunst verlangt meist wenig HINSEHEN, was paradox in Anbetracht dessen erscheint, dass sich die Bedeutung des Wortes ›Spektakel‹ von ›Sehen‹ ableitet. Tatsächlich sind diese Projekte immer mit Größe, Sensation oder Zielsetzung verbunden: Der Wunsch, das neueste Blockbuster-Werk zu erschaffen, oder die Kunstattraktion, von der alle reden, wird von seiner physischen Attraktion ebenso ausgelöst wie von jedem anderen ästhetischen Reiz – das Resultat ist häufig eher ein Bauchgefühl als eine intellektuelle Reaktion. Auch wenn uns keine menschliche Beteiligung oder Performance (wie etwa in Kapitel 4) in Aussicht gestellt wird, unsere Interaktion mit diesen immer atemberaubenderen Werken zeitgenössischer Kunst kommt eine wachsende Bedeutung zu. Bis hin zu dem Punkt, an dem sie unsere Erinnerungen an Kunst als Erfahrung prägen, anstelle von Bildern oder Konzepten. Wir stehen überwältigt da, aber sehen fast nichts.

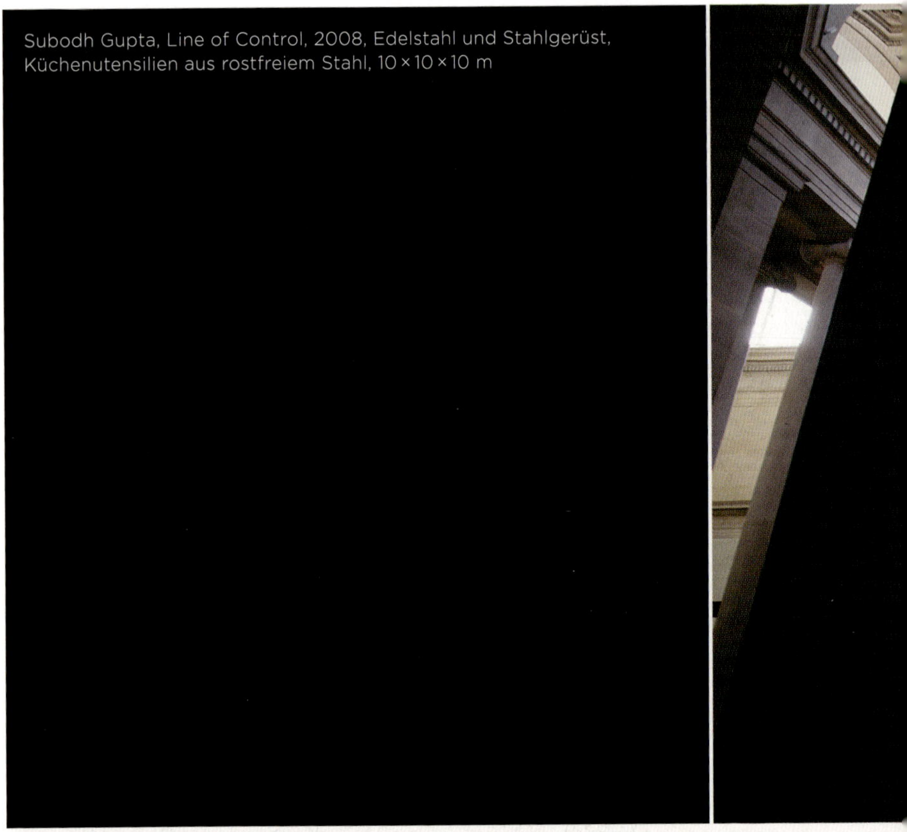

Subodh Gupta, Line of Control, 2008, Edelstahl und Stahlgerüst, Küchenutensilien aus rostfreiem Stahl, 10 × 10 × 10 m

Kunst hat schon immer versucht, in Erstaunen zu versetzen, zu inspirieren und die Sinne zu reizen, und so sind die heutigen monumentalen, vielseitigen Statement-Werke nur die letzen in einer langen Reihe von Kassenmagneten und Galerie-Glücksbringern. Jedoch, ohne diese gigantischen oder imposanten Kunstangebote genauer unter die Lupe zu nehmen, können wir nicht erwarten, weiter zu kommen als bis zu dem ersten Eindruck oder dem anfänglichen Staunen. Nur weil etwas eindrucksvoll glänzt, heißt das nicht, dass unter dieser Oberfläche kein vielschichtiges Thema lauert. Zum Beispiel Fiona Banners Installation von zwei Kampfjets 2010 im Zentrum der Tate Britain, *Harrier* und *Jaguar*, war einerseits eine Feier ihrer schlanken, skulpturalen Form und ihrer majestätischen Größe (beide ohne Kriegsbemalung und entweder spiegelblank und hochglanzverchromt oder mit zarten, realistischen Federn an Rumpf und Flügeln), andererseits eine Mahnung an ihre Gefährlichkeit und militärische Bestimmung. Ein ähnlich widersprüchliche, verführerische und eindrucksvolle Botschaft über Krieg wäre auch von der riesigen silbernen pilzförmigen Wolke ausgegangen, die zwei Jahre zuvor an

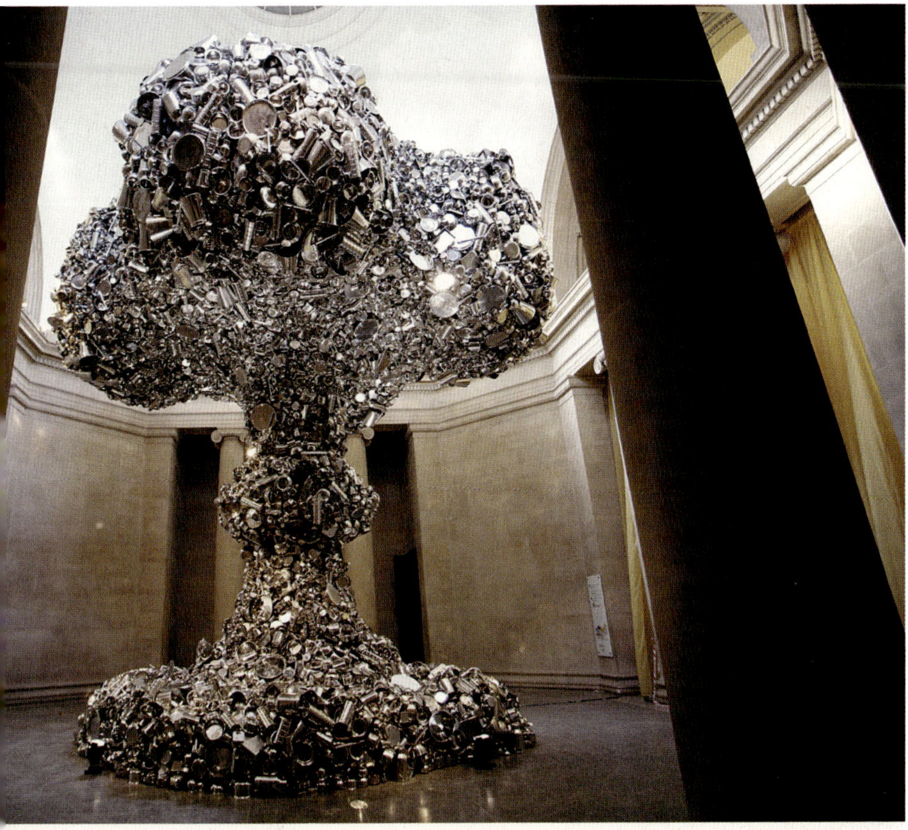

gleicher Stelle emporgestiegen war, eine Arbeit der indischen Künstlerin Subodh Gupta mit dem Titel *Line of Control*, wenn da nicht die Bestandteile gewesen wären: Frühstücksdosen, Kochtöpfe, Pfannen und andere Küchenutensilien aus rostfreiem Stahl, aus denen sich diese apokalyptische Vision zusammensetzte. Die negative Kraft von Guptas explodierender Säule wurde von dieser Ansammlung aus Alltagsgegenständen, die der Ernährung und ihrer Aufbewahrung dienen, konterkariert - ein Regen von positiven Objekten anstelle von Asche und Zerstörung.

Nach dem anfänglichen Schock, den viele der spektakulären Kunstwerke auslösen, gibt es Raum für subtilere Bedeutungen. Mit der beunruhigenden Tendenz zu immer größeren Ausmaßen, Getöse und Angeberei (speziell in der Skulptur) und den Versuchen der Künstler, sich gegenseitig zu übertrumpfen, werde ich mich später auseinandersetzen, nach der Erörterung eines Werks von reiner, wunderschöner, augenfälliger Intensität, das eine sehr gute Definition von Kunst als Spektakel ermöglicht. Man konnte nicht ahnen, was hier auf einen zukam, wenn man sich den heruntergekommenen niedrigen

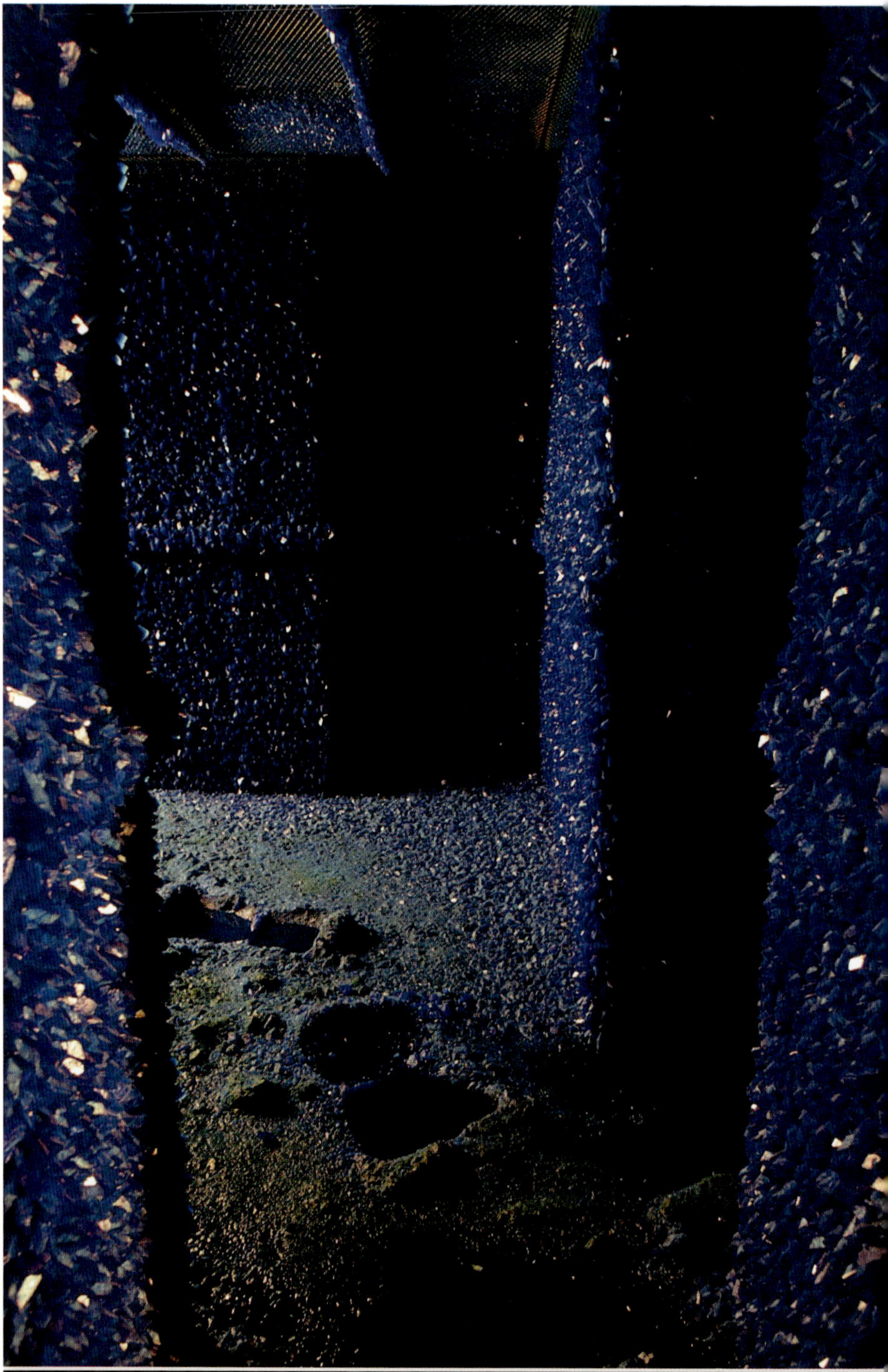

Roger Hiorns, Seizure, 2009

Sozialbauten näherte, welche die eindringliche Installation *Seizure* beherbergten, die 2008 zum ersten Mal gezeigt wurde. Der britische Künstler Roger Hiorns nahm ein einstöckiges Gebäude, dass zum Abriss freigegeben war, und befüllte es mit einer erhitzten Kupfer-Sulfatlösung, die nach dem Abkühlen langsam abgelassen und getrocknet wurde und ein atemberaubendes Innenleben von scharfen, blauen Kristallen hinterließ. Diese berückend gefärbte Substanz hatte das Innere des Gebäudes komplett überzogen. Fast so, wie Hiorns diese Wohnung auf das Wesentliche reduzierte, um sie völlig neu entstehen zu lassen, will ich *Seizure* unter Anwendung meiner eigenen chemischen Formel, des *Tabula rasa* Prinzips, erörtern und beginne, wie immer, ganz von vorne.

KRISTALLINE MATHODEN

Schritt 1: ZEIT. Ich war vor, während und auch nach meinem Besuch von *Seizure* fasziniert von all den Fakten, Ziffern und Referenzen über Zeit, Menge und Temperatur. Die 90.000 Liter (ungefähr die Füllung eines Swimmingpools) Kupfer-Sulfatlösung wurden vor Ort in 15 Tanks aus rostfreiem Stahl mit Wasser auf 80 Grad erhitzt. Die giftige Mixtur wurde dann in ein spezielles Gehäuse eingefüllt, welche das gesamte Apartment abdichtete, und ruhte für zweieinhalb Wochen. In dieser Zeit bildeten sich auf der Oberfläche der ehemaligen Wohnung Kristalle und härteten aus, selbst im Bad und auf den Lampen. Um dies zu erreichen, war ein Jahr Planung nötig, und davor ein Jahrzehnt mit vorbereitenden Experimenten. Und nach all diesem Warten verbrachte ich bei meinem ersten Besuch gerade mal 15 Minuten drinnen. Ich fühlte mich zuerst in eine uralte Höhle versetzt, dann in eine futuristische, außerirdische Landschaft und wieder zurück.

Schritt 2: ASSOZIATION. Neben diesen beiden Gedanken ging mir noch einiges mehr durch den Kopf, als ich durch die funkelnden Innenräume lief: Es war wie unter Wasser, oder in einem glitzernden Nachtclub oder wie an die Decke einer abgedunkelten Sternwarte zu blicken. Es gab keine Fenster, die Decken waren niedrig und die Räume winzig, und so fühlte es sich abwechselnd wie ein Gefängnis an oder als ob die Welt auf *Alice im Wunderland*-Format geschrumpft sei. Die Schutzhandschuhe und Sicherheitsstiefel, die ich trug, warnten mich, dass dies ein gefährliches Material und die ganze Unternehmung ein riskantes chemisches Experiment war, zumal ein Blick durch die juwelenüberkrustete Halle zur Eingangstür mich daran erinnerte, dass Hiorns Postbote gewesen war, bevor er Künstler wurde, nicht Wissenschaftler.

Schritt 3: HINTERGRUND. Die Wahl eines unauffälligen Gebäudes in der Harper Road 151-89, in dem runtergekommenen innerstädtischen Viertel Elephant and Castle in London, war kein Zufall, auch wenn die Häuser baufällig waren und das Gebiet bereits zur Sanierung vorgesehen war. Für Hiorns bot es die Gelegenheit, seiner Leidenschaft für den Londoner Wohnungsbau der 1960er nachzugehen, in denen Hochhäuser und futuristische Wohnkomplexe mit Laubengängen offene und harmonische Lebensräume und sogenannte ›Straßen im Himmel‹ bilden sollten. Diese Bauten gerieten jedoch bald in Verruf und wurden als ›Brutalismus‹ bezeichnet, was sich nicht nur auf die rohen Oberflächen der damaligen Betonarchitektur bezog, sondern ebenso zur Beschreibung der harten Lebensumstände und sozialen Probleme in den Wohnblocks verwendet wurde. Und so endeten viele von ihnen als ›Slums im Himmel‹. Einer der verrufensten davon war das Aylesbury Estate, das 1970 in der Nähe der Harper Road erbaut und gerade zum Abriss vorbereitet wurde. Hiorns brachte es fertig, eine von diesen vielen idealistischen Wohneinheiten zu erobern - wenn auch nicht zur Konservierung oder Rettung -, sondern als Beispiel eines bewundernswerten, wenn auch gescheiterten, utopischen Projekts.

Schritt 4: VERSTEHEN. Ein derart komplexes Werk wie *Seizure* ausschließlich unter dem Blickwinkel des Spektakels zu erfassen ist unmöglich, denn auch wenn es überall glitzert und das Auge erfreut, ist es doch eine bedrückende und bedrohliche Umgebung - ob man sich nun darin versenkt oder vorsichtig die beengten Räumlichkeiten erkundet, die mit den Geistern häuslicher Schinderei und den miesen Lebensumständen in solchen Wohnungsbauprojekten erfüllt sind. Hiorns neigt als Künstler nicht zu offenkundig spektakulären Arbeiten: ab 2009 schuf er Skulpturen, die aus kaum erkennbaren Verwehungen feinster Partikel bestanden, die er durch das Pulverisieren von so unterschiedlichen Gegenständen wie einem Flugzeugmotor oder einem steinernen Kirchenaltar gewann. *Seizure* widersetzt sich zunächst unserer visuellen Reaktion auf Schönheit in der Kunst, indem es die Wände einhüllt und darin unsere Körper. Mit einem Material, das so merkwürdig und befremdlich ist, als ob es uns in dieser azurblau flimmernden Hülle dazu bringen wolle, diese Begegnung und unsere eigene Existenz in Frage zu stellen. Dieser Bruch zwischen Sehen, Fühlen und Sein ist das Herzstück von vielen spektakulären Kunstwerken und scheint eine Form von übersinnlicher Wahrnehmung zu erfordern. Da sollten wir doch noch einen Blick wagen …

Schritt 5: WIEDER HINSEHEN. Nach meinen Besuchen von *Seizure* 2008 und 2009, wurde der Häuserblock, in dem es stand, abgerissen. Paradoxerweise wurde das gesamte, 31 Tonnen schwere kristalline Apartment vom Arts Council of England gerettet. Die Grotte wurde in einem Stück auf einem Tieflader in den Yorkshire Skulpturenpark gebracht und damit aus seiner früheren, scheußlichen Umgebung in eine neue Heimat verpflanzt, die von idyllischen, grünen Wiesen umgeben ist. Sie steht in Gesellschaft von anderen spektakulären Freiland-Skulpturen wie etwa von Henry Moore oder Sol LeWitt, auch wenn die brutalistische Ummantelung signalisiert, dass sie noch nicht komplett die Verbindung zu dem urbanen Dschungel verloren hat, aus dem sie erwuchs. Umgeben von ländlicher Ruhe und nicht von Verkehrslärm und dem Gezeter aus den Häuserblocks von Südlondon, nimmt *Seizure* immer noch jeden gefangen, der es betritt, es ist heute ein noch befremdlicherer und einsamerer Ort als zuvor.

Schritt 6: EINSCHÄTZUNG. Ein temporäres Werk wie *Seizure* in einem anderen Kontext zu konservieren, hat zweifellos seine Bedeutung verändert, aber nicht unbedingt sein ursprüngliches Ziel als Kunstwerk beschädigt. Auch wenn dieses Buch die Absicht hat, dem Leser zu ermöglichen, seine eigenen Schlüsse über den Erfolg oder das Scheitern zeitgenössischer Kunstwerke zu ziehen, ich persönlich glaube, dass die Kraft von *Seizure* nicht in seiner blaugefärbten Brillanz zu suchen ist, sondern in seinem psychologischen Widerhall und seinem Nachwirken. Als Faustregel würde ich sagen, damit ein Kunstwerk einen bleibenden Eindruck in der Psyche und nicht nur auf der Netzhaut hinterlässt, muss die Vision des Künstlers überragender und grandioser sein als das Gebilde, das sie beherbergt.

XXL

Spektakuläre Kunst kann in vielen Formen und Größen auftreten, meist in Übergröße. Der amerikanische Künstler Richard Serra ist einer der führenden Vertreter monumentaler Skulptur der letzten fünfzig Jahre, aber seine Größe als Künstler kann nicht auf die Formel ›größer ist besser‹ reduziert werden. Im Vorfeld der Eröffnung einer Ausstellung seiner Werke 2008 wie *Open Ended* und *TTI London* (*Torqued Torus Inversion* = drehstabilisierte Ringflächen-Spiegelung) in der Gagosian Gallery interviewte ich ihn über seine Arbeit und stellte fest, dass Monumentalität bei ihm keine besondere Priorität besaß. Offensichtlich faszinierten ihn Linien, Formen, Leerräume und technische Aspekte der Stahlherstellung. Er erzählte mir, wie die unebenen Böden und Kuppeln einer schief gebauten Kirche in Rom ihn aus dem Gleichgewicht gebracht hätten. Er selbst fasste sein Werk kurz und bündig zusammen als etwas, das von ›der Dauer der körperlichen Bewegung durch den Raum und der Verarbeitung dieser Sinneseindrücke und Erfahrungen‹ handele. Und in der Tat, trotz der Masse und des Gewichts seiner zehn und zwanzig Meter langen Stahlflächen, die in London ausgestellt wurden, fühlte es sich unglaublich fließend an, um sie herum oder hindurch zu laufen. Die maschinell

Richard Serra, TTI London, 2008, wetterfester Stahl

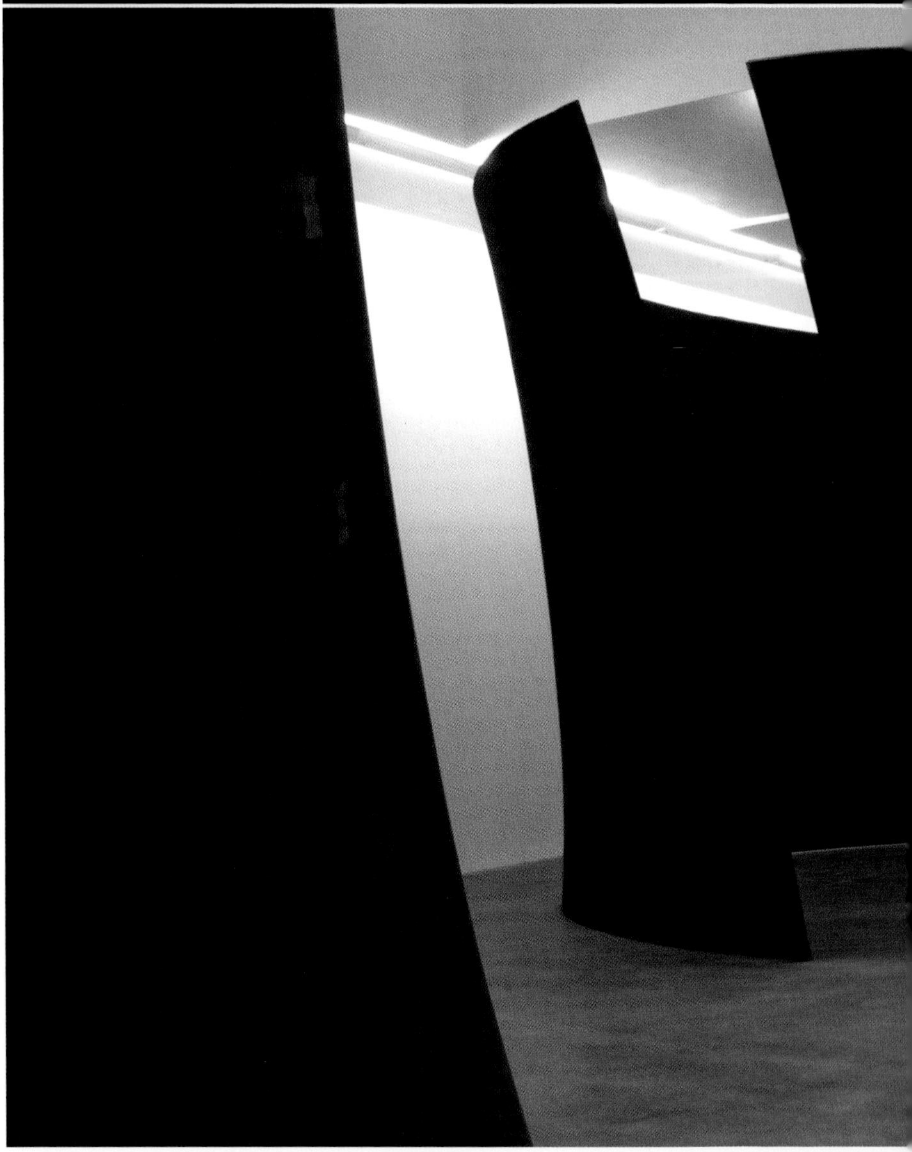

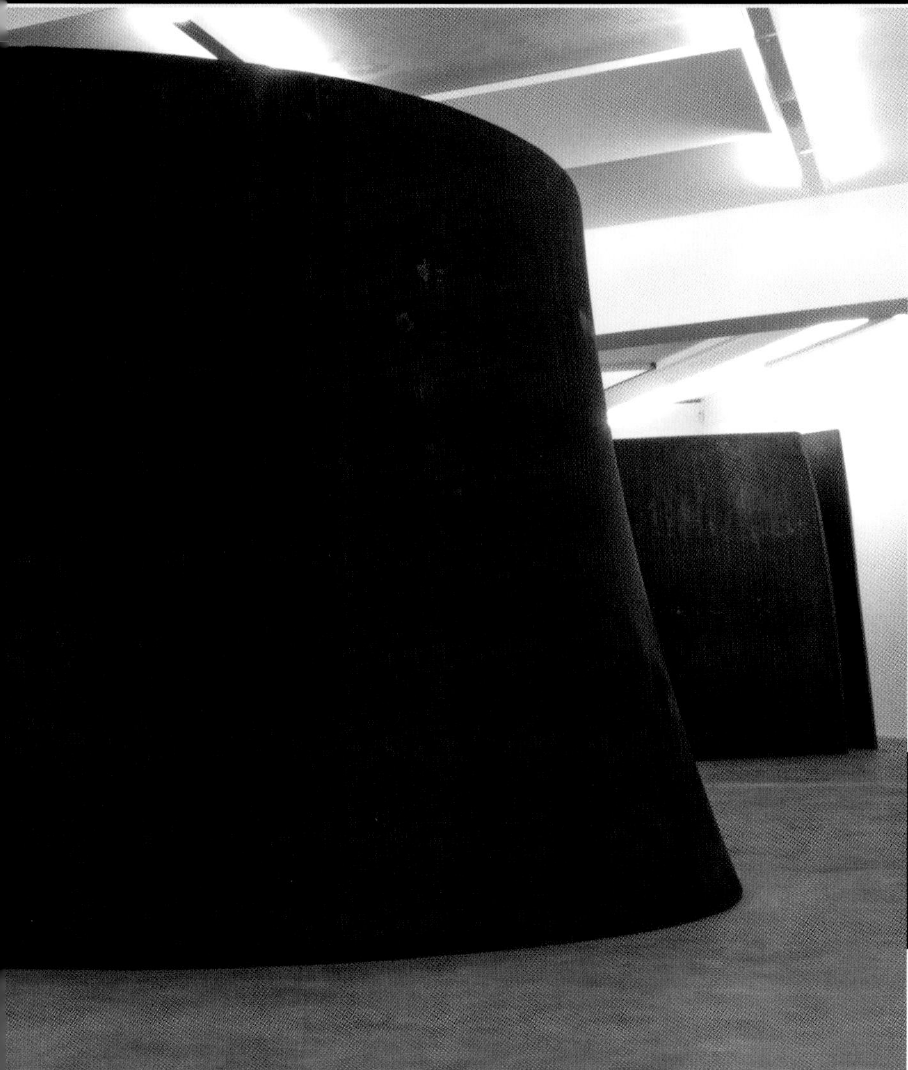

bearbeiteten Oberflächen schienen sich wie Schilf im Wind zu neigen oder wie steile Klippen nach oben zu ragen. Sie luden mich ein, das Innere zu erkunden, mit einem zunehmend klaustrophobischen Gefühl auf meinen Lungen.

Der britische Künstler Mike Nelson ist ein weiterer Bildhauer dieser Kunst, die zu groß ist, um sie als Ganzes sehen zu können, und die die Erkundung des Betrachters benötigt, um den Sinn ihrer Größe und ihre Idee zu erkennen. Anders als Serra schafft Nelson keine Mega-Monolithen, sondern entwirft Innenräume, greift in die weißen Galeriekuben ein, um nicht zu sagen, zerstört sie. Für seine mäandrierenden Installationen wie *Coral Reef* (2000) und *I, Impostor* (2011) gestaltet Nelson vorher unberührte Gebäude um: Mit Durchgängen und Kammern aus Holz, Ziegeln und Beton erschafft er fremdartige oder außerirdische Orte, fast als ob man in ein fremdes Territorium eindringt. Seine Räume sind bar jedes Lebenszeichens, aber doch voll von verdächtigen Objekten, in denen dunkle Möglichkeiten schlummern - es fühlt sich so an, als seien die Korridore, Kriechgänge und ineinander geschachtelten Räume gerade erst verlassen worden oder warteten auf die Rückkehr ihrer Bewohner. Nelsons verlassene Taxizentrale mit bedrohlich wirkenden Lüftungsgittern, den rotbeleuchteten Dunkelkammern und staubigen, chaotischen Werkstätten sind vielleicht nicht so spektakulär wie die übergroßen zeitgenössischen Kunstmonumente, aber sie sind dennoch fesselnde, interaktive und raumgreifende Umgebungen, die einem die Orientierung nehmen. Sie bewegen uns mit anderen Mitteln als Größe - sie blockieren die äußeren Bezüge zur Realität bzw. erschaffen sie neu (wie ein guter Roman). Sie schaffen Räume und beleben die Sinne (wie ein guter Architekt), auch wenn sie unsere Erwartungen an ein Kunstwerk durch verwirrende Korridore und Panik erzeugende Labyrinthe nicht erfüllen.

SCHLARAFFENLAND

Selbst die bescheidener dimensionierten Kunstwerke, die ein willkommenes Gegengewicht zur Monströsität der öffentlichen Megaskulpturen darstellen, können spektakulär und ausgesprochen erheiternd sein. All die ausgelatschten Pfade der internationalen Kunstpilgerstätten, die ich besucht habe - die militärischen Anlagen, die von dem Minimalisten Donald Judd in Marfa, Texas, in Kunsthangars umgewandelt wurden; die Erdarbeiten von Walter De Maria und Robert Smithson in New Mexico und Utah; die japanische Kunstinsel von Naoshima und so fort -, nichts hat einen so bleibenden Eindruck hinterlassen wie dieses kleine Areal von Reisfeldern in einer der nördlichen Provinzen Thailands, in der Nähe von Chang Mai mit dem simplen Titel *The Land*. Diese gemeinschaftliche Anstrengung, eine

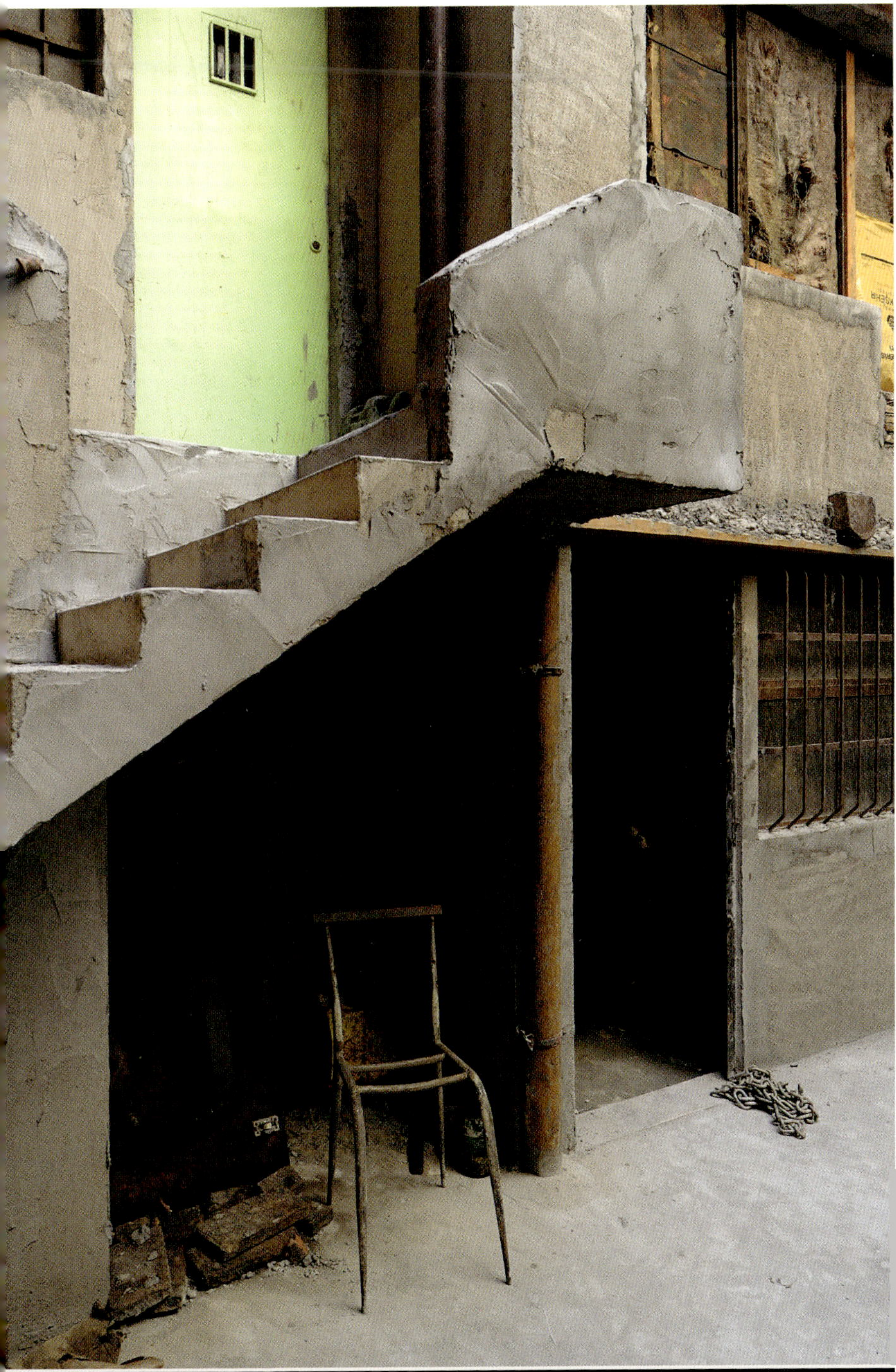

Mike Nelson, I, Impostor, Pavillon von Großbritannien, Biennale von Venedig, 2011

Rirkrit Tiravanija, The Land, 1998 – Bis heute

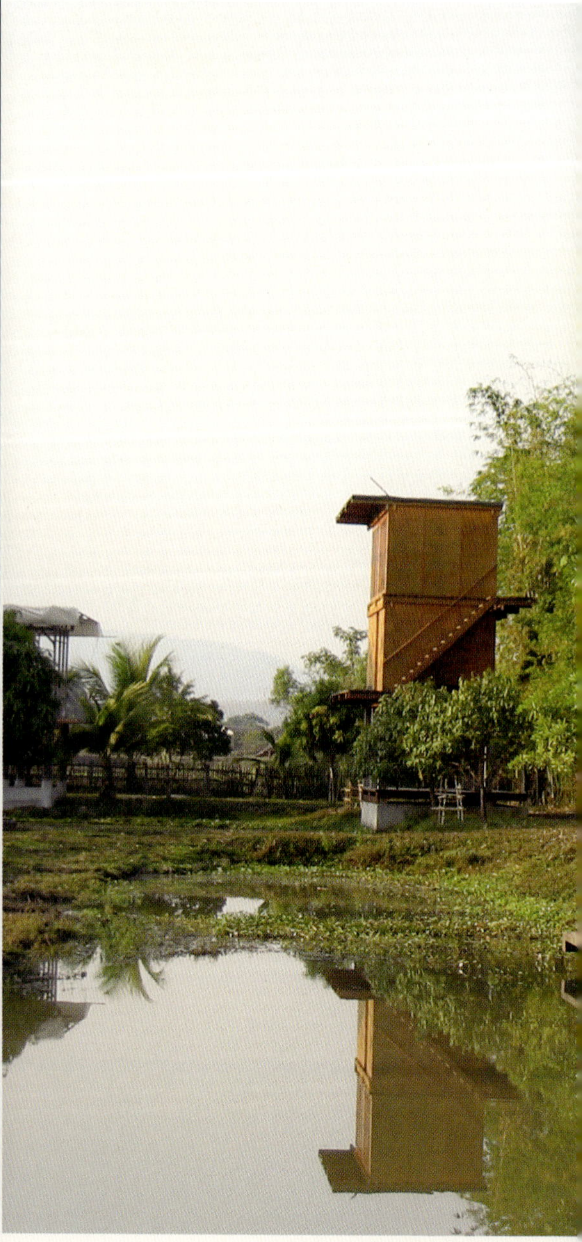

Kleinsiedlung mit Tieren, Ernten und erneuerbaren Energiequellen zu bewirtschaften, wurde von den in Thailand geborenen Künstlern Rirkrit Tiravanija and Kamin Lertchaiprasert 1998 initiiert. Seither wurden Künstlerkollegen wie Tobias Rehberger und Philippe Parreno eingeladen, Bauten oder Systeme hinzuzufügen, um die Umwelt dort

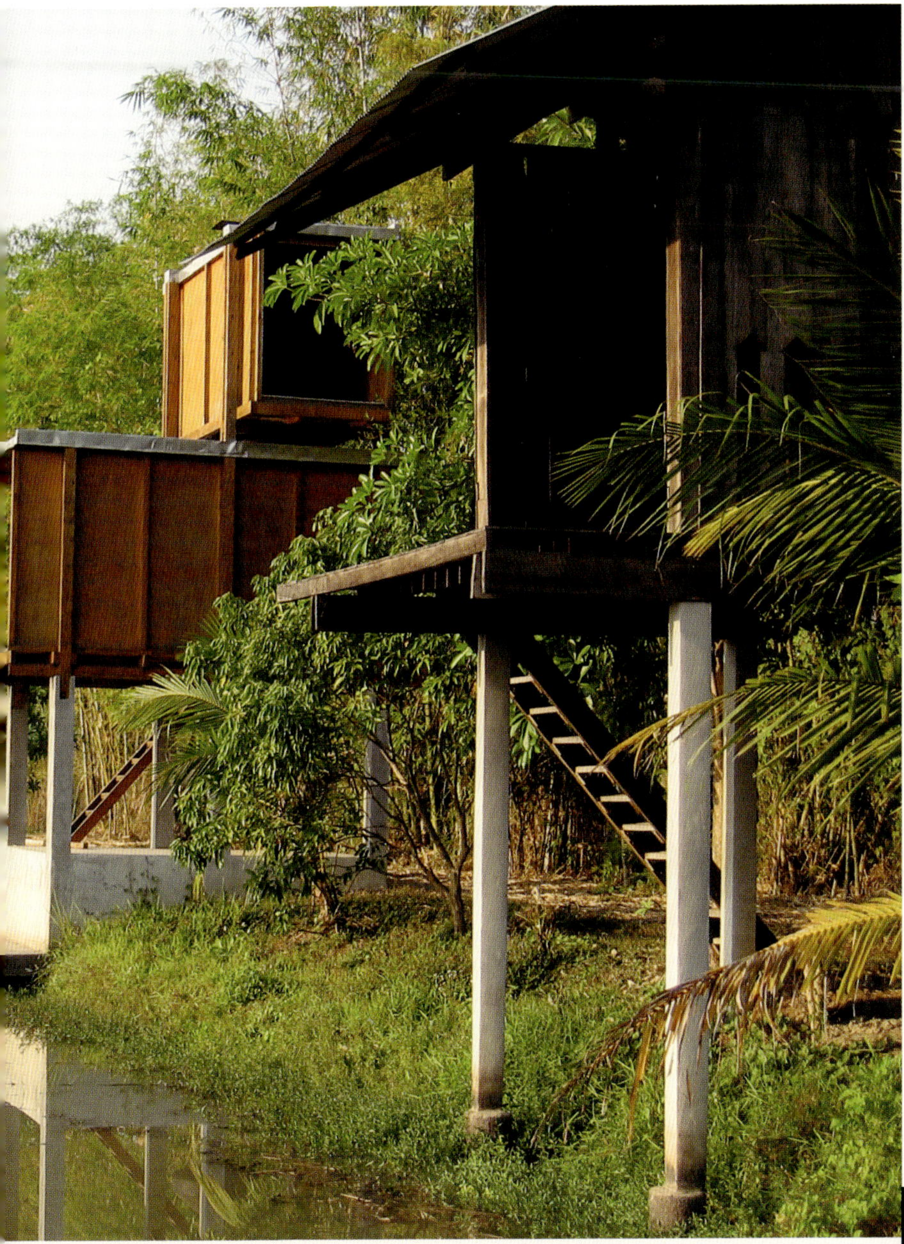

zu erhalten oder zu verbessern. Bei meiner Ankunft 2005 wurde ich von nichts Aufregenderem begrüßt als einen grasenden Wasserbüffel, ein paar Gemüsebeeten, einigen interessant wirkenden Hütten und einem Gewirr von Rohren und Kammern, in denen aus Kuhdung Biogas gewonnen werden sollte, um Elektrizität für die Anlage zu

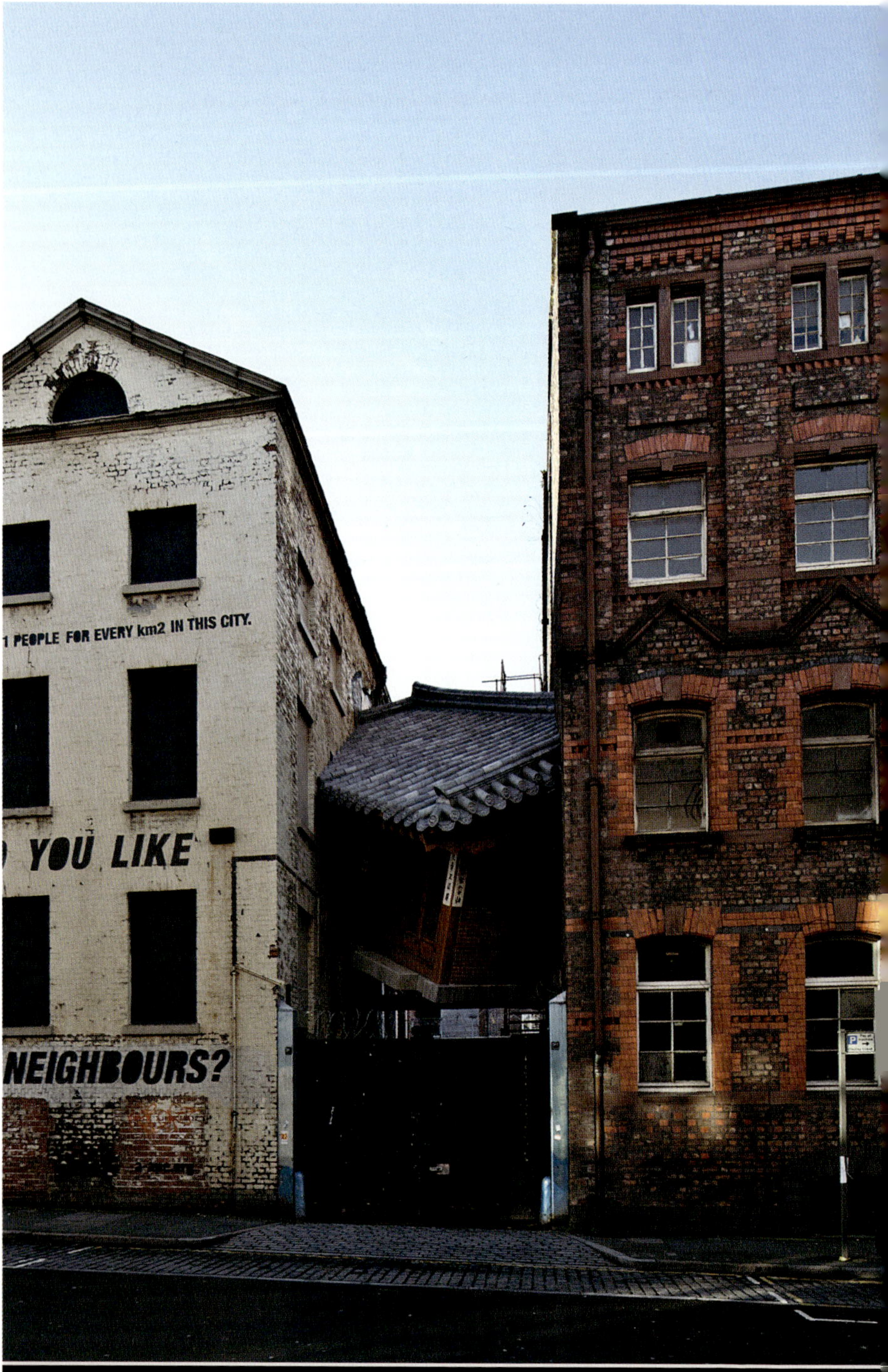

Do Ho Suh, Bridging Home, 2010

liefern. Und doch war es die Vorstellung, dass Künstler gemeinsam an nützlichen Zielen und im Sinne des sozialen Zusammenhalts arbeiteten, und nicht für Ausstellungen, Anerkennung oder Verkäufe, die mich verblüffte und hoffnungsfroh stimmte, nicht nur hinsichtlich des gewaltigen Potenzials von *The Land*, sondern auch für die Zukunft der zeitgenössischen Kunst.

ZIEMLICH ÄHNLICH, MIT HALTUNG

Wie dieser Außenposten gemeinschaftlichen Kunstschaffens beweist, ist es heutzutage schwierig, der Allgegenwart von zeitgenössischer Kunst zu entrinnen. Parallel zu der sich ständig steigernden Größe von Kunstwerken bedeutet die exponentielle Ausweitung der Kunstwelt über die Hauptzentren von New York, Paris und London hinaus, dass das nächste überzeugende künstlerische Statement von überall aus der ganzen Welt stammen und gleichermaßen überall funktionieren könnte. Der merkwürdige Anblick eines traditionellen koreanischen Häuschens, das 2010 wie aus dem Himmel gefallen zwischen zwei Gebäuden in einer Liverpooler Gasse klemmte, verkörperte diese neue Globalisierung des Kunstschaffens eben so wie die kulturelle Verpflanzung des dafür verantwortlichen Künstlers, Do-Ho Suh: Aufgewachsen in Seoul, ging er für den Abschluss seines Studiums nach New York. Suhs verkleinerte Version des Hauses seiner Kindheit, gestrandet auf der anderen Seite des Planeten (mit dem Titel *Bridging Home*), war als Spektakel so sensationell und ausgefallen, wie man es sich nur wünschen konnte, und doch erzählte es auch von den unsichtbaren Migranten, die überall um uns herum leben.

Genauso wie spektakuläre Kunst unerwartet subtil, bedeutungsvoll, zielgerichtet und komplex sein kann, so kann unser banales, alltägliches Leben und Erleben in den Status eines Kunstwerks erhoben werden – logischerweise durch die Intervention eines Künstlers. 2011 erhielt ich eine Einladung in das Piccadilly Community Centre, auf dessen Website verschiedenste Aktivitäten angeboten wurden – Morgenkaffee, offene Gesangsklassen oder Kurse zum Stricken oder Backen. Ich kannte die Adresse: Es war der Hauptsitz einer renommierten Galerie. Das ließ den Verdacht aufkommen, dieses clever choreografierte und nach außen hin völlig glaubwürdige Gemeindezentrum sei das Werk von einem ihrer Künstler, dem Schweizer Christoph Büchel (was von den begleitenden Pressemitteilungen weder dementiert noch bestätigt wurde). Ungeachtet dessen, dass er sich alle Mühe gab, mit zahlreichen Täuschungsmanövern sein Mitwirken zu verbergen, funktionierte Büchels *Community Centre* auf verschiedenen Ebenen, nicht zuletzt deshalb, weil die vier Stockwerke der Galerie vor Betriebsamkeit nur so brummten. Es reichte von einer Bar und

Disco im Keller, über ein Internetcafé und einen Geldtransferservice im Erdgeschoss, bis zu den Musikzimmern und dem Secondhandladen in den oberen Stockwerken (es gab auch noch geheime Kriechgänge, Durchlässe und im Dachboden eine Anarchistenbude). Der Zusammenprall von Realität und Kunst war zeitweilig etwas unbehaglich, besonders wenn Teilnehmer, die vermeintlich am Unterricht teilnahmen, unwissentlich auch noch Rollen in einer ausgefeilten künstlerischen Inszenierung spielten. Aber die zugrunde liegende Behauptung, Normalität könne in etwas Fantastisches verwandelt werden und alles könne Kunst sein, wenn man es unter einem bestimmten Blickwinkel betrachtet, wurde großartig sondiert und gleichzeitig als unspektakuläres Spektakel dargeboten.

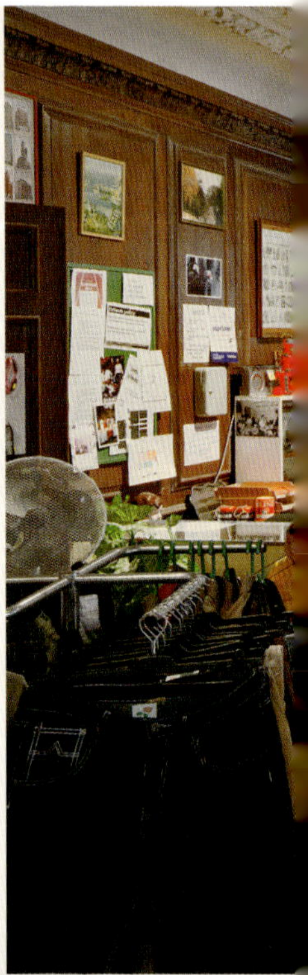

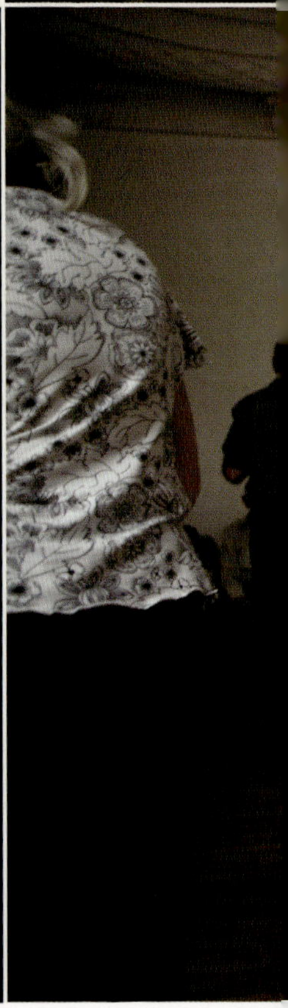

Christoph Büchel, Piccadilly Community Centre, 2011

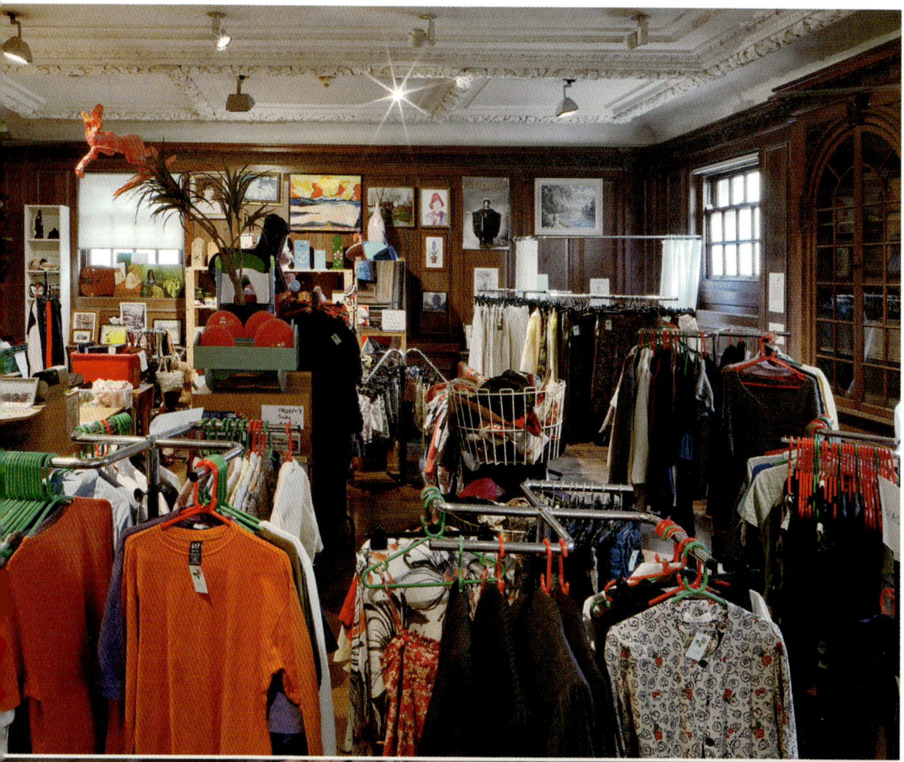

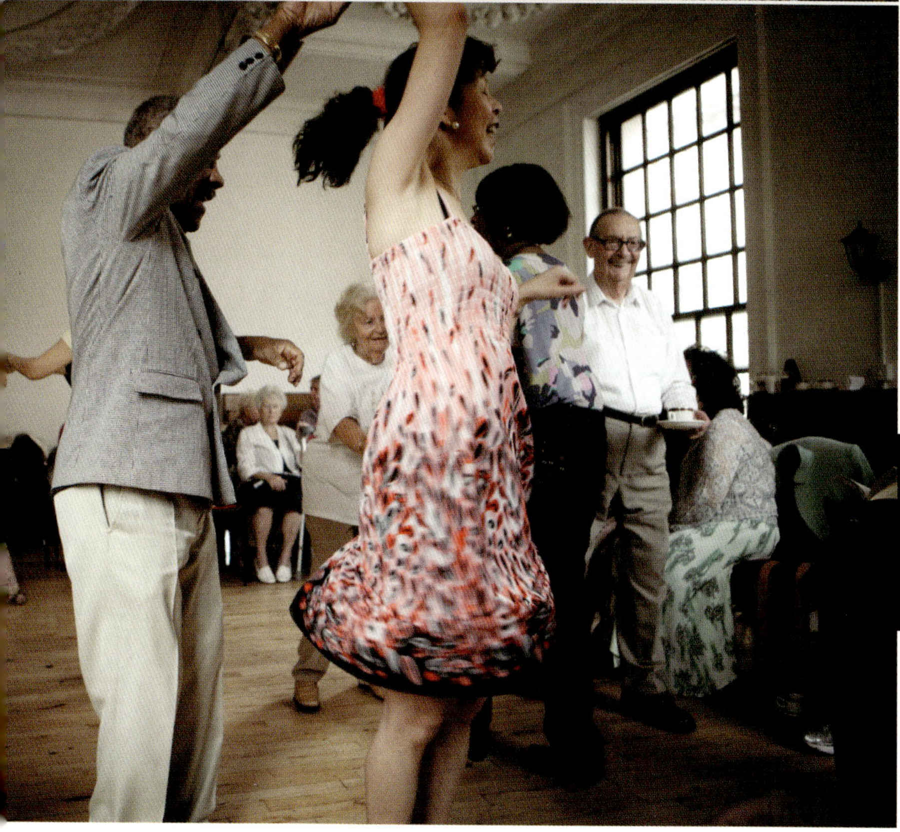

TOMÁS SARACENO

CLOUD CITY, 2012

›ER LIESS DAS PUBLIKUM IN DURCHSICHTIGEN KUGELN SCHWEBEN, AUF RIESIGEN AUFBLASBAREN KISSEN FLIEGEN ODER IN LUFTIGER HÖHE ÜBER DURCHSICHTIGE PLASTIKFOLIEN LAUFEN.‹

Auf dem Dach der vielleicht erhabensten Kunstinstitution der Welt, dem Metropolitan Museum of Art in New York, thront ein Gebilde aus 16 miteinander verbundenen, raumgroßen Fünf- und Sechsecken. Für Erwachsene und große Kinder wie mich ein verschachtelter Spielplatz mit großartigen Ausblicken: Beim Klettern durch die einzelnen Kammern erhasche ich in den verspiegelten Oberflächen Ausblicke auf die Skyline von Manhattan oder die grüne Weite des Central Park, und finde mich gefangen in den Wirren schwarzer Kabelnetze. Manchmal scheint der Boden nachzugeben, aber glücklicherweise bewahrt mich eine durchsichtige Kunststoffplatte davor, in das Modul darunter zu fallen, aber es ist schwer zu erkennen, wo es rauf oder runter geht, wenn sich unter einem der Himmel spiegelt und der Boden der Dachterrasse über einem zu schweben scheint.

Der interdisziplinäre argentinische Künstler, Architekt, Ingenieur, Träumer und Pläneschmied Tomás Saraceno hat sich lange bemüht, schwerelose Kunstwerke und Luft-Architektur zu erschaffen (die man vielleicht besser als Artitektur oder Skulptitektur bezeichnen sollte, angesichts dessen, dass es sich in der Regel um temporäre, unbewohnbare Bauten handelt). Er ließ das Publikum in durchsichtigen Kugeln schweben, auf riesigen aufblasbaren Kissen fliegen oder in luftiger Höhe über durchsichtige Plastikfolien laufen. In *On Space Time Foam* 2012 in Mailand kletterten die Besucher in 24 Metern Höhe unter dem Dach einer Halle herum, lediglich mit drei Lagen Plastikfolie zwischen sich und dem Abgrund, und jede Bewegung ließ die Installation an anderer Stelle zittern.

Saracenos erklärtes Ziel ist die Erschaffung ökologisch nachhaltiger, nomadischer ›Cloud Cities‹ oder ›Air Port Cities‹, die in luftiger Höhe Einwohner beherbergen, die über nationale oder gesellschaftliche Belange erhaben wären. Was wie ein Überbleibsel von Architekturutopien der 1960er oder Science-Fiction-Alternativen zu unserem Leben auf festem Grund anmutet, erhält wissenschaftliche Grundlagen, angesichts der Tatsache, dass Saraceno mit einem hochtechnisierten und brandneuen Material experimentiert: Aerogel – eine Substanz, die hauptsächlich aus Luft besteht und welche die NASA verwendet, um die Oberflächen ihrer Raumschiffe zu beschichten. Saraceno plant eine Biosphäre, die über den Malediven schweben soll, erbaut aus solarbetriebenen, luftgefüllten Ballons, ähnlich seinem *Museo Aero Solar* aus recycelten Plastiktüten, das er 2008 begann und das mit jedem neuen Standort erweitert wird.

Seine Erforschungen des Raums und der Struktur des Universums

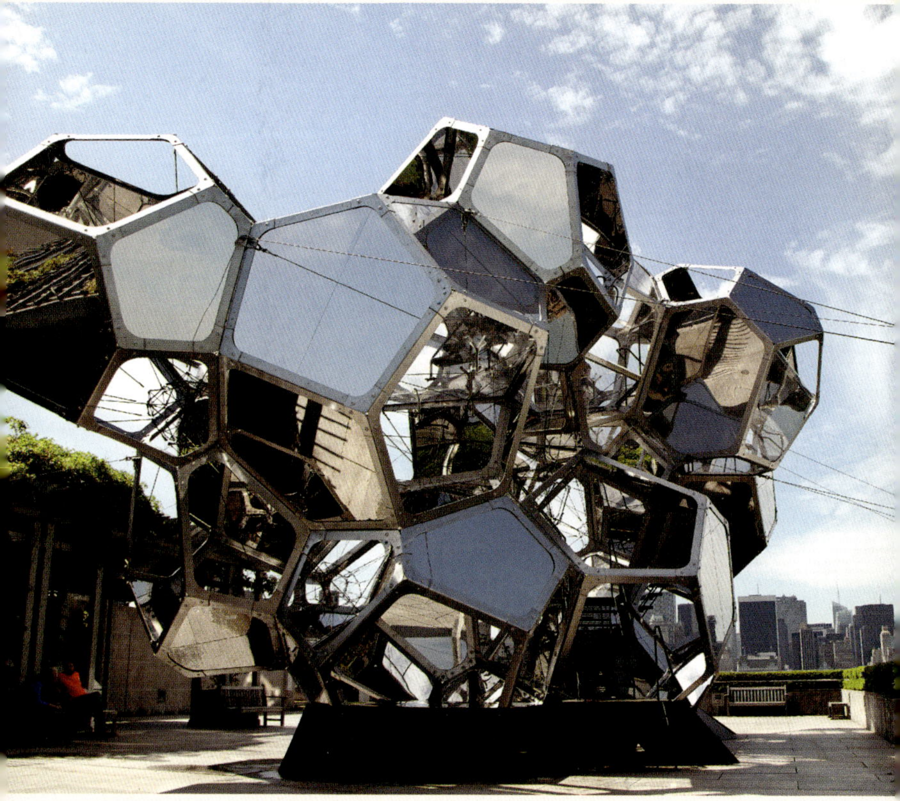

brachten ihn auch auf die Idee, eine genaue Kopie des Spinnennetzes einer Schwarzen Witwe zu schaffen, lediglich 16-mal, auf menschliches Maß vergrößert. Die sich kreuzenden Verbindungen und aufeinander einwirkenden Kräfte stimmen mit den Theorien überein, wie der Kosmos begann und alles miteinander verbunden ist. Und wieder einmal zeigt sich, wie produktiv Kunst mit Astrophysik, Architektur oder Raumfahrt in Berührung kommen kann. Ob Saracenos Ideen das Potenzial haben, unsere Umwelt zu verbessern und unsere Verstrickungen in das urbane Leben zu entwirren, könnte davon abhängen, wie ernst er genommen wird – als Künstler oder Architekt. Utopisten und Visionäre wurden zu allen Zeiten als Spinner behandelt, und schon immer war der Grat schmal zwischen dem, was als Träumerei, was als simpler Spaß oder was als winziger Blick in die Zukunft angesehen wurde.

URS FISCHER

YOU, 2007

Wenn man eine Galerie betritt, erwartet man gewöhnlich saubere, weiße Wände und Objekte oder Bilder zum Verkauf. 2007 brach der Schweizer Bildhauer Urs Fischer mit dieser Regel und beauftragte ein Bauunternehmen, den Boden der üblicherweise makellosen Galerieräume von Gavin Brown's Enterprise aufzugraben und nichts als einen unsicheren Pfad am Rand rund um ein tiefes, mit Geröll übersätes Loch im Boden stehen zu lassen. Es sah mehr nach einem Schlachtfeld oder einer Baugrube als nach einer Ausstellung aus. Fischers destruktives, anti-künstlerisches Statement war nicht nur ein Angriff auf die Sinne – mit einem schroffen, 2,50 Meter tiefen Abgrund und dem Risiko ernsthafter Verletzungen –, sondern auch ein Anschlag auf die Strukturen, die Kunst fördern und für gültig erklären (es wurde trotzdem an eine Stiftung verkauft, um zu einem späteren Zeitpunkt an einem anderen Ort ausgehoben zu werden).

Fischers passender wie gebieterischer Titel *you* ließ eine persönliche Herausforderung oder gar Beleidigung anklingen, als würde der Betrachter durch die Ödnis des Kraters wenig schmeichelhaft wiedergegeben oder sei irgendwie schuld an dieser Sauerei. Ich empfinde es immer als besondere Herausforderung, über ein Werk zu schreiben, das ich nicht mit eigenen Augen gesehen habe, was aber nicht bedeutet, dass es unmöglich ist. Bilder von *you* beschworen Erinnerungen an zwei eindringliche Arbeiten herauf, die ich glücklicherweise im gleichen Jahr gesehen hatte. Sie wurden von der Stadt Münster für eine ambitionierte Ausstellung von Skulpturen im Außenraum in Auftrag gegeben, die dort alle zehn Jahre veranstaltet wird. Bei beiden handelte es sich um weitere gigantische Löcher im Boden: eines stammte von dem führenden amerikanischen Konzeptkünstler, Bruce Nauman und trug den Titel *Square Depression*. Er stellte den Betrachter mitten auf einen riesigen Platz, dessen Ausblick von Betonwänden versperrt war. Es dauerte eine Weile, bis ich begriff, dass ich mich buchstäblich unter der Erde befand. Das zweite Loch nannte sich *Archaeological Site (A Sorry Installation)* und stammte von dem belgischen Künstler, Guillaume Bijl. Hier wurde der riesige rechteckige Bereich eines Parks ausgehoben, um die versunkene Spitze eines Kirchturms freizulegen, deren Wetterfahne bis knapp unter die Erdoberfläche reichte.

Obwohl sich alle diese Projekte auf antike Kunst, Architektur und Archäologie beziehen, sind sie ebenso neuere Vertreter der Land Art der 1960er, bei der die Künstler den Außenraum als Material und Bühne für skulpturale Arbeiten nutzten. Der Unterschied zu heute ist, dass die städtische Struktur unserer Umgebung zunehmend die natürliche Landschaft vereinnahmt und sich wenige Künstler außerhalb der Städte nach Inspirationen oder Themen umsehen. Robert Smithson, der vielleicht berühmteste Vertreter der Land Art, der 1970 aus Steinen und Salzkristallen *Spiral Jetty* schuf, schrieb einmal, ›Museen und Parks sind Friedhöfe über der Erde‹. Er könnte damit genauso gut den Kulturvandalismus beschrieben haben, die 35 Jahre später von Fischer, Nauman und Bijl veranstaltet wurden (man könnte sie als Vertreter eines neuen künstlerischen Underground bezeichnen). Die Breschen, die sie schlugen, sollten eine Mahnung sein, nicht nur bewundernd nach vorne zu sehen, sondern auch einen Blick nach unten oder zur Seite zu riskieren.

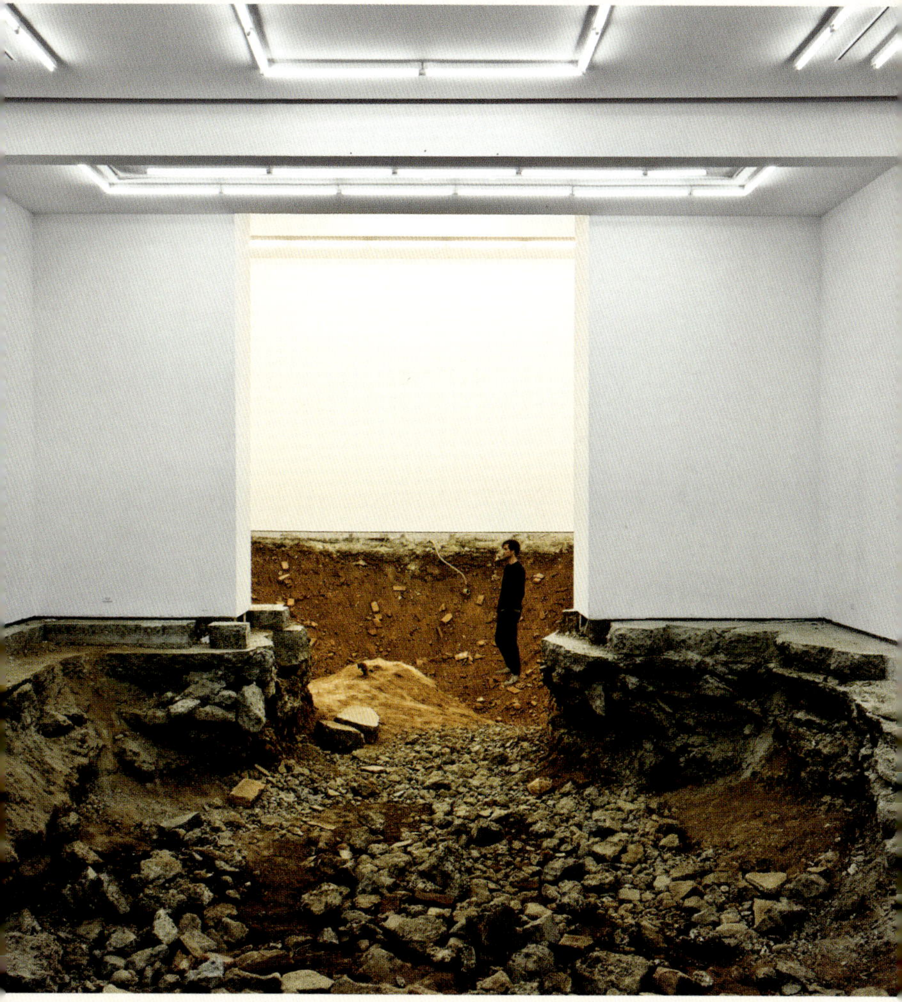

›FISCHERS ANTI-KÜNSTLERISCHES STATEMENT WAR NICHT NUR EIN ANGRIFF AUF DIE SINNE, SONDERN AUCH EIN ANSCHLAG AUF DIE STRUKTUREN, DIE KUNST FÖRDERN UND FÜR GÜLTIG ERKLÄREN.‹

KUNST ALS MEDITATION

›WENN DICH ETWAS NACH ZWEI MINUTEN LANGWEILT, VERSUCH ES MIT VIER.‹

JOHN CAGE, FOUR STATEMENTS ON THE DANCE, 1944

Es ist nicht unhöflich, Kunst anzustarren, ganz im Gegenteil: Es ist das Mindeste, was man tun kann. Halte inne. Atme. Entspann' dich, denk' nicht, schau' nur hin, nimm' alles auf. Durchdringe deine Umgebung, fühle den Raum vor dir, lasse deine Seele baumeln, deinen inneren Monolog verstummen und erlaube deinen Augen zu verweilen. Wann hat man sich zuletzt so einen Moment gegönnt? Selbst als Kunstkritiker, dessen Job es ist, Schönheit abzuwägen und schlaue Dinge über Komplexität zu äußern, habe ich Schwierigkeiten damit, mein Urteil über Kunst zu entschleunigen.

Sicherlich, als einer der wenigen Autoren, die dafür bezahlt werden, sich Ausstellungen anzusehen, hat sich mein Druck mehr zu entdecken, schneller zu sehen und zu besprechen, parallel zum Tempo der News Feeds erhöht, das von den meisten Medien und den Nachrichtensüchtigen, mobilen Endgeräten gefordert wird. Zudem hat man in Ausstellungen zunehmend mit verwirrenden Videoräumen und multiplen Leinwänden, Athleten, die durch Galerien sprinten, fragmentarischen visuellen Codes und hyperrealistischen Technologien zu kämpfen. Fast scheint es einem, der Kern von zeitgenössischer Kunst sei Geschwindigkeit. In der Tat basiert ja auch dieses Buch auf einem Verfahren zum effizienten und effektiven Konsum von Kunst: Eine leicht anzuwendende Technik, die man benutzt, um auch den rätselhaftesten oder kompliziertesten künstlerischen Experimenten einen Sinn oder etwas Spaß abzugewinnen, ohne erst die gesammelten Werke der Kunstgeschichte, Philosophie, Kulturtheorie und kritischen Diskurse verdauen zu müssen. Wir wollen denkwürdige Erfahrungen und Entdeckungen, und zwar sofort!

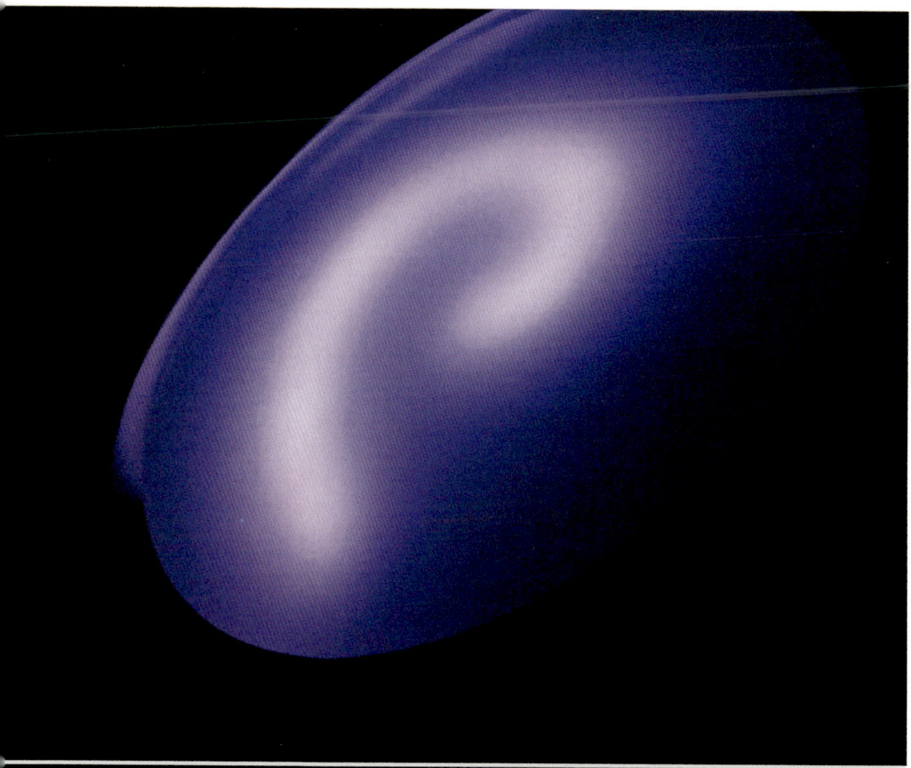

Mariko Mori, White Hole, 2012, Acryl, LED-Leuchten, 239,2 × 272,2 × 65,3 cm, Privatsammlung
Unten: Ansicht der Installation

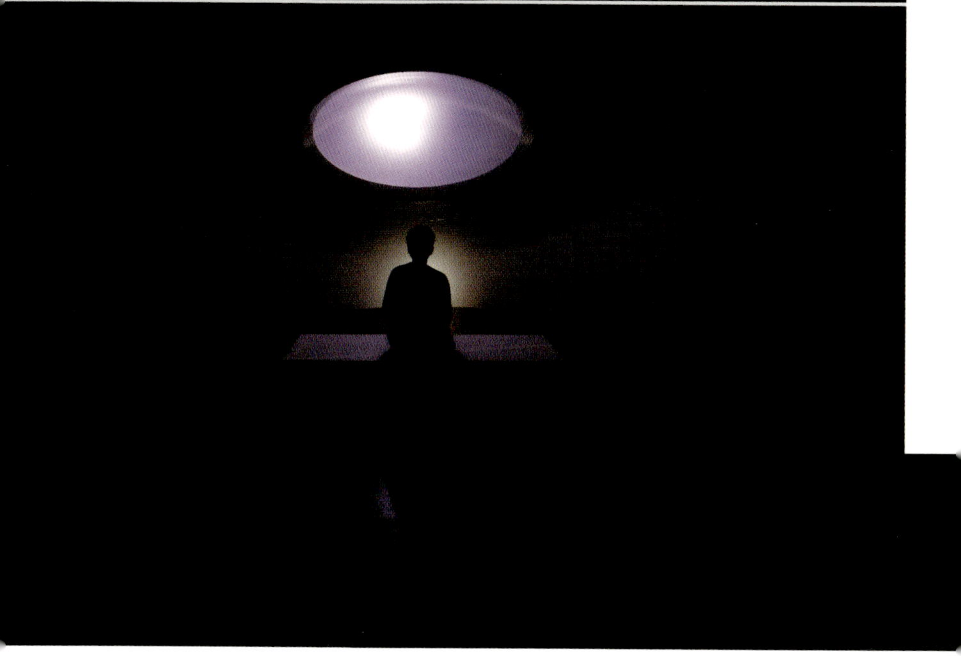

Und doch, es gibt Kunstwerke, die erfordern Kontemplation, müssen geduldig aufgenommen, erfasst, resorbiert werden. Auch auf die Gefahr hin, wie eine Hippieschrift oder eine Anleitung zur Selbst-Hypnose zu klingen: Eine ausgiebige Begegnung mit solchen Arbeiten kann beruhigen, Ängste abbauen, den Geist beflügeln und das Bewusstsein erweitern. Die Verwendung natürlicher und elektrischer Lichtquellen des amerikanischen Künstlers James Turrell bietet eine Erholung von dem Lärm der Außenwelt und ermutigt einen, die Wandtexte, die ausgehändigten Prospekte, den Katalog oder das umgebende Geschnatter der Galerie auszublenden und einfach zu *sein*. Turrell wuchs als Quäker auf und studierte Mathematik, Astronomie und Psychologie, was zweifellos Einfluss auf seinen Ansatz ausübte, auf sein Schaffen einer meditativen Kunst, die sich mit dem Immateriellen beschäftigt und sich dem Verstand entzieht. Ich habe viel Zeit damit verbracht, in die Himmel seiner *Skyspace*-Räume zu blicken, bei denen die Decke ausgeschnitten war, um das leuchtende Firmament zu enthüllen; oder ich saß in einem seiner dunstig schimmernden Lichtfelder, ausschließlich in der Betrachtung von Farbe und Atmosphäre versunken. Ich ließ mich in eine seiner stroboskopischen, kaleidoskopischen Lichttanks oder *Perpetual Cells* einschließen (ich probierte *Bindu Shards* von 2010 aus), die das Gehirn mit elektromagnetischen Impulsen stimulieren und in eine höhere Bewusstseinsebene überführen sollen. Auch wenn meine unmittelbare Reaktion auf das pulsierende Bombardement der Sinne klaustrophobische Beklemmung war, der Wendepunkt kam, als ich entweder den Panikknopf drücken oder mich dem Willen der Maschine beugen und dem Fluss der Impulse hingeben konnte.

Da ich von Berufs wegen ein hartgesottener Zyniker bin, braucht es oft einen gewissen Vertrauensvorschuss, um mich so angreifbar zu machen, wie es der Fall war, als ich durch einen eileiterähnlichen Gang in die Gebärmutterhöhle *White Hole* (2010) von Mariko Mori befördert wurde. Mori ist eine japanische Künstlerin, deren futuristische Raumsonden und vom Buddhismus inspirierte, Zen-ähnliche Skulpturen mich immer mit Abscheu vor ihrer pseudo-religiösen, polierten Glätte erfüllt hatten, anstelle der spirituellen Erleuchtung, die sie einem einhauchen sollten. Als jedoch ein leuchtendes Schimmern von Glasfasern vor mir herumwirbelte und scheinbar die Entstehung eines neuen Sterns darstellte, konnte ich mir nicht helfen und war ergriffen von diesem Amöbenhaufen aus Licht, der bereit war, geboren zu werden. Man kann es Erleuchtung oder die Weichherzigkeit des Elternseins nennen, ich jedenfalls war gebannt, entrückt und fühlte die Transzendenz, die einem intensiven, langen Sehen folgen kann.

Ruth Ewan, We Could Have Been Anything That We Wanted to Be, 2011, Triennale von Folkestone, verschiedene Orte

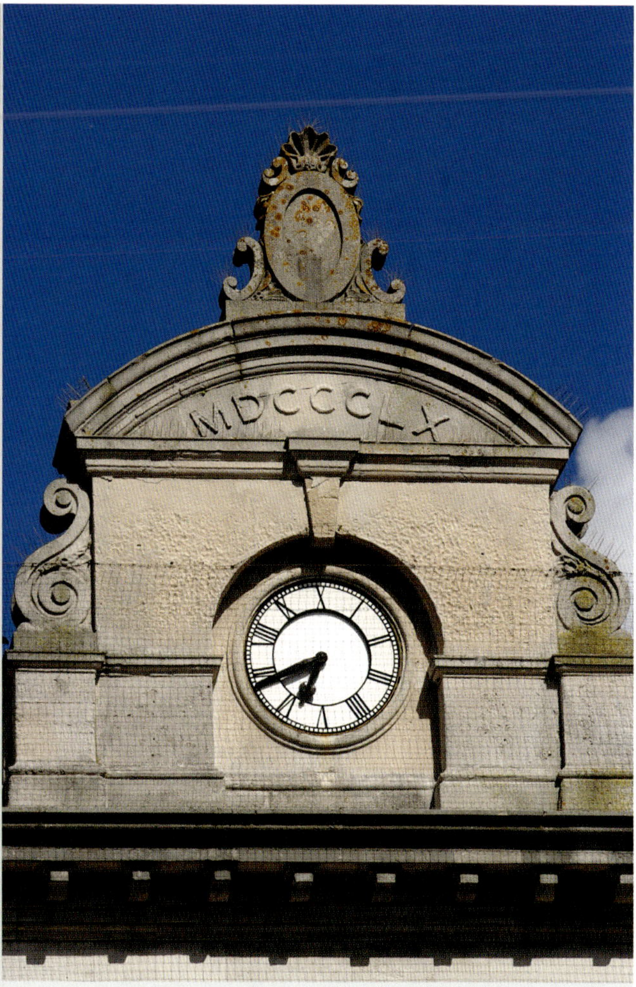

SUCHE NACH DER VERLORENEN ZEIT

Veränderungen in der Wahrnehmung erfordern Zeit. Zeit, sich zu offenbaren, Zeit, Atmosphäre zu schaffen, Zeit, das Hier und Jetzt zu überwinden und - vielleicht - ein neues Universum zu gebären. Dementsprechend beginnt meine *Tabula rasa* Methode mit der ZEIT bei Null anzufangen und vor dem inneren Auge eine weiße Leinwand entstehen zu lassen. Die Bedeutung eines Werks kann sich erst mit der Zeit entfalten, selbst wenn die Begegnung einen nur wenige der wertvollen Stunden in dieser Welt gekostet hat. Ich spazierte die Straßen einer englischen Küstenstadt entlang, blindlings einer Karte folgend, und versuchte vergeblich, bei der zweiten Folkstone Triennale 2011, eine der zehn Skulpturen der britischen Künstlerin Ruth Ewan zu finden, die irgendwo im Straßengewirr zwischen

8

Fish-and-Chips-Buden und Hafenmauern zu entdecken sein sollten. Ab und zu entdeckte ich eine ihrer modifizierten Chronometer über einem Geschäft, deren einzige Veränderung war, dass Ewan jede ihrer öffentlichen Uhren in zehn Stunden unterteilt hatte anstelle der üblichen zwölf. Ihre Idee leitete sich aus der kurzzeitigen Einführung eines neuen metrischen Systems nach der französischen Revolution ab. Der Republikanische Kalender wurde 1793 eingeführt, sein Tag in 10 Stunden mit jeweils 100 Minuten à 100 Sekunden unterteilt. Auch wenn dies ironischerweise nur wenig mehr als ein Dutzend Jahre, bis 1805, Bestand hatte, die ›revolutionäre Zeit‹ stellte einen radikalen, aber letztendlich nicht durchsetzbaren Bruch mit der Tradition dar. So wie Evans kleine Versuche, das logische Gefüge der Stadt zu verzerren, an den völlig ahnungslosen Passanten von Folkestone unbemerkt vorüberging – vielleicht eine Metapher für die häufig undankbare Mission eines Künstlers, die Art, wie wir Dinge sehen, fundamental zu verändern. Ich entdeckte in den folgenden Stunden immer öfter Ewans vereinfachte Zeitmesser; sie krönten eine alte Hotelfassade, versteckten sich im Regal eines Buchladens oder hingen über der Bar in einem alten Pub, es soll sogar eine in einem Taxi gegeben haben. Die Beharrlichkeit von Ewans Projekt, *We Could Have Been Anything That We Wanted to Be* genannt, brach über mich herein und ließ in der Welt eine, wenn auch entfernte, Möglichkeit einer echten Revolution aufscheinen. Ob jemand anderes auch etwas wahrgenommen hatte, spielte keine Rolle – es hatte mich zum Denken angeregt und in Bewegung versetzt, fast so wie der Lauf der Zeit selbst.

Diese Art von kontemplativer Situation, oder ›Kunst als Meditation‹, wie ich es bezeichnet habe, hat nichts zu tun mit konzeptueller Kunst, und steht auch nicht notwendigerweise mit der gravitätischen Konzeptkunst-Bewegung der 1960er in Verbindung. Es geht auch nicht darum, etwas zu sehen, was nicht da ist, oder Gedanken aufzuwerfen, die nur im Geist existieren. Es geht um die Fähigkeit, sich mit einem Kunstwerk tiefer zu beschäftigen, ohne sich von den leicht konsumierbaren Kulturhäppchen ablenken zu lassen, die einem überall angeboten werden; geschweige denn sich den Kopf verdrehen zu lassen von all den anderen verführerischen Ablenkungen. Ich habe bei der Suche nach Ewans Dezimaluhren der unmittelbaren Umgebung von Folkstone viel Beachtung geschenkt, so hatte ich Spaß daran, Interventionen von Tracey Emin ausfindig zu machen, die Bronzeabgüsse von Kindersocken und -schuhen und Babyfäustlingen (*Baby Things*, 2008) in der Stadt verteilt hatte. Ebenso besuchte ich das wunderbare Farbenrad und die blau schattierten Flaggen von Spencer Finch (*The Colour of Water*, 2011), das mir 100 verschiedene Farbtöne anbot auf der Suche nach der speziellen Schattierung, die das Meer

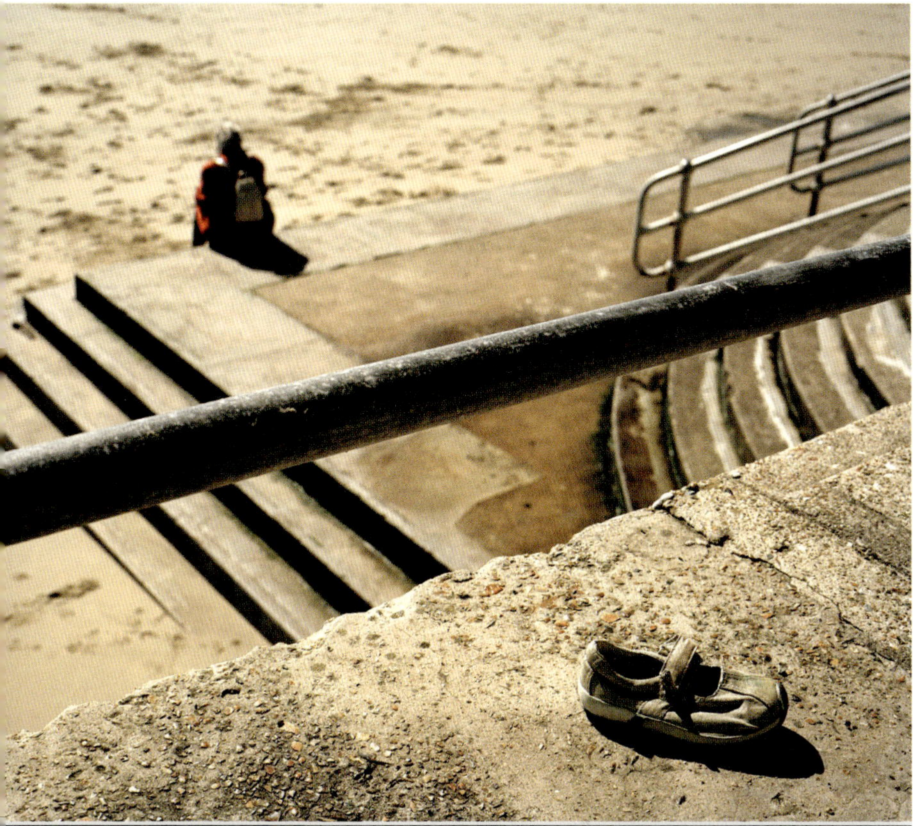

Tracey Emin, Baby Things, 2008, patinierte Bronze

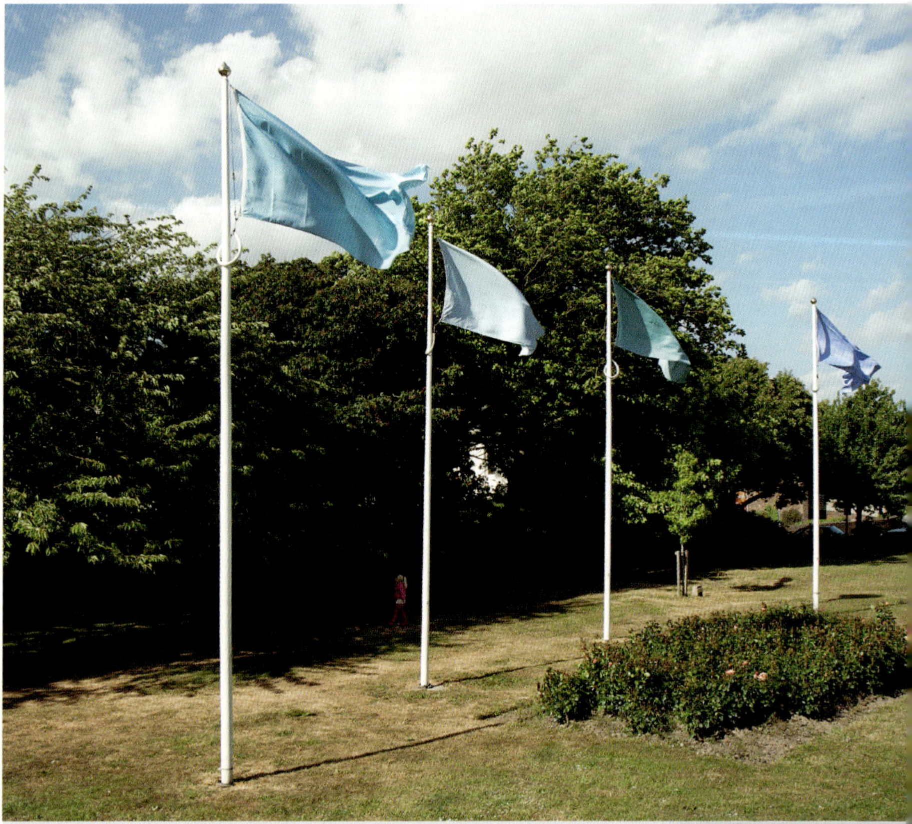

Spencer Finch, The Colour of Water, 2011

heute zu dieser Tageszeit annehmen würde. Irgendwann hatte ich das Gefühl, ich müsse nicht mehr die Kunst aufspüren – sie würde mich ohnehin finden.

DAS PARFUM

Schritt 2 meiner *Tabula rasa* Formel ist die ASSOZIATION: Wer sagt denn, dass wir Kunst nicht auch mit anderen Mitteln näher kommen, als über das Sehen? Wann haben Sie das letzte Mal innegehalten, um ein Kunstwerk zu riechen? Die Aromen, die von den häufig stark parfümierten Arbeiten der schottischen Bildhauerin Karla Black herüberwehen, betonen Stereotypen von Gender und Häuslichkeit, da sie Materialien einsetzt, die man als ›weiblich‹ klassifizieren könnte: Pastellfarbenes Puder, Seife und Kosmetika, Selbstbräuner, Lippenstift, Nagellack, Bodylotion und Zahnpasta. Ich verbinde mit diesen Gerüchen jedoch nicht so sehr Weiblichkeit, sondern Kaufhäuser, Einkäufe

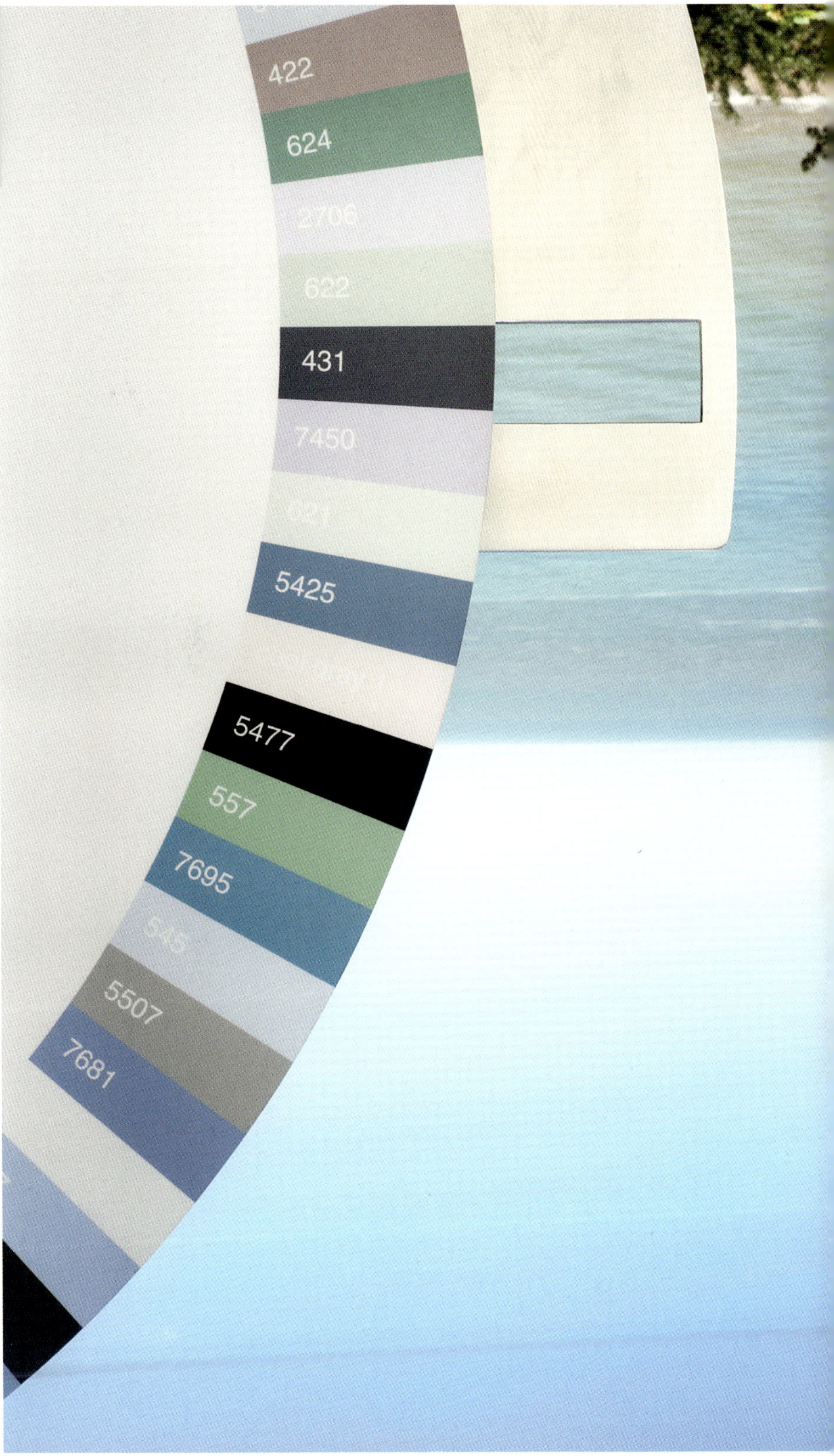

422
624
2706
622
431
7450
621
5425
5477
557
7695
545
5507
7681

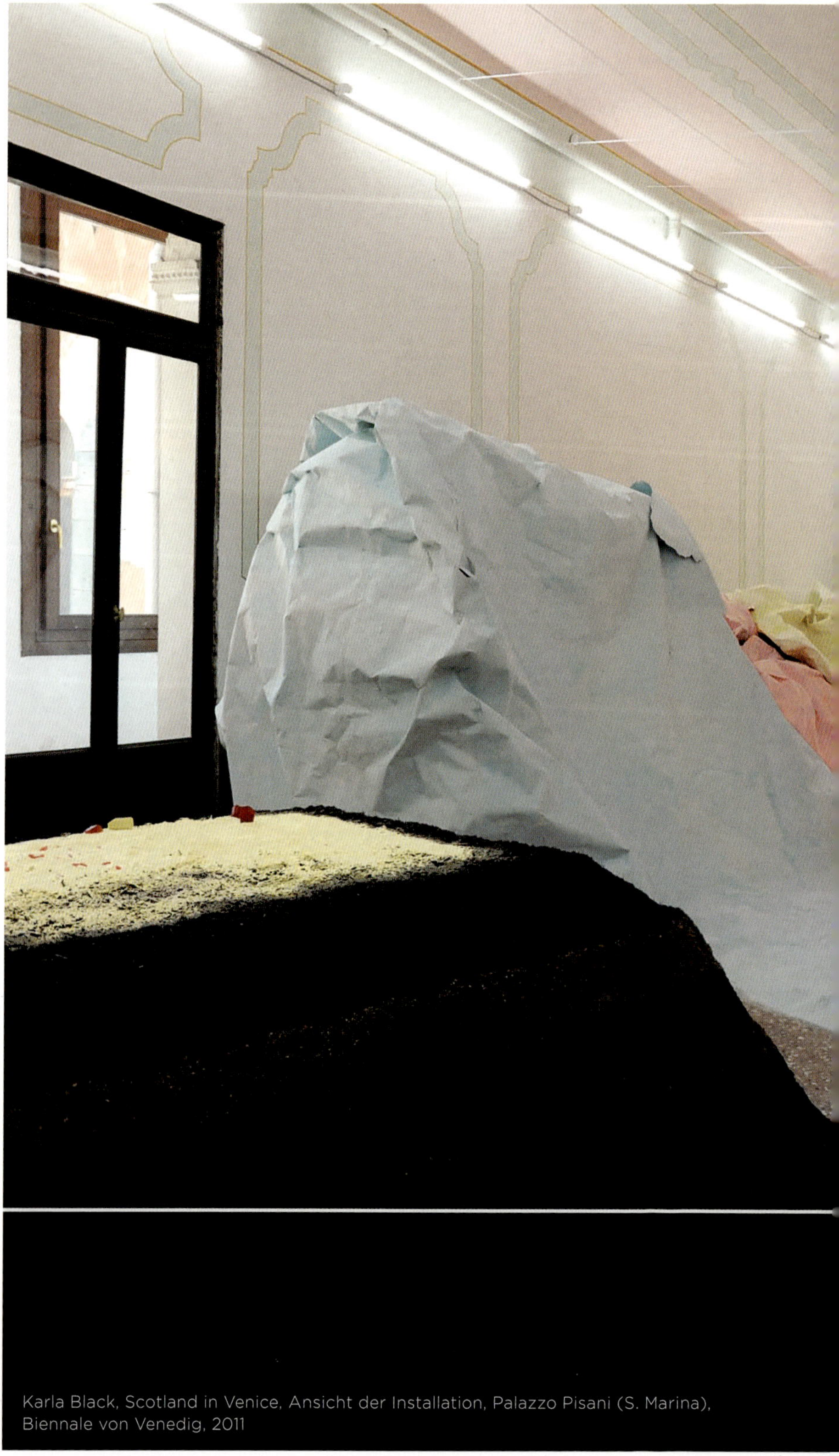

Karla Black, Scotland in Venice, Ansicht der Installation, Palazzo Pisani (S. Marina), Biennale von Venedig, 2011

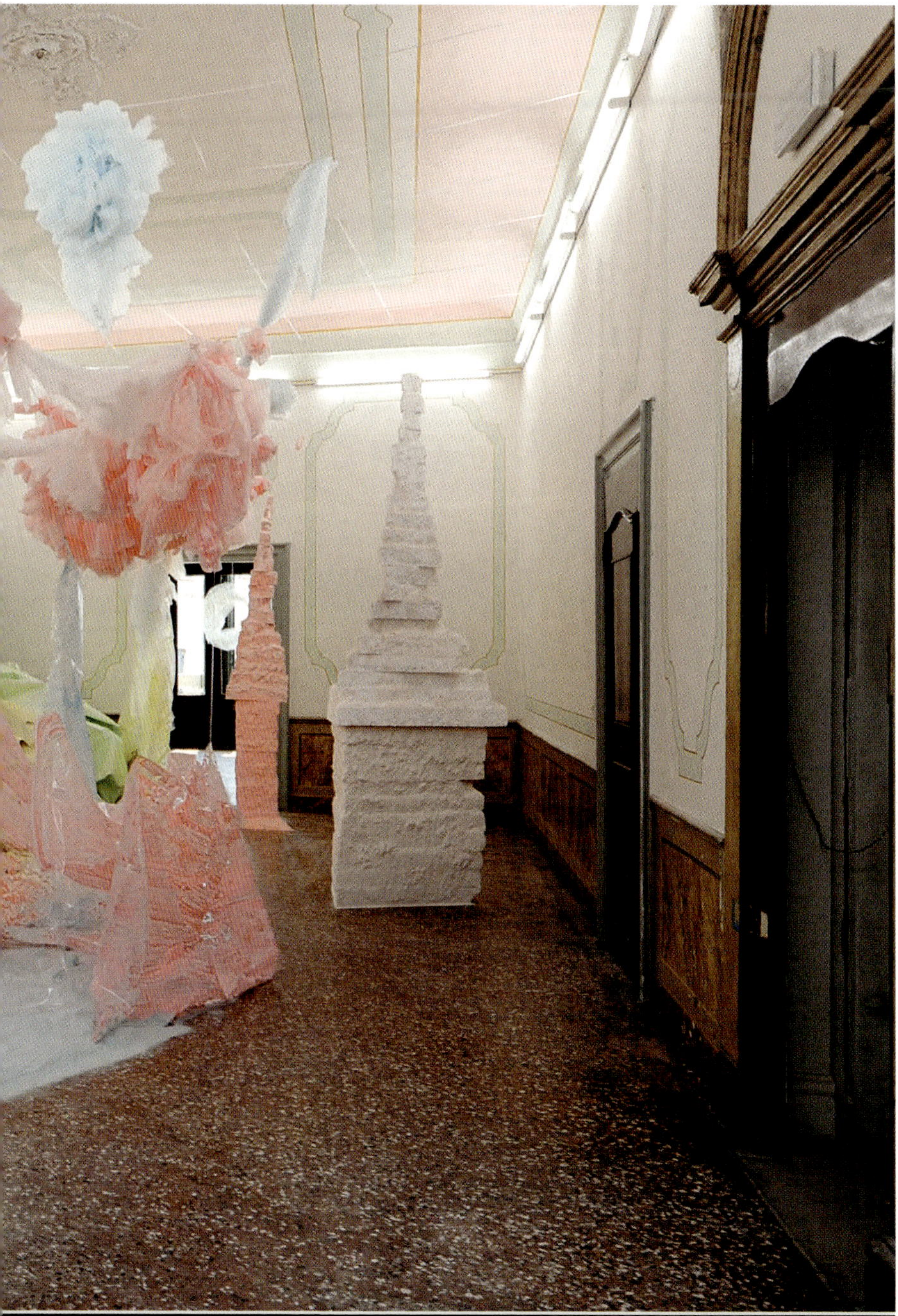

mit der Familie, Schaumbäder und parfümierte Teenager-Zimmer – olfaktorische Assoziationen, die so weit entfernt sind von dem Kontext einer Kunstausstellung, dass sie Blacks abstrakten Skulpturen eine weltliche Relevanz verleihen. Das ästhetische Vergnügen ihrer Hügel aus Kreide, Erde und zerbröselten Badetabletten, gepaart mit wehenden Schleiern aus Zellophan oder Zuckerwatte, steht im Widerstreit zu den meisten machomäßig, auf dem Boden stehenden Skulpturen und verleiht ihren Arbeiten eine organische Leichtigkeit, Optimismus und spielerische Ausgelassenheit.

UNENDLICHE GESCHICHTEN

Wenn noch Zeit ist, das Werk zu genießen, dann würde ich gerne auf eine meiner Regeln zurückkommen und ein paar Minuten opfern, um noch etwas HINTERGRUND-Informationen zu sammeln. Auch wenn ich überzeugt bin, dass es nicht nötig ist, jedes Mal die Geschichte der Moderne zu wiederholen, gibt es doch Beispiele, in denen ein Text begleitet oder – wie es bei Dora Garcías *All the Stories* (2011) der Fall ist – von zentraler Bedeutung ist. Sehr oft benutzt García das geschriebene Wort (oder zumindest eine schriftliche Instruktion, die als Event performt wird) als künstlerisches Medium; aber für dieses Projekt versucht sie, jede vorstellbare Erzählung in einem unendlichen Geschichtenbuch, einer Anthologie aller denkbaren Handlungsstränge zu bündeln. García sammelte kurze Geschichten, in der Regel vier Sätze oder kürzer, über einen Zeitraum von vier Jahren für ein Buch, das ungefähr 2.500 Beispiele enthält. Darunter auch so prägnante Einzeiler wie ›Ein Hurrikan zieht auf, zwei Männer stehen sich feindlich gegenüber‹, oder ›Ein junger Mann bricht in die opulenten Villen der Super-Reichen ein, nicht um zu stehlen, sondern um sich so lange wie möglich als einer der ihren auszugeben‹.

Auch wenn die Grundidee knapp als ›Elevator Pitch‹ zusammengefasst werden kann (um mich einmal beim Jargon von Film und Fernsehen zu bedienen, denen Garcías kurze Vignetten so klar verpflichtet sind), je mehr man von ihnen liest (inzwischen als endlos fortgeschriebene Webseite), um so mehr lassen sie den unerschöpflichen Vorrat an Geschichten erahnen, die alle noch zu entdecken sind. Ebenso wie sie ursprünglich Aufmacher für Anekdoten, Drehbücher, Romane, historische Begebenheiten und Zeitungsgeschichten sind, ist der Akt, sich auf die vielen winzigen Erzählungen über einen längeren Zeitraum einzulassen, die eigentliche Belohnung. Im Gegensatz zu unserer Neigung, Kultur in immer kleinere Häppchen zu komprimieren – was Garcías Werk ganz bewusst tut – erlaubt ihr Projekt auch eine Breite und Kontinuität, das unser Bedürfnis nach Neuheit und Unmittelbarkeit hinter sich lässt. Es ist unmöglich alles

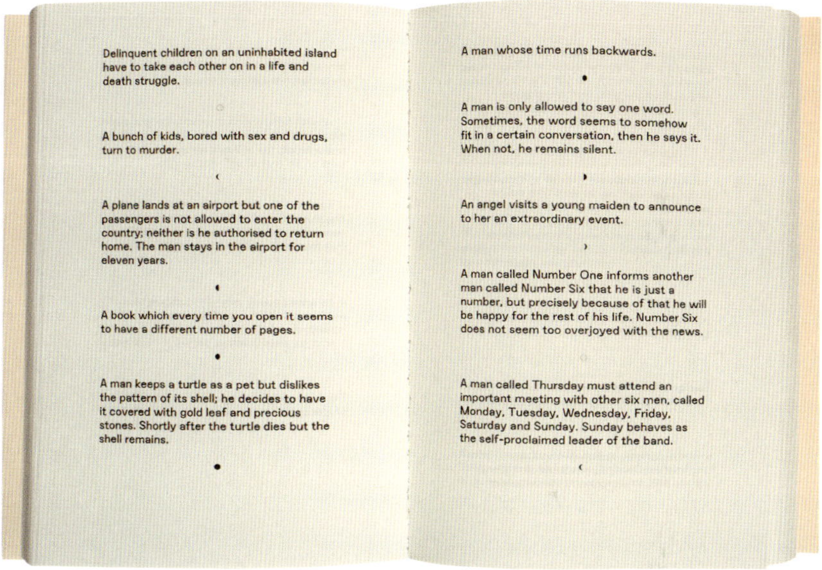
Delinquent children on an uninhabited island have to take each other on in a life and death struggle.

A bunch of kids, bored with sex and drugs, turn to murder.

A plane lands at an airport but one of the passengers is not allowed to enter the country; neither is he authorised to return home. The man stays in the airport for eleven years.

A book which every time you open it seems to have a different number of pages.

A man keeps a turtle as a pet but dislikes the pattern of its shell; he decides to have it covered with gold leaf and precious stones. Shortly after the turtle dies but the shell remains.

A man whose time runs backwards.

A man is only allowed to say one word. Sometimes, the word seems to somehow fit in a certain conversation, then he says it. When not, he remains silent.

An angel visits a young maiden to announce to her an extraordinary event.

A man called Number One informs another man called Number Six that he is just a number, but precisely because of that he will be happy for the rest of his life. Number Six does not seem too overjoyed with the news.

A man called Thursday must attend an important meeting with other six men, called Monday, Tuesday, Wednesday, Friday, Saturday and Sunday. Sunday behaves as the self-proclaimed leader of the band.

Dora García, All the Stories, 2011

Walead Beshty, 20-Inch Copper (FedEx© Large Kraft Box© 2005 FEDEX 330508) International Priority, Los Angeles-London trk#8685 8772 8040, Date October 2–6, 2009. International Priority London-New York trk#863822956489, Date November 18–20, 2009, poliertes Kupfer, FedEx Aufkleber mit Adresse und Lieferschein

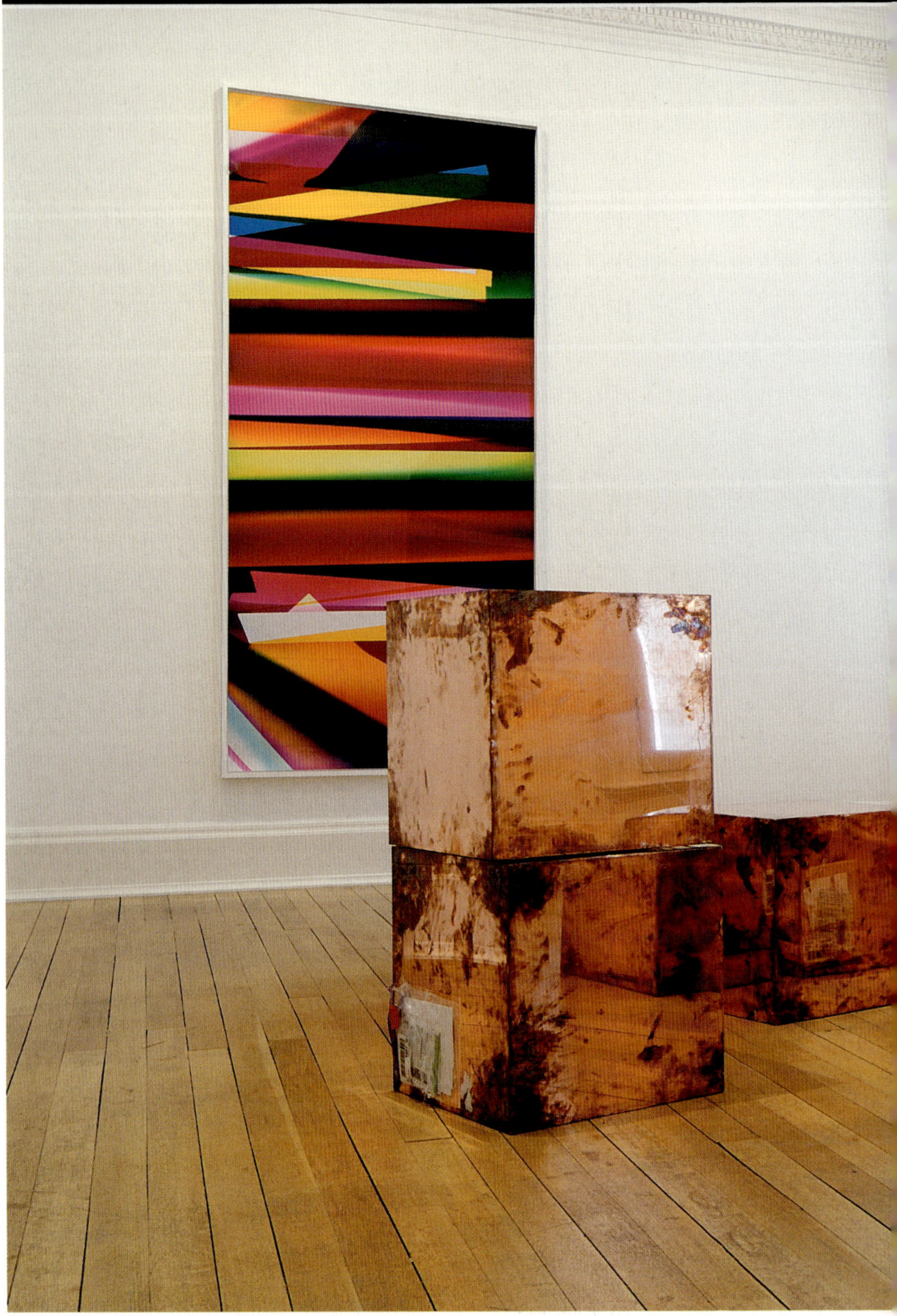

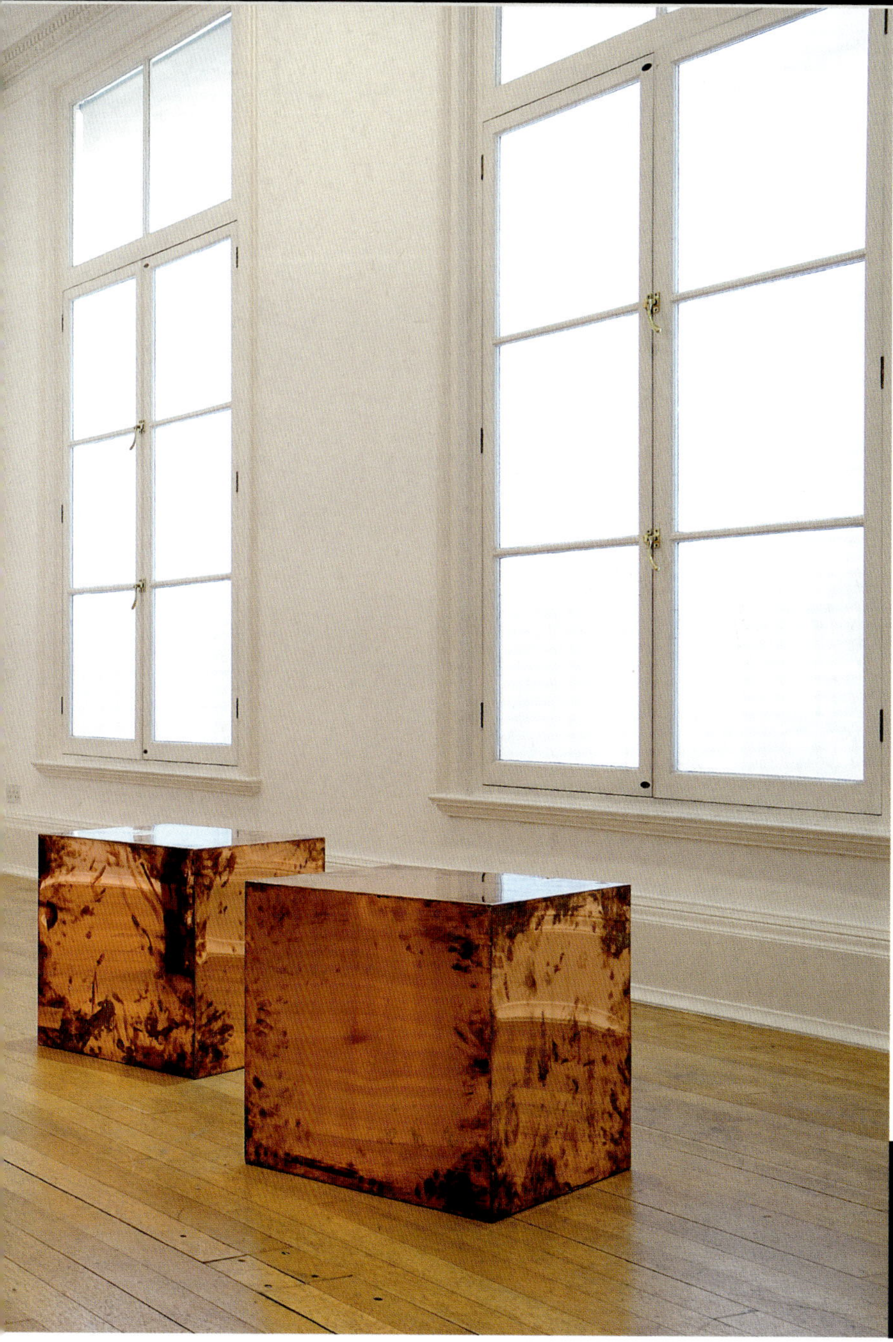

zu erfassen, so als versuchte man, sich das ganze Internets auszumalen; trotzdem es ist geradezu poetisch, wie in der Erzählung *Die Bibliothek von Babel* von Jorge Luis Borges, in der jede Anordnung von grundlegenden Zeichen (22 Buchstaben, Leerstelle und Satzzeichen) zu einem unbewältigbaren und unlesbaren Archiv von Worten führt.

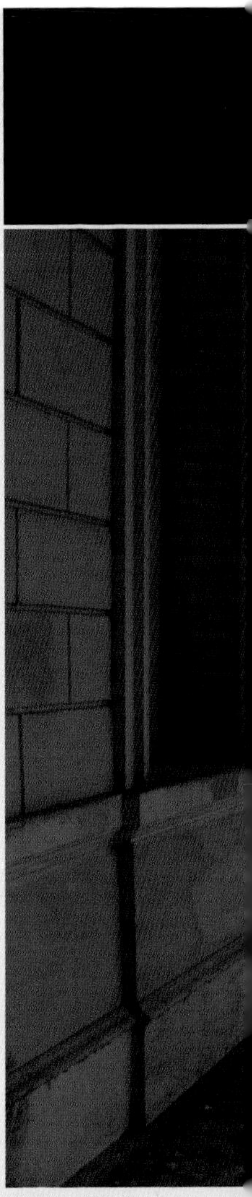

FLÜCHTIGE DINGE

Nicht nur Hintergrundwissen wie dieses kann weg von der unmittelbaren materiellen oder gedanklichen Bestimmung des Kunstwerks führen. Auch nicht mehr über ein Kunstwerk nachzudenken – wo kommt es her, was macht es, wo geht es hin? – kann ebenfalls die Möglichkeit bieten, beim VERSTEHEN zu helfen. Über die Idee eines Kunstwerks zu reflektieren, wird von den Prozessen gefördert, die der Künstler Walead Beshty einsetzt. Seine Fotografien und Skulpturen durchlaufen verschiedene Stadien der Bearbeitung, der Bewegung und des Verladens, bevor sie in einer Galerie eintreffen – und diese haben meist wenig mit der traditionellen künstlerischen Arbeit zu tun, sondern eher mit den Handlungen Dritter. Eine seiner bekanntesten Arbeiten sind die um die Welt gereisten *FedEx Boxes*: Makellose Kuben aus Kupfer oder leere Glasvitrinen, die von und zu jeder Ausstellung von dieser Transportgesellschaft verschickt werden, und die mitsamt den aufgeklebten Labels, Lieferscheinen, Kennzeichnungen und evtl. Transportverpackungen ausgestellt werden. Beshty setzt die Arbeiten absichtlich großen Risiken bei ihren Reisen durch Zollabfertigungen, Grenzkontrollen und Flughäfen und auf Gabelstaplern aus; er rechnet geradezu damit, dass sie abplatzen oder stumpf werden. Auch wenn das Glas bruchfest und der Kupfer widerstandsfähig ist, sind es doch empfindliche Objekte, die beim Transport beschädigt oder beim Auspacken mit Fingerabdrücken übersät werden. Diese Mängel vermehren sich bei jeder Reise mit dem Flugzeug oder Schiff, bei jedem Aufbau in einem Museum – es entstehen Wanderarbeiten, die ungerührt ihre Narben zeigen und eine Patina des Alterns sammeln. Fast so wie der Mensch durch übermäßiges Reisen oder das Verstreichen der Zeit verhärmt erscheint.

Vielleicht stehen Beshtys Objekte für die Überzeugung, dass Kunst nicht nur nach ihrem Aussehen beurteilt, sondern ihrer Geschichte

David Claerbout, White House, 2006, einkanalige Breitwand-Videoprojektion, Farbe, zweikanaliger Ton über Kopfhörer und Lautsprecher, 13 Std., 27 Min., 53 Sek.

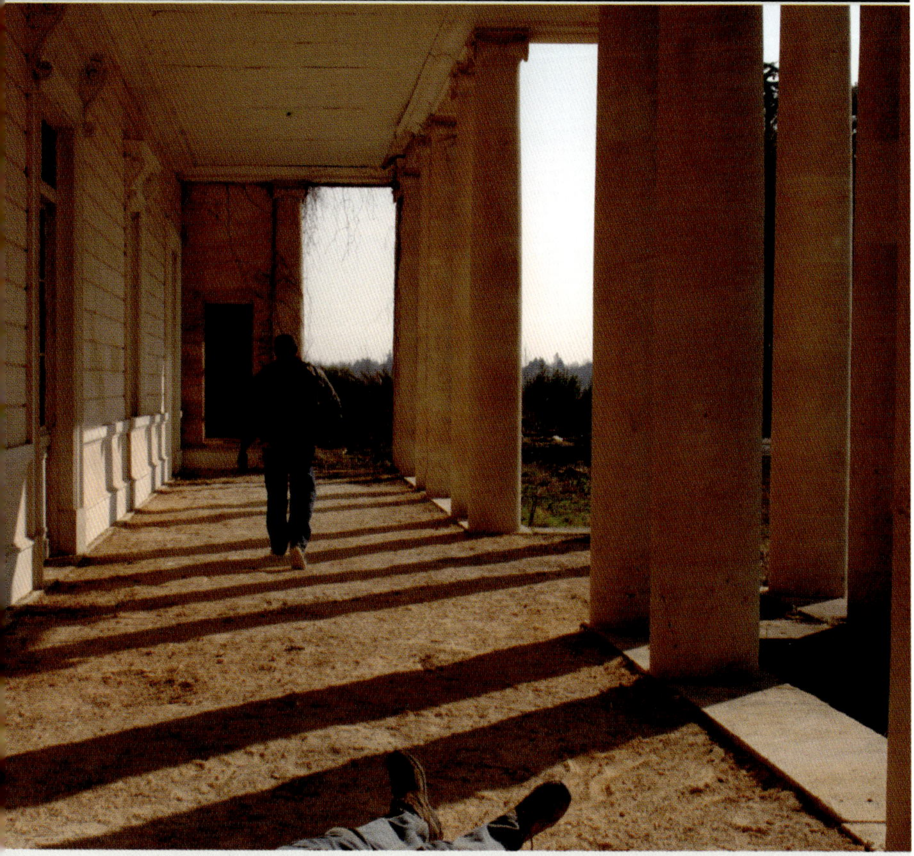

entsprechend untersucht werden sollte. In diesem Fall wäre das eine Fortschreibung der Sprache und Strategien des Minimalismus der 1960er, unter Einbeziehung unseres neuerdings jetsettenden, kommerziellen Kunstwelt-Karussells. Diese durchaus gültige Interpretation widerspricht meiner Behauptung, dass zeitgenössische Kunst einschätzbar wird, wenn man ihr unvoreingenommen begegnet und ein paar simple Regeln befolgt – und doch würde ich entgegnen, dass jeder Moment, den man diese Kisten anblickt einen mit Erleuchtung über Beshtys Motive belohnt (wenn auch nicht mit den kunsthistorischen Referenzen), und meinen Glauben darin stärken, dass sich diese Arbeiten weniger mit der Entwicklung der minimalistischen

Kunst der letzten vierzig Jahre auseinandersetzen, als vielmehr jede Skulptur in eine Art Bernstein verwandeln, in dem die Spuren seiner Reisen durch Zeit und Raum eingeschlossen sind. Mit anderen Worten: Man sollte sich nicht den Kopf über die intellektuellen Theorien anderer Leute zerbrechen, wenn man kein bisschen weniger versteht, solange man nur etwas länger hinsieht.

DÉJÀ VUE

Vielleicht war ich etwas voreilig mit dieser Behauptung: Nachdem ich die beiden epischen, 13-stündigen Videos *Bordeaux Piece* (2004) und *White House* (2006) des belgischen Künstlers David Claerbout längere Zeit angesehen hatte, schienen die Missverständnisse nur noch zuzunehmen. Trotz ihrer langen Laufzeit beträgt die Handlung der beiden Filme lediglich jeweils zehn Minuten, wonach die gesamte Szene von Anfang an wiederholt wird. In *Bordeaux Piece* sehen wir eine inzestuöse Dreiecksbeziehung, deren banales Mini-Drama

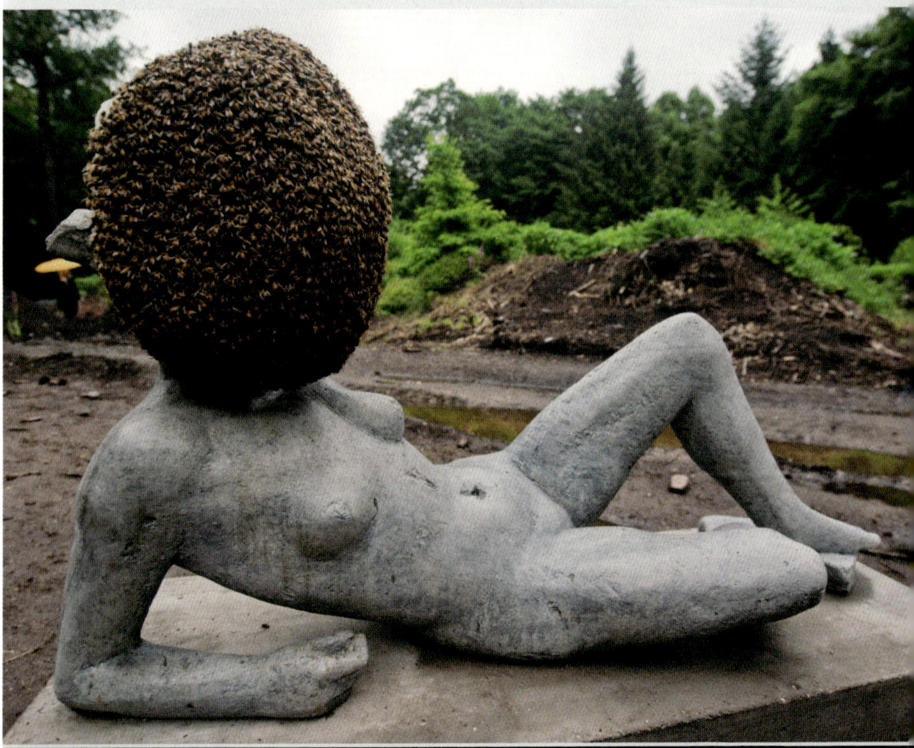

Pierre Huyghe, Untilled (Statue of Female Nude with Bee Colony), 2012, Documenta 13, Kassel

endlos von vorne beginnt, während in *White House* zwei Männer in einen Kampf auf Leben und Tod verwickelt sind, wieder *ad infinitum*. Wenn man allerdings zu Schritt 5 in der *Tabula rasa* Formel übergeht und WIEDER HINSIEHT (und wieder und wieder ...), entdeckt man in diesen Montagen allmählich kleine Veränderungen in den Szenen und Lichtverhältnissen. Der Künstler filmte die fast identischen Darstellungen während eines Tages in Abständen von zehn Minuten, begann im Morgengrauen und endete mit der Abenddämmerung. Das Publikum muss sich zwar nicht den Filmmarathon von Claerbout antun, aber das anfängliche Déjà-vu wird durch die Entdeckung zerstört, dass wir möglicherweise den größeren Bogen verpassen. Ich fand, Claerbouts Filme anzusehen entsprach der Betrachtung eines Landschaftsgemäldes des 21. Jahrhunderts: Die umgebende Szenerie und die stimmungsvollen Lichteffekte ziehen häufig mehr Aufmerksamkeit auf sich als der visuelle Schwerpunkt des Bildes.

Das Versenken in ein Kunstwerk sollte einem über die letzte Hürde hinweghelfen, Schritt 6: die EINSCHÄTZUNG. Aber als ich während der Documenta in Kassel über einen Eingriff in einen Landschaftspark stolperte, konnte kein Nachdenken über diese verstörende Szenerie meinen kritischen Geist befriedigen. Abseits der großen eichengesäumten Alleen des Parks verbarg sich hinter einem struppigen Dickicht ein Kompostgelände, das in ein Amphitheater verwandelt worden war. In seiner Mitte befand sich die Statue einer Frau, deren Kopf durch eine Bienenkolonie ersetzt worden war. Um mich herum kreiste in magerer, weißer Hund (eines seiner Beine war in grellem Pink gefärbt) und der Rest dieses irrwitzigen Ökosystems bestand aus einem Basalthügelchen, einigen Gehwegplatten und zahlreichen exotischen Pflanzen, darunter Tollkirschen, Fingerhut, Schlafmohn und unverkennbare Sprösslinge von *Cannabis sativa*. Auch wenn diese verstreuten Elemente den Eindruck eines zufälligen Zusammentreffens erzeugten, schienen die streunenden Hunde und das bewusstseinsverändernde Grünzeug eine Gruppierung rund um das Bienengestirn in der Mitte zu bilden - als wäre ich in eine Ruine des Garten Edens geraten, lange nachdem er verwildert und von der lästigen Anwesenheit des Menschen erlöst worden war. Zeitgenössische Künstler wie Pierre Huyghe, in dessen Arbeit *Untilled* ich mich an diesem Tag verlor, wechseln häufig ihre Methoden, um das Publikum zu verunsichern. Eine ausführliche Erläuterung würde nur halb so viel Spaß bringen, denn beim Erleben von Kunst ist der Weg das Ziel, nicht das Erreichen eines endgültigen Standpunkts.

GERHARD RICHTER

CAGE, 2006

›SOLCHE UNERBITTLICH ABSTRAKTEN ARBEITEN ZWINGEN MICH DAZU, WOANDERS NACH BEDEUTUNG ZU SUCHEN.‹

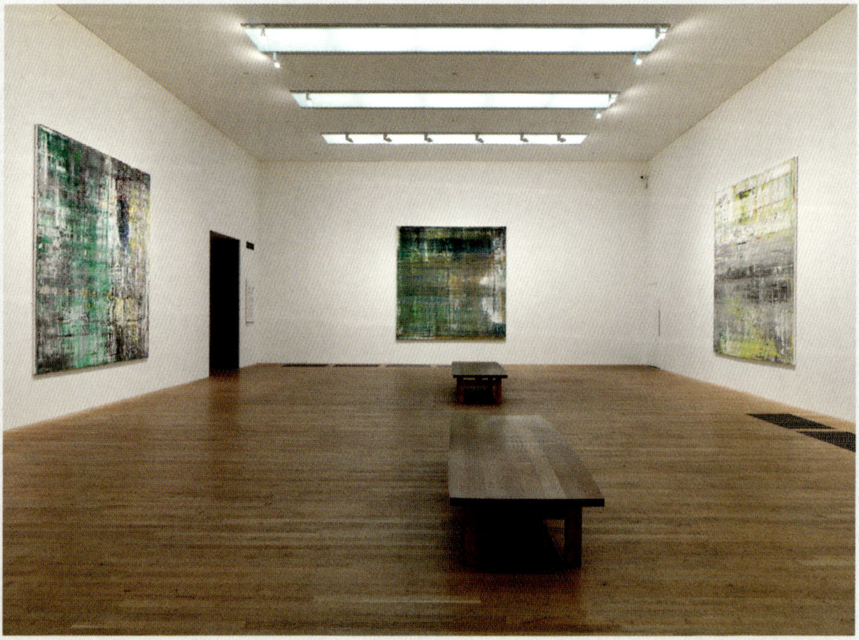

Die sechs gräulich-grünlichen Rechtecke um mich herum könnten verwackelte Schnappschüsse einer Landschaft sein, aufgenommen aus dem Fenster eines fahrenden Autos. Schimmernde Reflektionen, die sich in kräuselndem Wasser brechen oder Annäherungen an ein metallisches Gefängnis, das mich von allen Seiten einkesselt, wie ihr gemeinsamer Titel *Cage* andeutet. Eigentlich ist es eine Serie von Ölgemälden auf Leinwand des viel beachteten deutschen Malers Gerhard Richter, der ein Medium bevorzugt, das traditionell dafür bestimmt war, bedeutende Personen oder Momente der Geschichte abzubilden. Richter dagegen bietet weder Erkennbares noch Darstellung – nichts als wolkige Schatten und trübe, mit dem Rakel gezogene Farbschlieren. Seine abgezogenen Oberflächen, die übereinander geschichtete Lagen von Farbe enthüllen, könnten notfalls als verbeulte und verwüstete Autokarosserien oder Nahaufnahmen von verschrammten Flughafenpisten durchgehen. Solche unerbittlich abstrakten Arbeiten, die sich selbst gegen die ungefährsten Vergleiche mit etwas aus der realen Welt zur Wehr setzen, zwingen mich dazu, woanders nach Bedeutung zu suchen. Als ob er mir den Zugang noch weiter erschweren wollte, hat Richter diese Arbeiten nach dem Avantgardekomponisten John Cage *Cage 1, Cage 2* etc. benannt, dessen Motto war ›Ich habe nichts zu sagen und ich sage es‹, und dessen minimalistischen Musik der Maler anscheinend hörte, als er diese Serie vollendete (Cage wurde bekannt mit seinem Stück 4'33", das aus vier Minuten und 33 Sekunden Stille besteht).

Angesichts von sechs bildlichen und konzeptuellen Sackgassen wechsle ich meine Taktik und beginne zu sehen, ich meine richtig HINZUSEHEN. Denn einfach beäugen, anstarren oder beobachten bedeutet einen passiven Akt, wie quer zu lesen oder mit einer Kamera über eine Szenerie zu schwenken, ohne innezuhalten und zu fokussieren. Sehen sollte aktiv und wissbegierig sein, oder eine Aufforderung: He, du, sieh' dir das an! Und da ich überzeugt bin, Kunst ist eine offene, keine belehrende Erfahrung, könnten weniger nachdrückliche Begriffe für die Einschätzung von abstrakter Kunst ›absorbieren‹, ›aufnehmen‹ oder ›einfügen‹ sein. Diese Arbeiten geben ihr Geheimnis nicht bereitwillig preis. Es wird sich vielleicht erst nach ausdauernden oder wiederholten Gelegenheiten offenbaren; oder als Geistesblitz aufleuchten und ebenso schnell wieder verschwinden.

Alle Bilder von Richter beschäftigen sich mit der Problematik des Sehens und der Erinnerung an die Vergangenheit, ebenso wie sie neue Möglichkeiten aufzeigen, die Gegenwart zu beschreiben. Die Cage-Serie lässt erahnen, dass wir uns auf das, was wir sehen, niemals verlassen können – oder es völlig verstehen werden. Und so können wir ebenso gut in diesen Ozeanen aus Angst schwelgen, die sich den einfachen Lesarten so entschieden entziehen. Jede Schicht weit ausholender und abgekratzter Farbe wird mit dem nächsten Schwung seines Rakels überlagert (auch wenn jede Zwischenphase auf einem Foto für die Nachwelt konserviert wird). Damit sind es Historiengemälde, mit verborgenen Tiefen, die wie geologische Substrate unter der Oberfläche lauern. Richters panoramische und pan-historische Annäherung an die Erforschung der Kunst und die menschliche Erfahrung macht aus ihm einen wahrhaften Künstler unseres Zeitalters – und des folgenden.

›DIE CAGE-SERIE LÄSST ERAHNEN,
DASS WIR UNS AUF DAS, WAS WIR SEHEN,
NIEMALS VERLASSEN KÖNNEN –
ODER ES VÖLLIG VERSTEHEN WERDEN.‹

REMBRANDT

SELBSTBILDNIS MIT ZWEI KREISEN, 1661

Ein alternder Mann schaut sich 1661 aufmerksam im Spiegel an. Aber was sehen wir heute? Der braune Hausmantel spricht von harten Zeiten, der Pinsel in der Hand für seinen Beruf. Dieses wunderbare, dunkle Selbstporträt, bei dem die Züge des Künstlers aus dicken Schichten von Impasto aufgebaut sind, stammt von Rembrandt van Rijn und kann im Kenwood House in London besichtigt werden. Auch wenn es vielleicht weniger eindringlich ist als viele seiner ungefähr fünfzig Selbstporträts: Mit den müden Augen, die resigniert seinem Schicksal entgegen blicken, ist es eindeutig das Bildnis eines Mannes in seinen letzten Lebensjahren (er starb 1669). Einige meinen, dass Rembrandt allmählich seine Fähigkeiten verlor und diese raue Malweise ein Anzeichen des Nachlassens seiner Sehkraft sei. Aber als Diener der Kunst arbeitete er weiter (wie die zwei großen Kreise hinter ihm zeigen) und stellte sich trotzig seinem nahenden Tod entgegen. Rembrandt galt als moderner Künstler, war er doch einer der ersten, der das Selbstporträt erforscht hat. Und trotzdem brauchte er fast ein ganzes Leben, um in diesem Bild zu erkennen, wer er wirklich war.

Auch wenn es verwirrend scheint, ein Buch über zeitgenössische Kunst mit einem Gemälde zu beschließen, das über 350 Jahre alt ist: Es gibt keinen besseren Weg, innezuhalten und die eigene Wertschätzung von Kunst durch die Betrachtung eines alten Meisters einzuordnen. Zeitgenössische Kunst ist zweifellos schneller – nicht nur in Hinblick auf die ZEIT, es aufzunehmen, sondern auch (um bei den sechs Schritten zu bleiben), wie schnell man eine ASSOZIATION bildet, den HINTERGRUND recherchiert, zu VERSTEHEN beginnt, mit dem WIEDER HINSEHEN einen zweiten Anlauf nimmt, bevor man zu einer EINSCHÄTZUNG gelangt. Zeitgenössische Kunst erlaubt uns schneller zu beurteilen, was stimmt und was nicht.

Jede Ära hat besitzt ihre Kunst, die sie prägt und für die sie den Blick eines Zeitgenossen braucht. In ›Ways of Seeing‹ (dt. Die Kunst des Sehens) betrachtet John Berger viele historische Gemälde aus einem modernen Blickwinkel, erörtert Rembrandts Selbstporträts als Zeichen seines finanziellen Status und emotionalen Zustands, und zeigt, wie zukunftsweisend der niederländische Meister seinen Beruf wahrnahm und wie sehr er die Malerei schon zu Lebzeiten verändert hat. Ein bezeichnendes Beispiel des zeitgenössischen Blickes auf Rembrandt war ein ›Google Doodle‹ (Ehrung der Suchmaschine von Berühmtheiten) zum 407. Geburtstag des Künstlers. Googles Illustration zeigte ein ähnliches Selbstporträt, platzierte aber in Anspielung auf die beiden mysteriösen Kreise – die häufig als Hemisphären gedeutet werden, als mathematische oder kabbalistische Zeichen, vielleicht aber nur eine Anspielung auf

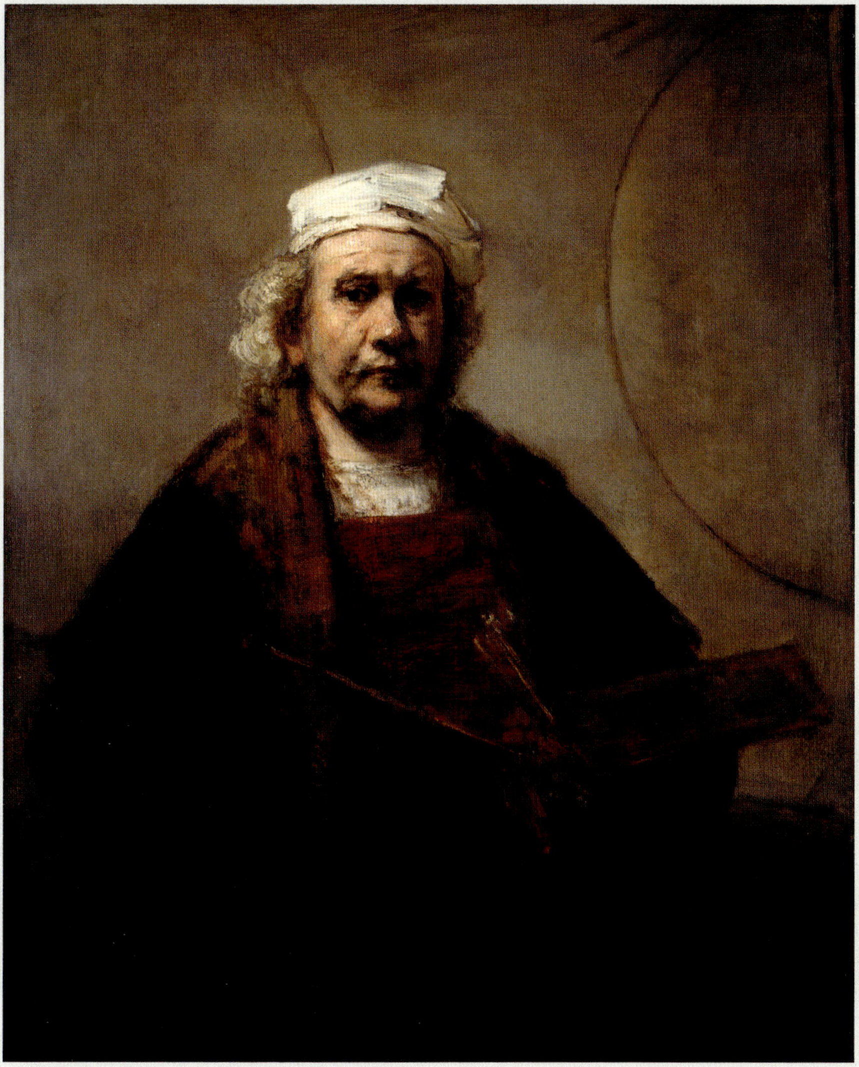

seine Fähigkeit sind, perfekte Kreise zu zeichnen – den in Putz geritzten Schriftzug Google. Auch wenn es eine grässliche Nachahmung war, diese vereinfachende, witzige Lesart von Rembrandt bestätigt, dass unzählige Möglichkeiten in seinem Werk schlummern, oder zumindest ein Googol (der englische Ausdruck für 10^{100}) verschiedener Deutungen seines Werks existieren. Es gibt unzählige Antworten auf unsere Fragen zu zeitgenössischer Kunst – und warum unsere Interpretation jeglicher Kunst, ob alt oder neu, sich in unserem Bewusstsein vollendet, unser Leben bereichert, beeinflusst oder verkompliziert.

WEITERFÜHRENDE LEKTÜRE

John Berger, Ways of Seeing, 1972 (dt. Sehen – Das Bild der Welt in der Bilderwelt, 1974, 1983)
Ursprünglich eine bahnbrechende Fernsehserie, erwies sich dieser kurz darauf erschienene schmale Band als nicht weniger radikal. Überraschenderweise gilt ›Ways of Seeing‹ mehr als vierzig Jahre später immer noch als einflussreicher und unerlässlicher Grundlagentext für Kunststudenten. Abgesehen von den Eigenheiten in Stil und Aufmachung mit den schwarzweiß-Abbildungen und Kapiteln ohne Text: Bergers eigentliches Geschick lag darin, einige (offen gesagt: schlechte) Reproduktionen alter Meisterwerke mit Sachkenntnis zu erhellen und zu beleben, ohne in akademischer Ausdrucksweise oder unnötiger Verkomplizierung Zuflucht zu nehmen. Als Prüfstein für mein Buch scheint mir die größte Gemeinsamkeit zwischen den beiden Projekten die gemeinsame Suche nach Zugänglichkeit zu sein (vielleicht auf Kosten der wissenschaftlichen Genauigkeit) und in dem Versuch neue Wege zu finden, genau hinzusehen.

Bruce Altshuler (Hrsg.), Biennials and Beyond: Exhibitions That Made Art History 1962–2002, Phaidon Press, 2013 (engl.)
Dieses elementare Buch lässt die wichtigsten Ausstellungen der zweiten Hälfte des 20. Jahrhunderts Revue passieren, wie ›When Attitudes Become Form‹ von 1969 oder die ›Documenta‹ von 2002; so muss man nicht so tun, als sei man alt genug, um sie gesehen zu haben. Es ist die Fortsetzung eines früheren Wälzers, ›Salon to Biennial: Exhibitions that made Art History 1863–1959‹ (Phaidon Press, 2008), der die Zeit bis zum ersten impressionistischen Salon erforscht, so dass man auch hier nicht so tun muss, als ob man die Ausstellungen gesehen hätte.

Documents of Contemporary Art, Whitechapel Gallery & MIT Press (engl.)
Diese fortlaufende Serie handlicher Bücher decken jeweils ein spezifisches Thema in der zeitgenössischen Kunst ab – ähnlich der Kategorien, in die ich dieses Buch unterteilt habe. Mit über fünfzig lieferbaren Titeln, von ›Time‹, ›Abstraction‹ und ›Documentary‹ bis ›Dance‹, ›Education‹, ›Sound‹ und ›The Sublime‹, geht es nicht darum, die ganze Reihe zu sammeln, sondern die Themen herauszupicken, die einen am meisten interessieren (und sich an den Buchempfehlungen und den fachkundig zusammengestellten Exzerpten zu orientieren).

Richard Kostelanetz, A Dictionary of the Avant-Gardes, Routledge, 2001 (engl.)
Auch wenn ich die meisten Schlagwort-Lexika nicht mag und kaum benutze: Dieses versucht wenigstens, zwischen Tanz, Theater, Literatur und Musik eine kulturübergreifende Brücke zu schlagen; zusätzlich zu den Hauptströmungen neuerer Kunst. Es umfasst so maßgebliche Avantgarde-Ereignisse wie den Abstrakten Expressionismus und das Absurde Theater, bis hin zum Vortizismus und Velvet Underground – und lässt auch dazwischen fast nichts aus.

Kristine Stiles and Peter Selz (Hrsg.), Theories and Documents of Contemporary Art: A Sourcebook of Artists' Writings, University of California Press, 1998 (engl.)
Oft zahlt es sich aus direkt an die Quelle zu gehen, und diese enzyklopädische Sammlung von Schriften und Äußerungen bedeutender Künstler ist ein Schatz an geistreichen Bemerkungen und erhellenden Aufsätzen zur Entwicklung zeitgenössischer Kunst.

Carlos Basualdo and Calvin Tomkins (Hrsg.), Dancing Around the Bride: Cage, Cunningham, Johns, Rauschenberg and Duchamp, Philadelphia Museum of Art, 2012 (engl.)
Jeder der sich für den anhaltenden Einfluss von Marcel Duchamp interessiert, findet hier eine Fülle an Material über seine Bedeutung für die Konzeption von moderner Kunst, Musik und Tanz. Als Katalog für die gleichnamige Ausstellung dient dieses Buch auch als Anthologie von Essays und Artikeln von John Cage, Susan Sontag, Jasper Johns und anderen.

Michael Fried, Art and Objecthood: Essays and Reviews, University of Chicago Press, 1998 (engl.)
Trotz seiner Spezialisierung auf französische und deutsche Kunst des 19. Jahrhunderts, nahm der angesehene Kunsthistoriker die 1967 neu aufkommenden Formen des Minimalismus ins Visier und schuf damit unbeabsichtigt ein Bezugssystem für die nachfolgenden Überlegungen über herausfordernde oder „theatrale" Kunstformen. Es ist immer noch wichtig, um viele heutige, disparate und schwierige Werke zu entschlüsseln, aber es ist auch sehr theoretisch und philosophisch, also mit Vorsicht zu genießen.

Ernst Fischer, Von der Notwendigkeit der Kunst, Frankfurt 1985
Dieses Buch erschien zum ersten Mal 1959 in der DDR und wurde seither wiederholt aufgelegt. Der optimistische Blick auf eine kommunistische Zukunft mag einem heute anachronistisch erscheinen, aber die Betrachtung des österreichischen Schriftstellers über den Sinn der Kunst ist unglaublich prophetisch in der Vorhersage der Diversifikation der Stile und Überfülle des Kunstschaffens. Fischer scheut sich nicht, die großen Fragen der Menschheit nach der Notwendigkeit von Kunst zu stellen.

Alex Danchev (Hrsg.), 100 Artists' Manifestos: From the Futurists to the Stuckists, Penguin 2011 (engl.)
ine gute Einführung in die streitbare, reaktinsfreudige Natur der modernen Kunst, in der ch die künstlerischen Bewegungen oder Grupen von ihren Vorläufern durch schrille Kampfnsagen oder poetische Texte abgrenzten. Diee Sammlung enthält auch neuere Beispiele wie twa Takashi Murakamis ›Super Flat Manifesto‹, as eine generelle Pop-Attitüde mit einer juendlichen, befremdlichen, japanischen Sensiilität verbindet.

Hal Foster, The First Pop Age: Painting and Subjectivity in the Art of Hamilton, Lichtenstein, Warhol, Richter and Ruscha, Princeton University Press, 2012 (engl.)
Hal Foster, The Art-Architecture Complex, Verso, 2011 (engl.)
)iese beiden Bücher des amerikanischen Kunstritikers überschreiten die Grenzen zwischen ritik und Theorie, zwischen Lehre und Unteraltung. In Form von Vorträgen oder Abhandungen über einzelne Künstler oder als Stilkriik sind die Texte lebendige und kluge Beispiele kademischer Schriften über neuere Kunst, mit inigen interessanten Theorien darüber, wie sich ultur zu einem „Erlebnis-Business“ entwickelt seine Kapitel zu diesem Thema waren mir eine roße Hilfe, meine Gedanken zu Kunst als Spekakel zu formulieren).

Yve-Alain Bois, Benjamin Buchloh, Hal Foster and Rosalind Krauss (Hrsg), Art since 1900: Modernism, Antimodernism, Postmodernism, Thames & Hudson, 2004 (engl.)
)ie Anfrage an vier Schwergewichte in der unstgeschichte, das letzte Jahrhundert aus hrem Blickwinkel zu beschreiben und für jedes Jahr ein bezeichnendes Kunstwerk oder eine Neuerung vorzustellen, führte zu dieser unentehrlichen Darstellung. Auch wenn es, wie die meisten Bücher in dieser Liste, das letzte Jahrzehnt nicht mit einbezieht, die Einträge bieen unschätzbare Einsichten, wie sich zeitgenössische Kunst zu dem entwickelte, was sie heute ist.

Laura Hoptman, Yilmaz Dziewior and Uta Grosenick (Hrsg.), The Art of Tomorrow, Berlin, 2010 (deutsch/englisch)
Viele zeitgenössische Kunstbücher haben die Form langer alphabetischer Auflistungen von Künstlern und veralten damit recht schnell. Ein Risiko, das jeder eingeht, der über eine solch dynamische Szene schreibt. Dieses Buch jedoch schafft es, mit einer sehr überlegten Auswahl von jüngeren Künstlern die Nase vorn zu haben, und trägt seinen prophetischen Titel völlig zu recht.

Michael Wilson, How to Read Contemporary Art, London, 2013 (engl.)
Dieses Buch hat sich ebenfalls von der Auflistung von Künstlern befreit und ist ein weiteres neueres und erfolgreiches Beispiel eines mitreißenden Überblicks zeitgenössischer Kunstpraxis. Auch wenn es das Versprechen in seinem Titel nicht einlöst, erörtert der Autor dennoch konsequent und verbindlich eine große Bandbreite von Künstlern (insgesamt 175) und macht es damit für die Zukunft zu einem nützlichen Überblick.

DANKSAGUNGEN

Ich möchte mich bei John Berger entschuldigen, denn dieses Buch ist meinem Vater John Ward gewidmet, einem weiteren radikalen Visionär, ohne dessen kluge Worte der Ermutigung und Beratung dieses Buch niemals möglich gewesen wäre. Mein Dank geht an die Herausgeber, an meinen Lektor Robert Shore (und sein Verständnis für Schmierzettel), den Grafiker Jon Allan, den Bildredakteur Peter Kent, und an all die Galerien, Künstler und Institutionen, die uns Bildrechte einräumten, um meine Gedankenspiele zu illustrieren; und nicht zuletzt an die Lisson Gallery.

Dieses Buches entstand 2012 während meiner Zeit als Stipendiat der Zabludowicz Collection in dem finnischen Außenposten in Sarvisalo auf der Insel Loviisa. Ich werde dafür auf ewig dankbar sein – nicht nur für die Gastfreundschaft und Großzügigkeit während meines Aufenthaltes, sondern auch für das Vertrauen und die Unterstützung des Projekts von Beginn bis zur Drucklegung. Ich möchte mich auch bei Vincent Honoré und der David Roberts Foundation bedanken, die frühzeitig meinen Ideen ein intellektuelles Forum boten, in Gestalt eines Symposiums rund um den ›genaueren Blick‹. Und nicht zuletzt möchte ich meiner Familie danken (Ich, Ich und Ich), dass sie erst sechs Wochen die Einöde Finnlands aushielt, und dann den größten Teil des Jahres die Fertigstellung dieses Buches.

ABBILDUNGSVERZEICHNIS

6 Mit freundlicher Genehmigung von Johann König, Berlin und der 303 Gallery, New York. Foto: Vancouver Art Gallery

8 Thomas Demand, © DACS 2013. Mit freundlicher Genehmigung von Sprüth Magers Berlin London

13 Mit freundlicher Genehmigung von The Approach

14 Mit freundlicher Genehmigung von White Cube und Matthew Marks Gallery

15 © des Künstlers, mit freundlicher Genehmigung von Maureen Paley, London

16 Mit freundlicher Genehmigung der Lisson Gallery

17 Mit freundlicher Genehmigung des Künstlers und Metro Pictures, New York. Foto: Farzad Owrang

18 © Elad Lassry. Mit freundlicher Genehmigung von White Cube

19 Mit freundlicher Genehmigung von Sprüth Magers Berlin London

23 Andrew Crowley/Camera Press

24 Foto: Todd-White Art Photography. Mit freundlicher Genehmigung von White Cube, London und Paula Cooper Gallery, New York

27 Mit freundlicher Genehmigung von Martin Creed

29 Carsten Höller, © DACS 2013. Foto von Peter Macdiarmid/Getty Images

31 Carsten Höller, © DACS 2013. Foto © Eloy Alonso/ Reuters/Corbis

34 Paul Pfeiffer, Mit freundlicher Genehmigung des Künstlers und Thomas Dane Gallery, London

36-37 Daniel Buren © DB-ADAGP Paris und DACS, London 2013. Foto mit freundlicher Genehmigung des Künstlers

39 Mit freundlicher Genehmigung des Künstlers und gb agency, Paris; Arratia Beer, Berlin; Dvir Gallery, Tel Aviv

41 Mit freundlicher Genehmigung des Künstlers und gb agency, Paris. Foto: Giasco Bertoli

43 Jeremy Deller, Sacrilege, 2012. Mit freundlicher Genehmigung des Künstlers. Foto: Angela Catlin

44 Mit freundlicher Genehmigung der Lisson Gallery

46 Thomas Hirschhorn © ADAGP, Paris and DACS, London 2013. Foto Romain Lopez, mit freundlicher Genehmigung des Künstlers

49 Thomas Hirschhorn © ADAGP, Paris and DACS, London 2013. Gladstone Gallery, New York, 2002

51 Foto: Mit freundlicher Genehmigung des Künstlers

52-53 Mit freundlicher Genehmigung de Künstlers und Hauser & Wirth. Foto Fredrik Nilsen

54 © DACS 2013. Mit freundlicher Geneh migung von Sadie Coles HQ, London

55 © DACS 2013. © Photography Jan Bau er. Net/mit freundlicher Genehmigun Jonathan Meese.Com

56-57 Mit freundlicher Genehmigung de Künstlers und Galerie Peter Kilchmann Zürich

59 Jenny Holzer © ARS, NY and DACS London 2013

60 George Condo © ARS, NY and DACS London 2013. Mit freundlicher Geneh migung des Künstlers und Simon Le Gallery, London/ Hong Kong

61 Mit freundlicher Genehmigung Sadi Coles HQ, London

62-63 Mit freundlicher Genehmigung von Jo hann König, Berlin und 303 Gallery, New York. Foto: Ludger Paffrath, ausgestell bei Johann König, 2005

65 Mit freundlicher Genehmigung von White Cube

66-67 © ADAGP, Paris and DACS, London 2013. Mit freundlicher Genehmigung des Künstlers und David Zwirner, New York/ London

69 © DACS 2013. Mit freundlicher Geneh migung der Lisson Gallery

71 Sophie Calle, Take Care of Yourself Emma the Clown (Detail) 2007. Video Leinwand, Farbdruck, Rahmen. 98 × 78,5 cm (Foto), 5'30" (Film) ©ADAGP, Paris und DACS, London 2013. Mit freundli cher Genehmigung der Galerie Perrotin

73 Mit freundlicher Genehmigung von White Cube

74 Mit freundlicher Genehmigung des Künstlers

77 © Steve Vidler/Alamy

78 Mit freundlicher Genehmigung des Künstlers und der Nettie Horn Gallery

80 Mit freundlicher Genehmigung des Künstlers und Herald St, London. Foto Tom Medwell

81 Foto: Michael Bause

82 Foto: Julian Gabriel Richter

84 Foto: Sheila Burnett

85 Foto: Juan García Rosell, © Institut Valencià d'Art Modern. Generalitat Valenciana, España, 2005

86 Marvin Gaye Chetwynd, ›A Tax Haven Run By Women‹, Frieze Projects, Frieze Art Fair, 14 – 17 Oktober 2010. Foto: Marie Luisa

89 © Marina Abramović. Mit freundlicher Genehmigung von Marina Abramović und Sean Kelly Gallery, New York. DACS 2013

0 © Miroslaw Balka, Play-pit, 2000, The Wanås Foundation, Sweden, mit freundlicher Genehmigung des Künstlers. Foto: Wanås Konst

3 © Miroslaw Balka/© Tate Photography 2009

5 © Mohamed Bourouissa. Mit freundlicher Genehmigung des Künstlers und Kamel Mennour, Paris

6 Mit freundlicher Genehmigung von Artangel. Foto: Marcin Kalinski

9 Mit freundlicher Genehmigung des Künstlers und Thomas Dane Gallery, London

0-101 Mit freundlicher Genehmigung der Lisson Gallery

02 Mit freundlicher Genehmigung von David Zwirner, New York/London

04 Mit freundlicher Genehmigung des Künstlers, Zabludowicz Collection und Luhring Augustine Gallery. Foto: Tim Bowditch

07 Mit freundlicher Genehmigung der Lisson Gallery

09 © John Bock, mit freundlicher Genehmigung der Anton Kern Gallery, New York

1, 113 oben: mit freundlicher Genehmigung der Lisson Gallery

3 unten: Mit freundlicher Genehmigung des Künstlers, Zabludowicz Collection und Andrea Rosen Gallery

4-115 Mit freundlicher Genehmigung des Künstlers und Victoria Miro, London © Grayson Perry

6-117 ©Tate, London 2013. Mit freundlicher Genehmigung der Künstler und White Cube

9 © des Künstlers. Mit freundlicher Genehmigung des Künstlers and Luhring Augustine, New York. Foto: Justin Kemp

20 Mit freundlicher Genehmigung der Collection Sandretto Re Rebaudengo

23 For the Love of God, 2007, Platin, Diamanten und menschliche Zähne. 171,45 × 127 × 190,5 mm. © Damien Hirst und Science Ltd. All rights reserved, DACS 2013. Foto: Prudence Cuming Associates Ltd

24 © DACS 2013. Mit freundlicher Genehmigung der Galeria Helga de Alvear. Foto: Anders Sune Berg

26 ©Tate, London 2013. Mit freundlicher Genehmigung des Künstlers und Frith Street Gallery

29 Mit freundlicher Genehmigung des Künstlers und Hauser & Wirth

30 © Roger Hiorns. All Rights Reserved, DACS 2013

134-135 © ARS, NY und DACS, London 2013. Mit freundlicher Genehmigung der Gagosian Gallery. Foto: Joshua M. White

137 Foto: Cristiano Corte

138-139 Foto: Francesca Grassi

140 © Do Ho Suh

143 Mit freundlicher Genehmigung des Künstlers und Hauser & Wirth

145 Mit freundlicher Genehmigung des Künstlers und Tanya Bonakdar Gallery, New York. Foto: Studio Tomás Saraceno, © 2012

147 Urs Fischer, you, 2007. Mixed media. Abessungen variabel. Mit freundlicher Genehmigung des Künstlers und Gavin Brown's enterprise. © des Künstlers. Foto: Ellen Page Wilson Photography

149 oben: © Mariko Mori, Member Artists Rights Society (ARS), New York / DACS 2013. Foto mit freundlicher Genehmigung von Mariko Mori/Art Resource, NY

149 unten: © Mariko Mori, Member Artists Rights Society (ARS), New York / DACS 2013. Foto: Peter Macdiarmid/Getty Images

151 Mit freundlicher Genehmigung des Künstlers. Foto: Thierry Bal

153 © Tracey Emin. All rights reserved, DACS 2013

154-155 Mit freundlicher Genehmigung des Künstlers und der Lisson Gallery

156-157 Mit freundlicher Genehmigung des Künstlers und der Galerie Gisela Capitain. Foto: Gautier Deblonde

159 All the Stories von Dora García, veröffentlicht von Book Works und Eastside Projects, 2011

160-161 Mit freundlicher Genehmigung des Künstlers und Thomas Dane Gallery. Foto: © 2009 Fredrik Nilsen. All Rights Reserved

163 Mit freundlicher Genehmigung des Künstlers, Hauser & Wirth, Yvon Lambert und Micheline Szwajcer/Foto © David Claerbout. © DACS 2013

164 © ADAGP, Paris and DACS, London, 2013. Foto: DPA Picture Alliance Archive/Alamy

166 © 2013 Gerhard Richter. All Rights Reserved. Image © Tate, London 2013

169 The Iveagh Bequest, Kenwood House, London, UK/© English Heritage Photo Library/The Bridgeman Art Library

Umschlag

© Maurizio Cattelan, Bidibidobidiboo, 1996. © Foto: Collection Sandretto Re Rebaudengo

REGISTER